第3次改訂版

消防・防災と危機管理
～全国自治体職員のための入門・概説書～

瀧澤忠德 著（明治大学大学院 特任教授／元・消防庁次長）

近代消防社　刊

は　し　が　き（第3次改訂版に寄せて）

　消防、防災、危機管理は、それぞれ密接に関係しつつも一般には個別に独立して扱われることが多い。従って、これらを1冊の本にまとめている本書は、いわば特異なもので他に類書が見られないが、いずれも地方自治体の行政にとって益々重要性が高まっていることに鑑み、主に自治体関係者の便宜等の視点から、全体を網羅的に理解し易い入門、概説書として発刊したものである。

　幸い、各方面の温かいご理解を得て、平成17年10月に本書の初版を執筆してから早や10年以上経過し、途中、東日本大震災の発生を受け24年5月に応急的に必要最小限の見直し改定を行ってからでも、既に4年になる。

　この10年を振り返るとき、とりわけ東日本大震災と東電福島原発事故の発生は、防災、安全・安心、そして危機管理の考え方や取り組みを根底から変える程の衝撃的なものであり、また、近年のイスラム過激派等によるテロ行為の国際的な拡大と邦人が巻き込まれる事態等は、必然的に安全保障に対する国民の意識、社会の対応の在り方を変え、法律制度、仕組みも大きく様変わりしてきている。このため、本書の内容においても、これら様々な状況の変化に対応し、全体的な見直し、加筆等の必要が生じた。

　国においては、東日本大震災、東電福島原発事故の反省と教訓を基に、災害対策基本法をはじめ数多くの法律の制定、改正、種々の特別措置等により、先ず、未曾有の大災害からの被災者の生活再建、被災地域の復旧・復興を図っている。また、並行して、想定外の事態対応を排すべく事前防災・減災を重視し、防災・危機管理の組織・体制の整備強化、地域防災力の充実強化など、切迫性が指摘される南海トラ

フ、首都直下の地震等の対策の備えを進めるとともに、原子力安全規制の一元化、新規制基準の制定など、新たな原子力施設の安全確保の枠組みを構築し、原子力災害対策の充実強化を図っている。

また、国際的には、民族、宗教、資源等を巡る対立等を背景に地域紛争、過激なテロ行為等が激化し、併せて国連決議を無視した北朝鮮の度重なる核実験、弾道ミサイル発射や近年の中国の覇権主義的な海洋進出の動きは、国際社会の緊張、不安を一層高めるとともに、我が国の安全保障にも重大な影響、懸念をもたらしている。なお、グローバル化に伴う相次ぐ感染症の国境を越えての拡大・流行も、大きな問題・課題となっている。

このような状況を踏まえ、近年、国家安全保障会議の設置、平和安全保障法制の整備、特定秘密法の制定、テロ対策、感染症対策等が進められてきている。

かつては、有事、安全保障法制の議論さえタブー視され、必要な法整備がなされてなく、緊急事態時には超法規の対応が不可避の時代が長く続いていたことを考えるとき、隔世の感がする。また、これらは、本来的に国家の最も基本的な役割に属するが、その影響を考えると、無論、地方自治体にとっても無関係なものではあり得ず、地域における総合行政主体（地方政府）としての役割が重要になる。

安全・安心な社会の実現は、経済、治安、国防等に関わる問題も大きいが、無論、消防・防災、危機管理の分野に関わるところも極めて大きく、そして等しく国民が強く念願するものである。また言うまでもなく、唯、念願するだけで実現する訳では毛頭なく、国、自治体、民間、国民のそれぞれが、然るべく最大限の努力を傾注し、連携、協力し適切な役割を果たして行かなければ実現しない。

安全・安心な社会にとっての脅威は、人為的なもの（武力行使、事件、事故等）であれ、自然現象（天災）であれ、それは、油断をしているところ、

備え、準備の脆弱なところを突いて来るものであり、官民の緊密な連携協力の下に不断の努力、取り組みが必要である。それ故、全体を把握、計画、指揮し、実施対応の責任を有する行政の立場に在る者は勿論のこと、広く関係者は、制度、仕組みを理解し、事に当たっての心構え、行動力、判断力等を身に付けていくことが重要であり、本書がその一助となれば幸甚である。

　これまでの旧版でも述べましたが、著者の能力、認識不足等から、本書に不正確な記述や誤りがあるかも知れませんが、厳しいご叱正を賜りたいと存じます。また、文中、意見等にわたる部分は、著者の全く個人的な見解であることをお断りしておきます。なお、巻末に記載した文献を参考にさせて頂きましたことを、厚く感謝申し上げます。
　また、今回も、㈱近代消防社三井栄志社長には、格別のご高配を頂き、深く感謝申し上げます。

　　　平成28年3月吉日　　　　　　　　　　瀧　澤　忠　德

（追記）
　本稿の脱稿後、大地震とは無縁の地と一般に考えられていた熊本において、内陸直下型の熊本地震が発生した。前震（M6.5）、本震（M7.3）がいずれも最大震度7を記録し、大きな余震が連鎖的に発生、活発な地震活動が長く継続する等、これまで経験したことのない異例の地震災害である。
　豊かな自然に恵まれ、温かい人情に満ちた熊本は、著者が35年前に県庁に勤務、2年弱過ごした数々の思い出が詰まった地であり、伝えられる甚大な被害状況を前に、悲痛な思いで、被災された方々に心からのお見舞いを申し上げ、一日も早い復旧・復興を祈るばかりである。改めて、地震の怖さとともに、地震はいつ、何処でも起こり得ること、想定外の事態に対処出来る備えを行うことの必要性を再認識している。

改訂新版に寄せて

　旧版を執筆して以来、早いもので既に6年半以上経過しております。この間、経済社会の変化は著しく、本書のテーマとする消防・防災と危機管理の分野においても、取り巻く環境や状況が大きく変化しているとともに、様々な災害や事故、新たなタイプの危機の発生があり、これらに対応し、多くの制度改正が行われ、また、新たな施策、事業が推進されております。

　特に、平成23年3月11日に発生した東日本大震災と東電福島原発事故は、正に未曾有の甚大な被害をもたらしました。不幸にして犠牲になられた方々に深く哀悼の意を捧げるとともに、被災された方々の一日も早い生活の再建と、被災地の復旧・復興を願わざるを得ません。

　東日本大震災と原発事故は、消防・防災と危機管理の面においても、何故あのような大災害、大事故を防ぐことが、また、被害の拡大防止が出来なかったのか、更に、極めて稀にしか発生しないが可能性はゼロではない、しかし一旦発生するととてつもない惨禍をもたらす巨大なリスクに対しどう対応するか、問われるところであります。

　単に、想定を遥かに超えた地震と大津波の発生として済ませてよい訳はなく、無論、対応の拙さが自然災害を人災にしてしまうことはあってはなりませんが、災害、事故等は往々にして油断をしていると不意を突き、また、社会やシステムの脆弱な部分を襲う等、悪い条件が重なったところで生じることが多いものであります。

　消防・防災と危機管理は、困難であっても常に可能な限り万全を期すことが重要であり、現在、従来の制度、施策等の大幅な、或いは基本的な見直しが求められております。なお、更に付言すれば、あの3月11日を境に、人々の物の見方、考え方が変わったと言っても過言ではない程の影響が起きています。

　このようなことから、本書も、この際、全体的、全面的な見直し、改訂を行うことといたしました。但し、全体の構成は大きく変えることはせず、また、旧版

同様、制度や仕組み、施策の内容を出来る限り分かりやすく解説し、初めて消防・防災と危機管理の仕事に携わる方は勿論のこと、現在、自治体の幹部、管理者として重要な職に就いておられる方にも、有事、非常時における対応等について、参考となるよう心掛けております。

　旧版でも述べましたが、著者の能力、認識不足等から、本書に不正確な記述や誤りがあるかもしれませんが、厳しいご叱正を賜りたいと存じます。また、本文中、意見等にわたる部分は、著者の全く個人的な見解であることをお断りしておきます。本書が、些かなりとも読者の皆様のお役に立つことがあれば、望外の喜びであります。なお、巻末に記載した文献を参考にさせて頂きましたこと、厚く感謝申し上げます。

　また、旧版同様、㈱近代消防社三井栄志社長には、格別のご高配を頂き、厚く感謝申し上げます。

　　平成24年3月吉日　　　　　　　　　　　　　瀧　澤　忠　德

　　　　　は　し　が　き（初版）

　近年、大規模な災害、事件、事故等が頻発し、また、9.11米国同時多発テロや北朝鮮の弾道ミサイル発射、核問題などがあり、国民の間に何かと不安感が拡がるとともに、国の安全に関わる有事、緊急事態についての関心も高まってきています。
　また、時の経過は早いもので、あの大惨事となった阪神・淡路大震災と地下鉄サリン事件から10年が経ちました。尊い犠牲、貴重な経験と反省の上に、消防、防災そして危機管理について、国、地方公共団体をはじめ関係機関等において、制度や体制の整備、施策の充実強化、意識改革など様々な取り組みが、今日までなされてきました。
　安全、安心に関わる行政分野は種々ありますが、消防防災はその大きな部分を占め、住民に密着した行政を行う地方公共団体は、今後、益々重要な役割を担っていくことになります。
　ところで、消防防災の個別の分野についての専門書は多数ありますが、全体についての入門書、概説書の類は意外に少なく、特に最近のものはあまりなく、従って、いわば教科書的に広く薄く、全体が大摑みで理解出来る解説書が求められていたのではないかと思います。また、危機管理に関しても、民間企業の経営、リスク管理について記述した図書は多く見受けられますが、大規模な災害や特殊な事故、事件に係る行政の立場からの危機管理について記述した本は、世にあまり刊行されていないように思います。
　このことから、著者はこれまで約35年間、国及び地方公共団体等において行政に関わる仕事に携わってきましたが、そのうち、約3分の1の10年間は、消防防災関係の仕事を経験させて頂きましたので、その経験を基に浅学非才の身をも顧みず、この度、㈱近代消防社三井栄志社長のご厚意により機会を得て、本書を執筆、上梓することに致しました。
　本書は、初めて消防防災関係の仕事に携わる方にも容易に理解して頂けるよう、

出来る限り平易な記述に努めております。

　また、危機管理の内容や手法等については、管理者、指導者として心得ておくべき事が本書の中にあるはずと考えており、現在、危機管理の掌に在ると否とにかかわらず、どのような仕事に就いておられていても、きっと何か役立つところあるものと思います。

　更に、文中に脚注を多く載せていますが、気にせずに飛ばして読んでも支障なく全体が理解出来るよう、また、少し詳しく知りたい場合には、脚注が役に立つよう、留意して記述しております。また、最近、相次いだ制度改正や社会の動き、変化等も可能な限りフォローしたつもりです。

　末尾になりますが、著者の能力、認識不足等から本書に不正確な記述や誤りがあるかもしれませんが、厳しいご叱正を賜りたいと存じます。また、文中、意見等にわたる部分は、著者の全く個人的な見解であることをお断りしておきます。本書が、些かなりとも読者の皆様のお役に立つことがあれば、望外の喜びであります。

　なお、巻末に記載した文献を参考にさせて頂きましたこと、厚く感謝申し上げます。

　　平成17年8月吉日　　　　　　　　　　　　　　瀧　澤　忠　德

目　次

はしがき（第3次改訂版に寄せて）
改訂新版に寄せて
はしがき（初版）

凡　例

第1章　消　防 ··· 1

第1節　消防の沿革と任務 ······························· 1
1　公設消防の歴史 ································· 1
（1）江戸時代／1　（2）明治から終戦まで／2
2　自治体消防の発足 ······························· 4
3　消防の任務と役割 ······························· 5
（1）広範かつ重要な任務と役割／5
（2）諸外国の消防制度の概要と比較／5
（3）身近な頼れる存在として高い評価／8

第2節　消防の組織、体制と活動 ······················· 9
1　国 ··· 9
（1）消防制度の企画、立案等／9
（2）非常災害、緊急事態等における危機対応／10
（3）社会の変化に対応した国の役割／12
2　都道府県 ······································· 13
（1）市町村の消防の指導、支援／13
（2）非常災害、緊急事態等における危機対応／14
3　市町村 ··· 15

　　　　（1）消防責任と消防機関／15　（2）常備消防／16
　　　　（3）非常備消防／19　（4）消防財政／23
　4　消防職員と消防団員 ·· 25
　　　　（1）消防職員／25　（2）消防団員／27
　5　消防活動と公務災害、表彰 ·· 29
　　　　（1）活動内容／29　（2）消防車両等／30
　　　　（3）公務災害と安全管理／32　（4）消防表彰／34
　6　教育訓練 ··· 35
　　　　（1）教育訓練体制／35　（2）消防学校／36
　　　　（3）消防大学校／37　（4）職場教育訓練／37
第3節　火災と火災の警戒、消火活動 ·································· 38
　1　火災の種類と消火方法 ··· 38
　　　　（1）大火と火災の種類／38
　　　　（2）建物火災と住宅防火対策／39
　　　　（3）林野火災対策／41　（4）消火方法／42
　2　火災の警戒、消火活動 ··· 42
　　　　（1）消防法上認められている権限／42
　　　　（2）消防隊の編成と水利／46
第4節　火災予防 ·· 47
　1　ソフト、ハードの火災予防 ······································· 47
　2　火災予防行政のしくみ ··· 48
　3　火災予防行政の具体的な内容 ···································· 51
　　　　（1）措置命令／51
　　　　（2）立入検査（消防査察）と違反是正／52
　　　　（3）消防同意／54
　　　　（4）防火管理者及び防災管理者等の設置／55
　　　　（5）防火対象物の定期点検、報告／59

　　　　　（6）消防用設備等の設置／62
　　　　　（7）防炎規制／69
　　　　　（8）消防用機械器具等の検定と自主表示／70
　　　　　（9）火災原因調査／72
　第5節　危険物と石油コンビナート規制‥‥‥‥‥‥‥‥‥‥ 73
　　1　消防法上の危険物と事故 ‥‥‥‥‥‥‥‥‥‥‥‥‥ 73
　　　　　（1）消防法上の危険物／73　（2）危険物施設の事故／75
　　2　危険物規制の内容 ‥‥‥‥‥‥‥‥‥‥‥‥‥‥‥‥ 76
　　　　　（1）危険物の貯蔵又は取扱いと危険物施設の設置等／76
　　　　　（2）危険物施設の維持管理と保安体制の整備等／79
　　　　　（3）少量危険物と指定可燃物／79
　　3　石油コンビナート規制 ‥‥‥‥‥‥‥‥‥‥‥‥‥‥ 81
　　　　　（1）特別防災区域の指定と防災体制／81
　　　　　（2）災害発生時の対応／82
　　　　　（3）大規模石油コンビナート災害と防災体制の強化／83
　第6節　救急・救助の体制と活動‥‥‥‥‥‥‥‥‥‥‥‥‥ 84
　　1　救急 ‥‥‥‥‥‥‥‥‥‥‥‥‥‥‥‥‥‥‥‥‥‥ 84
　　　　　（1）救急業務の意義／84　（2）救急業務の実施状況／85
　　　　　（3）救急需要増への対応等／87
　　　　　（4）救急救命士の処置範囲の拡大と救命講習の推進／88
　　2　救助 ‥‥‥‥‥‥‥‥‥‥‥‥‥‥‥‥‥‥‥‥‥‥ 91
　　　　　（1）救助活動と救助隊、隊員／91
　　　　　（2）テロ等特殊災害対応／92
　　3　緊急消防援助隊 ‥‥‥‥‥‥‥‥‥‥‥‥‥‥‥‥‥ 95
　　　　　（1）緊急消防援助隊の創設と役割／95
　　　　　（2）緊急消防援助隊の編成と出動／96
　　4　国際消防救助隊 ‥‥‥‥‥‥‥‥‥‥‥‥‥‥‥‥‥ 99

第2章　防　　災 …………………………………… 102

第1節　国土と災害 ……………………………………… 102
1　災害に脆弱な国土と新たな課題 ………………… 102
（1）災害に脆弱な国土／102
（2）災害に対する新たな課題／103
2　自然災害の状況 …………………………………… 105

第2節　災害対策の基本的な仕組み ………………… 107
1　災害対策基本法 …………………………………… 107
（1）災害対策基本法の制定／107
（2）大規模災害を受けての法改正／108
（3）災害の定義と災害対策基本法の概要／111
2　防災基本計画 ……………………………………… 116
3　地域防災計画等 …………………………………… 120
（1）地域防災計画とその見直し修正／120
（2）実効性ある地域防災計画の策定／122
（3）地区防災計画／123
4　災害予防 …………………………………………… 123
（1）国土保全事業の実施／124
（2）情報・通信の整備、充実／124
（3）災害リスクの周知と防災意識の高揚／126
5　災害応急対策 ……………………………………… 126
（1）初動体制の整備と役割／127
（2）災害応急活動／128　（3）避難措置／133
（4）被災者救助／138
6　災害復旧・復興 …………………………………… 141
（1）罹災証明／141

　　　　（2）被災者の居住（場所）の確保／142
　　　　（3）生活再建と被災者生活再建支援法／143
　　　　（4）災害復旧事業／145
　　　　（5）災害復興／146
　　　　（6）大規模災害からの復興に関する法律／147
　第3節　各種災害への対応 …………………………… 149
　　1　風水害、土砂災害等 ………………………………… 149
　　　　（1）災害の状況と課題／149
　　　　（2）大規模水害対策とソフト面の対応／151
　　　　（3）土砂災害対策及び都市型水害等への対応／152
　　　　（4）高潮対策／154　（5）雪害対策／155
　　2　地震災害 ……………………………………………… 156
　　　　（1）海溝型地震と内陸直下型地震／156
　　　　（2）地震の観測と予知／159
　　　　（3）大規模地震対策の概要と発生が懸念される大規模地震／161
　　　　（4）東日本大震災／163
　　　　（5）東海地震対策／169
　　　　（6）南海トラフ地震対策／172
　　　　（7）日本海溝・千島海溝周辺海溝型地震対策／176
　　　　（8）首都直下地震対策／176
　　3　津波災害 ……………………………………………… 181
　　　　（1）津波の特性／181　（2）津波対策／183
　　4　火山災害対策 ………………………………………… 186
　　　　（1）火山災害の状況／186
　　　　（2）火山の監視と火山情報／187
　　　　（3）活動火山対策特別措置法と地域防災計画等／190
　　　　（4）富士山の火山防災対策／192

5　原子力災害 ･････････････････････････････････ 192
　　　（1）原子力災害の特殊性と原子力の安全規制／192
　　　（2）原子力災害対策特別措置法の制定／195
　　　（3）東電福島原発事故／197
　　　（4）原子力施設等の防災対策の見直しと充実強化／199
　　　（5）原子力災害と地方公共団体／207
　第4節　自主的な防災活動と防災への新たな対応 ･･･････ 209
　　1　防災意識の高揚と自主防災活動 ･･･････････････ 209
　　　（1）防災意識の高揚／209
　　　（2）住民等の自主防災活動／212
　　　（3）災害時のボランティア活動／214
　　2　防災への新たな対応 ･････････････････････････ 216
　　　（1）防災における公助、共助、自助／216
　　　（2）戦略的、重点的な取組みと国土強靱化の推進／217
　　　（3）減災、人的被害の防止を基本とした防災対策／219
　　　（4）成果重視の防災行政に向けて／224

第3章　危機管理 ･････････････････････････････ 227

　第1節　危機管理とは ･････････････････････････････ 227
　　1　様々な危機に直面する現代 ･･･････････････････ 227
　　　（1）安全神話の崩壊と新たな危機対応の必要性／227
　　　（2）我が国を取り巻く環境、情勢の変化と危機事案／227
　　2　危機及び危機管理とは ･･･････････････････････ 229
　　　（1）危機／229　（2）危機管理／232
　　3　企業経営における危機管理 ･･･････････････････ 234
　　　（1）企業経営における危機の態様と危機管理／234

　　　　（2）様々な不祥事と企業統治／235
　　　　（3）不正の防止と対応／237
　4　危機管理の性格、特殊性 ………………………………… 238
第2節　危機管理の内容 …………………………………………… 240
　1　多段階の危機管理 ………………………………………… 240
　　　　（1）予防／241　（2）即時・応急対応／242
　　　　（3）復旧・復興、再発防止／246　（4）訓練／246
　2　危機管理体制の整備と危機管理計画 ……………………… 247
　　　　（1）危機管理体制の整備／247
　　　　（2）危機管理計画の内容と計画策定上の留意事項／248
　3　危機管理の要諦 …………………………………………… 250
　　　　（1）リーダーシップ／251　（2）情報／254
　　　　（3）先手先手の対応／256
　4　業務（事業）継続計画 …………………………………… 257
　　　　（1）業務継続計画とその内容／257
　　　　（2）自治体の業務継続計画の必要性／258
　5　クライシスコミュニケーション ………………………… 261
　　　　（1）意義と必要性／261
　　　　（2）事故、不祥事等に係る情報の特性／263
　　　　（3）クライシスコミュニケーションの進め方／263
第3節　国家的な危機と危機管理体制 …………………………… 265
　1　国の危機管理体制 ………………………………………… 265
　　　　（1）国家的な危機の種類／265
　　　　（2）国の危機管理体制の整備／267
　　　　（3）新たな危機への対応
　　　　　　（感染症、テロ対策及び特定秘密法）／271
　2　地方公共団体の危機管理体制 …………………………… 278

　　　　（1）対策本部の設置等／278
　　　　（2）危機管理体制の充実強化／278
　3　国家的な緊急事態と有事・安全保障 ･･･････････････ 280
　　　　（1）有事法制の経緯／280
　　　　（2）緊急・有事事態法制の整備／282
　4　平和安全法制の整備 ･･･････････････････････････ 283
　　　　（1）平和安全法制の概要／283
　　　　（2）存立危機事態と武力行使新3要件／284
　5　武力攻撃事態対処法 ･･･････････････････････････ 286
　　　　（1）武力攻撃事態とは／286
　　　　（2）対処措置と対処手続き／288
　　　　（3）平和安全法制整備法による一部改正／290
　6　国民保護法 ･･･････････････････････････････････ 290
　　　　（1）国民保護の意義と性格／290
　　　　（2）国民保護のしくみ／292
　　　　（3）地方公共団体の責務等／296

第4章　安全・安心な社会の実現のために ･････････････ 302

　1　高まる危機への不安と安全神話の崩壊 ････････････ 302
　　　　（1）高まる危機への不安、懸念／302
　　　　（2）安全神話の崩壊とその背景／304
　2　実効性ある初動、危機管理体制の整備 ････････････ 306
　　　　（1）阪神・淡路大震災等の教訓とその後の対応／306
　　　　（2）東日本大震災の対応の反省と危機管理体制の整備／307
　3　有事、緊急事態等への備えと防災、危機意識の高揚 ･･･ 309
　　　　（1）緊急事態に対する基本法の必要性／309

（２）危機、防災意識の高揚と対応力の向上／310
　４　様々な課題への対応 ･････････････････････････････ 311
　　　（１）大規模地震への備え／311
　　　（２）防災に配慮した国土構造、防災まちづくり／314
　５　地方公共団体、消防の増大する役割 ･･･････････････ 315
　　　（１）安全・安心な社会の実現と地方公共団体／315
　　　（２）常備消防の充実強化／317
　　　（３）消防団等地域防災力の充実強化／318

巻末資料 ･･ 323

参考文献 ･･ 333

あとがき（第３次改訂版） ････････････････････････････ 335

あとがき（改訂新版） ････････････････････････････････ 337

あとがき（初版） ････････････････････････････････････ 339

索　　引 ･･ 341

〈凡　　例〉

1　法令名は、原則として、本文中においてはフルネームで表記し、文章の末尾に根拠法令を括弧書きで示す場合は、略称を用いている。

2　法令名の略称（例）は、次による。
　　消防組織法・・・・・・・・・・・・組織法
　　消防法施行令・・・・・・・・・・・施行令
　　消防法施行規則・・・・・・・・・・施行規則
　　危険物の規制に関する政令・・・・・・・危険物政令
　　災害対策基本法・・・・・・・・・・災対法
　　武力攻撃事態等及び存立危機事態における我が国の平和と独立並びに国及び国民の安全の確保に関する法律　・・・・武力攻撃事態対処法
　　武力攻撃事態等における国民の保護のための措置に関する法律
　　　　　　　　　　　　　　　　　　・・・・・・・・・・・国民保護法
　　激甚災害に対処するための特別の財政援助等に関する法律
　　　　　　　　　　　　　　　　　　・・・・・・・・・・・・激甚法

3　条文の引用は、次による。
　　（例）消防法第18条の２第１項第１号　→　消防法18の２①Ⅰ

第1章　消　防

●第1節　消防の沿革と任務

1　公設消防の歴史

(1) 江戸時代

　「火のある所消防あり」ということが出来るが、消火活動が専門的に、組織的に行われるようになるのは、近世に入ってからである。

　我が国における公的な消防制度は、「火事と喧嘩は江戸の華」といわれる程、江戸の町は火災が多かったため、徳川幕府が、大名に命じ「大名火消」[註1]を組織させる一方、1650年（慶安3年）4000石以上の大身の旗本2人を火消し役に任命し、火消し屋敷を設置したことが始まり[註2]といえる。これは今でいう常設の消防署に相当するもので、常置することから「定火消」と呼ばれた。

　また、江戸市中がしばしば大火に見舞われたため、8代将軍吉宗の時代、1718年（享保3年）町奉行大岡越前守忠相は、一般の町家を守るため、町人により構成される「町火消」を作らせた。町火消は、その後、いろは48組、本所、深川16組に編成されたが、普段は土木、建築等の生業に従事している大工、鳶の者が、一旦火災が起きたら消火活動を行うもので、町内自治により運営されており、今の消防団の起源とされる。

　江戸時代は、消防は「火消」と呼ばれ、この消防の制度は、あくまで将軍のお膝元である江戸のことであり、江戸以外では、各藩において、江戸の制度に倣って独自に領国の城下に武家火消、町火消の整備を進めたが、農村部の在所村方では組織的な消防はなく、多くの地域

は、近所の人々が駆け付けて消火に当たるいわゆる「駆け付け消防」であった。また、消火のための装備はあまりにも貧弱で、放水といっても「龍吐水」という手押しポンプがある程度で、「鳶口」など破壊器具を用いて風下の家を倒して火災の拡がりを防ぐ、いわゆる「破壊消防」が主であった。

(註１)　大名火消は、1629年（寛永6年）に設置され、奉書を出して大名を非常召集する奉書火消が起源。以後、江戸城周辺など幕府の枢要地や大名屋敷等の定められた場所の火災に対処する所々火消、定められた方面の火災に対処する方角火消、各大名屋敷の近傍の定められた範囲の火災対処を命じた各自火消が設置された。ちなみに、忠臣蔵で有名な浅野家は、代々大名火消の役を命じられ、また、赤穂義士の討入りの際の装束は、そのこともあって、不審に見られることもないよう、火消装束の姿であったと言われている。

(註２)　これには諸説あり、1657年（明暦3年）の明暦の大火（江戸三大大火の一つで別名、振り袖火事とも言い、当時の江戸の市街地の約60％が焼失、死者は10万人を数えた。）の翌年、1658年（万治元年）新たに大身の旗本4名に「江戸中 定火之番」を命じ、定火消を6組（後に15組に増強、その後10組に縮小し、その状況が幕末まで続いた）設置したことをもって始まりとする説もある。

（２）明治から終戦まで

明治維新により制度は大きく変わり、東京と他の地域では、勿論、時期や内容等に相当の違いがあったが、概括的に言えば、武家による火消は当然ながら廃止になり、また、町火消は「消防組」と呼ばれる新しい消防組織に改組され活動を続けて行った。

東京では、消防事務の所管は、東京府、警視庁などと変わったが、明治13年（1880年）内務省警保局に直轄の消防本部（現在の東京消防庁

の前身。官設の消防制度の始まり）が設けられ、これが消防を所管することになるとともに、初めて消防職員（官）が採用された。

　官設常備の消防機関は、当初、東京だけであったが、各府県では、明治後期から大正にかけて、府県庁の所在都市等に常設消防（消防組の常備部。なお、大阪市には、明治43年（1910年）の勅令による4消防署）が設置され、更に、大正8年（1910年）勅令「特設消防署規程」が制定され、特設消防署を置く府県とその対象となる都市（当初は大阪等の五大市）が指定され、その後、軍事、経済上の重要都市に設置されて行き、戦時中は36都市、終戦後自治体消防発足までには57都市になっていた。

　一方、政府は、国内政治体制を確立するため、明治21年（1988年）市制・町村制の制定を行うとともに、それまでに全国的に設置が進んでいた消防組（公設消防組は一部で、大半は私設消防組）について、全国的統一制度を作るため、明治27年（1894年）、勅令をもって公設のみを認める「消防組規則」を制定し、全国各地に今の消防団の前身である消防組が誕生した。

　消防組は、当初、設置が進まなかったが、政府の強い働き掛けにより昭和元年（1926年）頃には、全国11,573市町村に10,640消防組、消防組員約180万人（全人口5,300万人の約3.4％。ちなみに現在は約0.7％）を数えるに至った。

　常設消防、消防組の設置が進んだこの時期、消防機械器具等の発達により、破壊消防からポンプ（腕用ポンプが主流で、動力ポンプ、ポンプ自働車の使用は未だ大都市等の一部）による放水、消火へと、近代的消防技術も次第に普及して行った。

　なお、消防組は、昭和14年（1939年）1月勅令「警防団令」の制定により、国防力強化などの要請から軍の指導により各地に結成されていた防護団（民間防空団体）と統合、新たに民間防空群の主軸、警察補助機関として「警防団」に再編成された。

2　自治体消防の発足

　昭和20年8月15日、日本はポツダム宣言を受諾し、終戦を迎えるとともに、連合国総司令部（GHQ）は、日本民主化のための占領政策の一環として、警察制度の改革を強く求めてきた。

　このため、太平洋戦争の終結により戦時体制の消防は必要なくなったことから、昭和22年4月30日勅令消防団令が制定され、警防団は民主的な「消防団」に改められ、再出発することになった。

　また、昭和22年12月9日に「消防組織法」が公布、翌年3月7日に施行され（このため、3月7日は消防記念日）、これにより、戦後改革、地方行政民主化、地方分権の一環として消防を警察から分離独立させて、消防の管理、運営の一切の権限と責任が市町村長にある自治体消防制度が発足した。

　これと併せて、「消防法」が、昭和23年7月24日に公布、8月1日から施行されたが、消防組織法が消防組織の運営に関し定めるものであるのに対し、消防法は、消防の実体的な面、消防活動について定め、これにより、従前、行政官庁が事実行為として、また、全て警察の範疇で行われていた消防活動に法的基礎が与えられるとともに、予防行政上の権限も広く付与されることになった。

　こうして、戦後の混乱が続いている中で、消防組織法と消防法の制定により、消防は、警察から分離独立し、自治体消防の制度の下で、消防本部及び消防署（常備消防）と消防団が、車の両輪の如くそれぞれ特徴を活かして連携協力し、広範かつ重要な任務を果たす消防体制が出来上がった。

　公設消防の歴史は、前述のように遠く江戸時代にまで遡ることが出来、それまで、消防は、常に警察、治安組織の中に属し、警察業務として位置づけられてきたが、我が国のその後の経済社会の発展、変化

を考えると、この自治体消防への大改革が、今日の消防の大きな発展につながったといえる。

3 消防の任務と役割

（1）広範かつ重要な任務と役割

　消防は、かつては「火消」と言われ、その任務は専ら火を消すこと、消火であったが、消防組織法及び消防法の制定により、また、その後の法律改正等により消防の目的、任務そして活動は、火災や自然災害をはじめ各種の災害から国民の生命、身体、財産を守ることとされ、予防行政は勿論のこと、救急、救助を含む非常に広範なものになっている[註1,2]。

　このことは、当初我が国は、木造建築物が多く、都市の不燃化が遅れ、市街地大火が多かったこと、経済社会の急速な成長、発展に伴い高層ビル、地下街、石油コンビナート等の出現と、様々な火災や事故等における救急・救助のニーズの増大、更には地震や風水害による自然災害もいわば宿命的に毎年のように発生したこと等が背景にある。

　また、これに加えて特に、基礎的自治体である市町村が、住民福祉の増進を図るため、住民ニーズに応え幅広い行政を行うようになってきたため、首長の姿勢や方針にも影響されるが、消防もこれに応じ、市民サービス行政の一環として、福祉との連携、安全・安心なまちづくり、24時間態勢を活かしての非常緊急時の危機管理など市町村行政全体へ関わるようになってきたことにより、消防の役割、活動は拡大し、益々重要なものとなってきている。

（2）諸外国の消防制度の概要と比較

　国により消防の制度、仕組みは、各国の歴史的な経緯、国と地方の

関係や消防の任務の範囲の相違等によりかなり異なり、統一的に把握することは極めて困難であるが、少なくとも、（3）で述べるように、全国が常備化され広範な業務を、常備の消防本部・署と消防団が連携し行政サービスとして行っている国はない。

海外では、救急業務を主に民間が担い、消防が行う場合も有料とする国は決して少なくなく、また、稀で極端な例ではあるが、米国では、火災保険に入っていないと火災が発生しても、消防車が来て消火してくれない自治体が一部にある。何時でも何処からでも119番通報ができ、行政サービスが受けられるわが国は、世界の中でも特別な国といってよい。

以下、日本の消防の制度、仕組みとの相違という視点から海外の消防を見ると、消防が、①公安・警察組織の中に位置づけられている国（消防は、警察行政の一部。なお、特殊な例であるが、歴史的経緯等から仏のパリ市は陸軍が、マルセイユ市は海軍が、各々消防業務を行っている。）、②基礎的な自治体（市町村）でなく、広域の行政主体（都道府県等）に所属する国、③消火、災害救助等の警防業務が中心で、救急業務は、別に病院や赤十字等医療機関が実施（有料制）している国。なお、消防が実施する場合でも、交通事故等の屋外事故であって、更に病院への搬送に限られる国、④常設（常備）の消防は、大都市を始めとする一部の都市に限られ、他の地域は、常設の消防は無いか、あっても少数の常勤の消防職員（幹部と専門技術職）と多数の非常勤（パートタイム）の消防職員やボランティアの消防団員により、中には消防団員だけで対応している国、⑤兵役の義務の代替として消防勤務が認められており、また、その大半が1年から2年程度の交代で主に警防関係の任務に就くことから、職業消防官は、幹部職員と特定の専門的、技術的な職務に従事する者に限られている国、⑥義勇消防（消防団）が存在しない国、などがあり、各国の種々の事情によるものであり、また、一長一短があ

ると思われるが、我が国消防の特徴が見てとれる。

(註1) 消防の任務、目的について、消防組織法第1条では、消防の任務は、「施設、人員を活用して、国民の生命、身体、財産を火災から保護するとともに、水火災又は地震等の災害を防除し、及びこれらの災害による被害を軽減するほか、災害等による傷病者の搬送を適切に行うこと」と、また、消防法第1条では、消防の目的は、「火災を予防し、警戒し及び鎮圧し、国民の生命、身体、財産を火災から保護するとともに、火災又は地震等の災害による被害を軽減するほか、災害等による傷病者の搬送を適切に行い、もって安寧秩序を保持し、社会公共の福祉の増進に資する」と規定している。

ところで、火災及び自然災害以外の「災害」について、消防組織法も消防法も具体的な定義をしていないが、ここでいう「災害」、即ち、消防の対象としての「災害」は、災害対策基本法にいう「災害」（第2章第2節1（3）「災害の定義と災害対策基本法の概要」111頁参照）と同様、自然災害のほか、人為的災害をも含んでいることは勿論のこととして、更に消防の任務、目的からして、同法の対象となる大規模な事故等により生じる被害だけでなく、更に広く比較的小規模な事故等による被害も含まれるものと解釈されている。

また、平成16年6月いわゆる国民保護法が制定され、消防は、国民の生命、身体及び財産を武力攻撃による火災から保護するとともに、武力攻撃災害を防除し、及び軽減しなければならないとされ（国民保護法97⑦。第3章第3節6（3）「地方公共団体の責務等」296頁参照）、新たに国民保護の任務を有することになった。

(註2) 消防はあらゆる災害に対し防災活動を行っているが、火災以外の災害に係る具体的な警防活動としては、①災害危険箇所の点検、警戒、②住民の避難誘導、③人命救助、行方不明者の捜索、④水防活動、⑤障害物の除去その他復旧事業などである。

なお、消防法とは別に水防法が制定され、水防機関として水防団がある

が、元々消防活動には水防活動が含まれる上に、水防団員の殆どは消防団員が兼務し、専ら水防活動を行う専任の水防団員（平成25年4月1日現在、14,383人）や消防団とは別組織の水防団は、沿革的に一部の大河川の流域に限られており、従って、水防活動の中核である河川や海岸堤防等の巡視、土のう積み、堤防の補強、排水、水門閉鎖等も、実質的には消防団、消防団員が実施しているといえる。

（3）身近な頼れる存在として高い評価

　我が国の消防は、自治体消防として発足し、以後、近代消防、予防消防、科学消防をスローガンに、組織、体制、施設、設備、装備等の充実に努めながら、既に半世紀を相当超える歴史を重ねている。
そして、今や、（1）及び（2）で見たように、他国と比較しても、予防、救急・救助、防災業務を包含する極めて広範な消防活動、業務を行い、しかも、世界的にあまり例を見ない、ほぼ全国の常備化を達成し、また、大都市の消防は、世界のトップレベルの水準にある。更に、常備化の下で、約86万人の団員から構成される義勇の消防団が、全市町村に設置され、後述するように、常備消防と一緒に地域と住民の安全を支える体制をとっている。

　この我が国消防の特徴と長所は、今日、国民の間に身近な頼れる存在として自治体消防が完全に定着し、高く評価される一因ともなっている(註)。このことは、各種の調査結果からも明らかであり、少し遡るが、消防、救急に関する世論調査（平成15年5月、6月）において、消防、救急に対する印象について、良い印象を持っている47.6％、どちらかといえば良い印象を持っている39.8％、この合計が87.4％であり、一方、悪い印象を持っているは、僅か3.3％に過ぎず、また、良い印象の理由として、消火などで社会に貢献している（77.9％）、万が一の時に頼りになる（67.4％）などが挙げられていることからも、更に、

常に消防職員の採用試験の競争倍率が高く、子供達の将来就きたい職の上位に消防官が挙げられることからも、十分窺えるところである。

(註) 我が国の消防は、既に述べたように、戦後、それまでの警察組織から分離独立、自治体消防として発足し、社会経済の発展、変化に対応しながら、活動範囲の飛躍的拡大と内容の充実、高度化を図って今日に至っているが、諸外国と比較しまた現在の消防の姿を見るとき、先人、関係者の尽力とともに国民の理解・支持があってのことであるが、戦後の民主化に伴う諸改革の中で、最も改革が成功し発展した行政分野の一つが消防といっても過言ではないであろう。

●第2節　消防の組織、体制と活動

1　国

（1）消防制度の企画、立案等

　消防に関する国の組織としては、総務省（平成13年の省庁再編前は、自治省）の外局として、消防庁が設置されている。

　消防庁は、消防組織法に基づき、市町村の消防の強化のため、主に次に掲げる事務を行っており、また、消防庁長官は、必要に応じ、消防に関する事項について、都道府県及び市町村に対し、助言、指導、勧告を行うことができる（組織法4、5、37）。

① 　消防体制、消防活動等の消防制度全般の企画、立案
② 　消防施設等の強化、拡充の指導、助成
③ 　消防職員及び団員の教育訓練、消防に関する試験研究（消防大学校、消防研究センターが設置されている。）
④ 　消防に係る国と地方公共団体及び地方公共団体相互間の連絡、調整
　実際の消防活動は、自治体消防、市町村消防の原則の下で消防組織法や消防法等の法令に基づき、国が定める消防の制度、仕組みの中

で、市町村が行っており、後述（3（1）「消防責任と消防機関」15頁参照）するように、消防庁長官又は知事の運営管理、行政管理に服することはなく（組織法36）、広範かつ実質的な自主性が原則的に認められている^(註)。その上で、市町村消防の基本、前提となる、例えば、市町村が整備すべき消防力及び水利、消防計画、消防吏員及び消防団員の階級、服制、教育訓練、火災予防条例、更には救急業務や救助活動など、これらの内容については、消防庁が基準、準則、要綱という形（消防庁告示等）で示し、市町村消防の原則の下においても、国全体として、消防の統一を図り、また、一定の消防活動の水準を確保し、消防の任務が果たせるようにしている。

（註） 地方分権の推進は、戦後、憲法により地方自治の制度的保障がなされ、地方自治法が制定されて以来の地方自治関係者の長年の念願であり、平成11年の地方分権一括法の制定等を見ているが、消防制度は、正に地方分権の先駆けであり、地方分権の必要性、妥当性を如実に示している。

（2）非常災害、緊急事態等における危機対応

大規模、特殊災害等の発生に際しては、市町村の区域内で、或いは市町村相互の応援によっても、十分な対応をすることは困難である。このため、幾ら自治体消防の原則といっても、これのみに拠ることは出来ず、都道府県の区域を越えての消防の応援、指揮、運用が必要となる。

消防庁は、その任務の性格上、直属の消防隊を保有していないが、市町村消防を補完するものとして、非常災害時等必要な場合には、消防庁長官は、知事、市町村長に対し、消防の応援のため、必要な措置をとることを求めることが出来る（組織法44①、②、④）。

また、大規模特殊災害の場合に市町村段階で対応仕切れないときは、

専門の知識、能力、経験に基づく特別の対応が求められることから、平成15年に消防組織法が改正され、緊急消防援助隊（第6節3（1）「緊急消防援助隊の創設と役割」95頁参照）が法律上位置づけられるとともに、消防庁長官は、全国的な観点から緊急消防援助隊の出動を求め、また、2以上の都道府県に及ぶ大規模災害や特殊災害、NBCテロ（第6節2（2）「テロ等特殊災害対応」の（註1）93頁参照）、有事などに対処するため特別の必要があるときは、緊急消防援助隊の出動を指示出来ることになっている（組織法44④、⑤）。

更に、国際緊急援助の一翼を担う国際消防救助隊（第6節4「国際消防救助隊」99頁参照）が、上記の緊急消防援助隊とは別体系で組織、登録されており、海外において発生した大規模な災害についても、消防庁長官は、被災国から要請があり次第、外務大臣の協力要請を受けて関係市町村に隊員の派遣を要請、国際消防救助隊は直ちに被災地に赴き、救助活動等を行うことになっている。

また、平成16年6月いわゆる「国民保護法」（第3章第3節6「国民保護法」290頁参照）が制定され、消防庁は、武力攻撃事態や緊急対処事態（大規模テロ等）に際し、国民保護法に基づく住民の避難（国からの警報や避難措置の指示に関する通知、都道府県の区域を越える避難における勧告）、避難住民等の安否情報（収集、提供）等に関する事項、国と地方公共団体及び地方公共団体相互間の連絡、調整の事務を行うこととされ（組織法4②XXV）、また、武力攻撃災害を防除するための消防に関する市町村長、知事に対する消防庁長官の指示等が認められた（国民保護法117②、118等）。

上記のほか、非常災害、緊急事態等における危機対応とまでは必ずしも言えないが、後述するように、社会的影響が大きい、原因究明が困難な特殊火災については、平成15年に消防法が改正され、消防長等からの要請がなくても、消防庁長官は主体的に火災原因調査を行う

ことが出来ることになっている（第4節3（9）「火災原因調査」72頁参照）。

（3）社会の変化に対応した国の役割

　我が国の消防は、自治体消防として発足し、既に70年近くになる。これまで、火災をはじめとする様々な災害の大規模化、広域化に対しては、一般に大都市等を別とすれば、市町村の消防が規模的に小さいこと等から、かつて都道府県が消防の主体となる「府県消防論」が一部に根強く唱えられる中で、市町村消防の原則を堅持し、消防の相互応援、協力という形で対応が図られてきている。

　例えば、伊勢湾台風を契機に昭和38年に、市町村の消防の相互応援義務の規定（組織法39①）が、また、新潟地震を契機に昭和40年に、知事から消防庁長官への消防の応援の要請と、これを受けての長官の他の知事への応援の措置要求及び当該知事の市町村長に対する応援出動の措置要求の規定（組織法44①、③）が設けられた。

　しかし、阪神・淡路大震災や東日本大震災を経験し、また、今後、大規模地震や特殊災害、NBCテロ、国家的な有事等への迅速、的確な対応を考えると、このような事態に対しては、自治体消防に任せたままの対応では、十分な対応が出来ないことは明らかである。

　このため、後述（3（2）「常備消防」16頁）するように、消防の広域化の推進を図る等、引き続き自治体消防の充実強化を図り、これを基本とし、その特徴と長所を活かしながらも社会の変化に対応し、前記（2）において述べたように非常、緊急時等において必要な場合には、自治体消防を補完しつつその協力、支援を得て、国の役割、責任として、消防庁が国家的、全国的な観点からより直接的に対応することが必要である。また、これを支え可能とするものは、市町村消防に分かれていても「消防は一つ」とする消防人の一体感であり、消防精神(註)である。

更に、消防防災にとどまらず、広く地方公共団体の危機管理体制の整備、確立（第3章第3節2（2）「危機管理体制の充実強化」278頁参照）に向け、消防庁がその役割、責任を果たしていくことが求められてきていると言える。

（註） 消防精神とは、国民の生命、身体、財産を火災等の災害から守る献身的な郷土愛護の義勇精神をいう。なお、義勇とは広辞苑によると、①正義を愛する心から起きる勇気、②進んで公共のために尽くすこととある。また、あとがき（初版）340頁に引用した吟詠漢詩家松口月城の「消防大精神」を参照されたい。

2 都道府県

（1）市町村の消防の指導、支援

都道府県は、市町村を包括する広域の地方公共団体として、市町村の消防が十分に行われるよう、主に次に掲げる事務を行っている（組織法29、30、38）。

① 市町村の消防に関する指導、助言、勧告
② 市町村との連絡及び市町村相互間の連絡調整
③ 消防職員及び団員の教育訓練（都道府県消防学校が設置されている。）
④ 航空消防隊を設置し、航空機（消防防災ヘリ）を用いた市町村の消防の支援

消防の組織としては、総務又は環境、生活関係を所管する部に消防防災課を置いて、消防、防災関係のほか、危機管理や火薬類、高圧ガス関係の事務等も含め、広く消防防災に関係する事務を処理しているところが一般的である。

また、現在、佐賀県及び沖縄県を除く45都道府県に消防防災ヘリコプターが合計76機（平成27年11月1日現在）配備され、その内訳は、

消防庁保有5機（東京消防庁、京都市消防局、埼玉県、宮城県、高知県に配備。消防組織法第50条の無償使用制度を活用）、消防機関（東京消防庁及び15政令指定都市）保有31機、道県保有（大阪府、京都府は保有せず）40機であり、救急搬送や救助、林野火災等に大きな成果を挙げている。

都道府県保有の消防防災ヘリコプターについては、従来、市町村の消防吏員がこれを使用し消防事務を行うという法的構成がとられていたが、平成15年の消防組織法等の改正により、都道府県は、区域内の市町村長からの要請に応じ、航空機を用いて市町村消防を支援することが出来る、そのため都道府県に航空消防隊を設けるものとする等、都道府県の行う支援事務の根拠が法律上明確にされた（組織法30）。

（2）非常災害、緊急事態等における危機対応

消防の責任は市町村にあり、国や都道府県は、原則的には市町村が適切に消防責任を遂行し得るよう支援する立場である。従って、東京消防庁を擁する都を別とすれば、また、上記の航空消防隊のケースを例外とし、道府県は、国と同様、直接消防活動をせず、直属の消防隊を保有せず、また、消防吏員も置いてなく、それ故、消防事務を一般の事務吏員が担当し、消防学校の教官もその多くが消防本部から出向、派遣の消防職員に依存している。

しかし、このような現状にあっても、都道府県の役割は、管内の消防に対する指導、助言、調整など極めて重要なものがある。特に、知事は、市町村長、消防長等に対し、非常事態の場合、災害防御の措置のため必要な指示をすることが出来（組織法43）、また、消防の応援に関し、消防庁長官に要請をすること、長官の求めに応じて必要な措置をとる場合に、市町村長に対し消防機関の職員の応援出動等の措置を求め、更に、長官の指示に基づき緊急消防援助隊の出動の指示をすることが出来る（組織法44①、③、⑥）。加えて、重要な役割、権限とし

て自衛隊の災害派遣の要請を行うことが出来る（第2章第2節5（2）②「広域的な支援と自衛隊の災害派遣」129頁参照）。

　大規模、特殊災害やテロ、有事等の緊急事態における対応を考えた場合、都道府県の区域における防災、危機管理のいわば最高責任者として、従来以上に知事の責務は極めて大きく（防災、危機管理に関しては、第2章及び第3章を参照）、従って、都道府県として、消防、防災の位置づけを改めて明確にし、専門スタッフの養成確保をはじめ、非常災害、緊急時等の対応要領の整備、確立とともに、市町村消防の相互協力、支援体制の整備を図っていく必要がある。

3　市町村

（1）消防責任と消防機関

　自治体消防の原則に基づいて、市町村は、その区域における消防を十分に果たすべき責任を有し（組織法6）、予防、警防、救急、救助等の消防事務を行っており、そして消防の管理者は、市町村長とされている（組織法7）[註1]。

　また、市町村の消防は、消防庁長官又は知事の運営管理、行政管理に服することはないと、市町村消防の自主性が原則的に認められている（組織法36）。なお、この特例として、前述のように非常、緊急事態時における消防庁長官又は知事の指示、応援のための措置要求がある。

　消防事務を処理するための機関としては、消防本部、消防署及び消防団があり、市町村は、これらの全部又は一部を設置することが義務づけられている（組織法9）[註2]。

　市町村が単独で消防事務を処理するよりも、共同で処理したり、又は、他に委託して処理する方が効率的、合理的な場合には、一部事務組合や広域連合により消防本部を設置し（組合消防）、又は、中心とな

る都市に消防事務を委託し（委託常備）、消防事務を処理している市町村も多くある。

　また、市町村は、消防に関し必要に応じ相互に応援すべき努力義務があり（組織法39）、大規模な災害や特殊災害等に適切に対応出来るよう、都道府県内の市町村間で、更にはその区域を越えて相互応援協定を締結し、広域応援体制の整備を図っている。

（註１）　東京都の特別区については、都の特例により特別区が連合して消防の責任を持ち、東京都知事を管理者として消防事務を処理する仕組みになっており、特別区の消防事務を処理する機関は東京消防庁で、都知事が消防長（消防総監）を任命する（組織法26〜28）。

　　　　なお、三多摩地域の市町村も、単独で消防本部を設置している稲城市を除き、都に事務委託をし、東京消防庁が消防事務を処理している（東久留米市は、平成22年4月1日都に事務委託）。

（註２）　消防本部、署及び消防団のような公的な消防組織、消防機関ではないが、消防法や石油コンビナート等災害防止法により、大量の危険物（引火性液体）を取り扱う製造所等や石油コンビナート区域の事業所等は、それぞれ一定の人員、化学消防自動車等により編成される消防隊（自衛消防組織や自衛防災組織）の設置が、また、原子力事業所は、原子力災害対策特別措置法により原子力防災組織の設置が義務づけられている。なお、空港に置かれる消防隊は、国際民間航空機関が空港の規模や飛行機の種別に応じて定める基準に基づき設置されており、自衛消防隊の一種である。

（２）常備消防
① 組織、体制

　消防本部及び消防署は、常設の消防機関で、常勤の消防職員が勤務し、行政事務（行政行為）である火災予防行政（第4節参照）や危

険物規制行政（第5節参照）を行うとともに、警防、救急救助等の各種の消防活動を全面的に担っている。

消防本部は、文字どおり消防の本部機能を果たし、行政事務の総括を行うとともに、その委任又は指令を受けて消防署、出張所等が現場における行政事務、消防活動を行っている。なお、消防署だけでは管轄区域をカバー出来ない場合は、消防本部により呼称は異なるが、本署から分けて、出張所、分署、支署、分遣所等が設けられている。また、大都市等においては、市長部局の名称を考慮し、消防本部を消防局と呼ぶことが一般的である。

消防本部の長は消防長[注]、消防署の長は消防署長であるが、消防長は市町村長が任命し、消防長以外の消防職員は、市町村長の承認を得て消防長が任命することになっており、また、消防長及び消防署長は、その職務の重要性等に鑑み、政令（市町村の消防長及び消防署長の任命資格を定める政令）で定める資格を満たすことが必要である（組織法12、13、15）。

なお、近年の消防活動の高度化、専門化、複雑化等の流れを踏まえ、消防長は、消防に関する知識及び技能の修得のための訓練を受け、広範で高い識見等を有し、その統括する消防本部の有する消防力を十分発揮させるよう努める、と消防長の責務が明らかにされている（平成17年6月の改正後の消防力の整備指針）。

平成27年4月現在、消防本部は750本部、消防署数は1,709、出張所等の数は3,145、常備化率は、市町村数の98.2％、人口の99.9％が常備消防によってカバーされ、主に山間地、離島の一部（31町村）を除いては、常備化されている。このうち、一部事務組合又は広域連合による消防本部は、295本部（うち広域連合は22本部）で、1,100市町村で構成し、常備化市町村全体の65.1％に相当する。また、事務委託の市町村は、133市町村で、常備化市町村全体の7.8％に相当する。

また、消防本部の規模は、本部により大きな差異があり、職員数が50人未満のものから1,000人以上（最大は、東京消防庁で約1万8千人）のものまで様々で、中でも管轄人口が10万人に満たない小規模消防本部が全体の約6割を占めている状況である。
② 消防の広域化の推進
　近年、災害が大規模化、多様化し、消防を取り巻く環境が大きく変化している中で、これら小規模消防本部の場合、一般に財政基盤や人員、施設、装備等の面で十分でなく、組織管理や財政運営面での厳しさが指摘されることから、広域再編など組織面からの消防対応力の強化を行っていく必要がある。
　このため、平成18年（2006年）に消防組織法が改正され、消防の広域化を推進するため、広域化の意義、基本指針、推進計画及び都道府県知事の関与、国の財政援助等に関することが規定された（第31条～第35条）。
　これを受け、消防庁では、市町村の消防の広域化に関する基本指針を定め、その中で、（ア）広域化は、消防の体制の整備及び確立を図るために行うもので、広域化しても消防署所の数を減らすことなく、消防力を総合的に向上させて行く、また、消防団については、従来どおり各市町村ごとの設置を基本として広域化の対象としない、（イ）消防本部の規模は、一般論として大きい程望ましい、管轄人口の観点から概ね30万人以上の規模を一つの目標とすることが適当（但し、管轄面積の広狭、交通事情、島嶼部等の地理的条件等の地域事情への配慮が必要）、（ウ）都道府県が推進計画を策定し、5年以内（平成24年度まで）を目途に広域化を実現する、とした。
　この基本指針に基づき、都道府県において、消防広域化推進計画が策定され、消防の広域化に向けた取り組みが進められ、一定の進展をみたが、東日本大震災の発生や今後の災害リスクの増大等を

考慮すると、更なる取組みの必要性があり、推進期限を平成30年4月1日まで5年程度延長し、また、管轄人口30万人以上の規模目標には必ずしも囚われず、地域の事情を十分に考慮し、（ア）今後、十分な消防防災体制が確保できない虞がある市町村を含む地域、（イ）広域化の機運が高い地域を、知事が消防広域化重点地域に指定、国や都道府県の支援を集中的に実施し、自主的な市町村の消防の広域化を着実に推進することとしている。

（註） 全国の消防長が相互の連絡協調を図り、意思を統一し、我が国消防の健全な発展に寄与することを目的とし、全国消防長会が設立されており、全国市町村消防の中心となって、種々の消防問題の改善等に係る調査研究、消防予算の確保や制度改正に係る国等への要望活動などを行っている。

なお、全国の消防職員を会員として（一財）全国消防協会が設立されており、全国消防長会と一体となって、全国消防救助技術大会、優良消防職員表彰等が行われている。

（3）非常備消防
① 消防団の組織、体制

消防団は、郷土と住民を火災その他の災害から守るため、他に職業を持つ傍ら「自分達のまちは自分達で守る」という郷土愛護と奉仕の精神で、一旦事があるときは、献身的に消防活動を行う消防団員によって組織されている(註1)。平成27年4月現在、消防団は全国で2,208、消防団活動の基本となる分団は、一般に旧市町村等の単位で組織されていることが多く、22,549ある。

消防団の組織は、団長、副団長の下に幾つかの分団、部及び班にピラミッド型に分かれているのが通例で、それぞれに分団長、副分団長、部長、班長、団員が置かれ、これらは職名であると同時に階級でもある。

通常、消防団は、1市町村1消防団であるが、2以上の消防団を置いている大都市等も珍しくなく、一方、最近まで消防団を置いていないごく少数の市町村があったが、現在はすべての市町村に消防団が設置されている。なお、近年、市町村の合併が全国的に進められたが、一般論としては、地域に密着した消防団の性格や、特に、合併に伴い行政体制の弱体化が懸念される周辺地域の消防団が果たす役割を考慮すると、単に合併、即ち各種行政組織の統合を理由とする消防団の統合は、必ずしも適当とは思われず、十分な検討が必要である(註2)。

② 消防団と常備消防の関係

　消防本部・署と消防団は、いわば車の両輪の如く連携して消防活動を行っているが、消防団は、消防本部、消防署から独立した組織で、両者に上下関係はなく、最小限の調整を図るため、火災等災害時に出動した場合には、消防団は、消防長又は消防署長の所轄の下に行動する(註3)とされ、また、消防団の区域外行動は、消防長又は消防署長の命令によってなされ、消防団は独断で区域外に出動することは出来ない(組織法18③)。

　かつて、常備消防が一部の地域に限られていた時期には、まさに消防団が地域の消防の全般を担い、常勤の消防団員を置く消防団常備、機関員常備の体制をとる消防団も多くあった。その後、常備化の進展に伴い、現在では、通常の火災を例にとれば、大都市等の人口等の集中している市街地では、消防署所が密に配置され、消防団は、主に常備消防の後方支援的な役割(延焼防止、警戒線設定、残火処理等)を担っている一方、その他の多くの地域では、署所の管轄エリアが広く、また、小規模な消防本部が多く、動員力、即応力が十分でないため、消防団は、依然、常備消防と同様の消火活動を行い、地域によっては、火災現場に先着して消火活動を行っている。

なお、現在でも、常備消防が置かれていない離島、山村等においては、主に救急業務への対応のため、緊急出動（出場）出来るよう、自治体（役場）職員により構成する常備部又は役場分団が僅かながら残っている。
③　消防団の活動とその特性・役割
　消防団の活動は、多岐・多様なものであり、災害時のみならず平常時においても、火災等の災害の発生に備え、訓練を重ねるとともに、様々な方法で住民の防火・防災意識の高揚、啓発に努めている。
　具体的には先ず、実際の火災等災害時には、②で述べた通常火災は勿論のこと、林野火災、地震、風水害等が発生した際は直ちに出動し、常備消防等と協力、連携して消火、水防活動を始め、住民の避難誘導、救出救護、各種の警戒・監視等の広範な活動を行っており、特に災害が大規模なものになれば、常備消防の対応能力、限界を超えた状況が生じ、消防団の活動は不可欠となる(註4)。
　阪神・淡路大震災や東日本大震災等を経験し、改めて、消防団は、訓練された団員による、（ア）地域密着力、（イ）大きな動員力、（ウ）即時対応力を有する活動により、特に、大規模な地震災害、林野火災、水害等の際におけるその役割の重要性が再認識されたところである。
　平常時においても、消防団は、伝統行事や各種大会等での警戒、会場整理をはじめとして、これらへの参加を通じ、住民に対しての消防に関連する協力、支援など、地域に密着した活動を展開しており、消防防災力の向上、防火意識の啓発、コミュニティの活性化に大きな役割を果たしている。
④　消防団の課題と活性化等
　消防団が欠くことの出来ない重要な役割を果たし、それが今後益々増大するにも拘わらず、消防団は団員の減少等の問題、課題を抱えている。このことについては、後述する4（2）消防団員27

頁及び第4章5（3）「消防団等地域防災力の充実強化」318頁を参照されたい。

（註1） 消防団及び消防団員の全国組織として、（公財）日本消防協会が設立されている。同協会は、消防職・団員等の福利厚生の充実、消防思想の普及、消防施設の充実等を目的として、優良消防団、団員等の表彰、幹部団員等の研修、全国消防操法大会及び全国消防殉職者慰霊祭の実施、防災車両の交付等広範かつ重要な事業を行っている。

（註2） 市町村の合併に際しての消防団組織の統合の要否については、地域に密着した消防団活動の特性の保持と市町村の区域における消防防災活動の一体性の確保の両者の配慮が必要であり、このため、合併に際し、消防団を統合しないことが適当な場合もあること、また、この場合、一体的な運用を図るため連絡調整の役割を担う連合消防団長等を指名することが望まれること等を内容とする通知が消防庁から出されている（平成15年10月30日付「市町村合併に伴う消防団の取扱いについて」消防庁消防課長通知など）。

　また、消防庁通知では、同時に、地域防災力の要である消防団の充実強化に係る議論が十分行われないまま、合併に伴って団員定数が減員されることが懸念されるとして、合併に際しては、地域の消防防災力を向上させるための団員数を確保する方向で十分検討、考慮を行うことを要請している。

（註3）「所轄の下に行動する」とは、消防活動を迅速かつ効果的に行うため、指揮命令系統の一元化を図ったものであり、火災等の災害現場においては、消防団は、消防長又は消防署長の大綱の指揮命令により消防活動を行うことを意味し、現場指揮について、消防長又は消防署長が個々の団員を直接命令するものではなく、あくまで団員に対する指揮監督は、消防団長又は現場における消防団の上級指揮者が行い、命令もこれらの者を通じてなされるべきものである。

（註4） 阪神・淡路大震災においては、消防団は、団員自身が被災しながらも直ちに大勢が出動し、消火、救助、住民の救護等をはじめとして幅広い活動を

行い、倒壊家屋から多くの人々を救出する等、その活動、活躍には、目覚しいものがあった。平成16年の新潟県中越地震や各地で発生した豪雨災害等においても同様である。

　また、平成23年3月の東日本大震災においては、消防団員は、極めて緊迫した状況の中で、我が身の危険をも顧みず地域住民を守るため、迫り来る大津波の中、直ちに住民の避難誘導、被災者の救出・救助、更には海岸、河川に面した地域では水門の閉鎖など様々な活動を行うとともに、自らの家族等が死亡或いは安否が不明、津波に自宅が流される、避難所に一時避難等の厳しい状況の下で、津波が起因となって発生した市街地や山林の消火活動、膨大な数にのぼる行方不明者の捜索、遺体の搬送、避難住民の対応等を常備消防、警察、自衛隊等と協力し、長期間に亘って献身的に行った（なお、これらの活動中、大変遺憾なことに尊くも254名という多数の殉職者が生じてしまった。）。

（4）消防財政

　市町村消防の原則から、市町村の消防に要する経費は、当該市町村が負担しなければならない（組織法8）。概ね消防に要する経費は、市町村の全体経費の約3.5％程度、住民1人当たり1万5千円弱であり、その性質上、人件費が大半（約3分の2）を占め、殆どが市町村の一般財源（地方税、地方交付税等）で賄われ（約8割〜9割）、残余は、地方債、国庫補助負担金等で、消防防災施設の整備等に充てられている。

　国庫補助金には、消防防災施設整備費補助金と緊急消防援助隊設備整備費補助金があり、前者は、原則として補助基準額の3分の1の補助で、国の特別法等による補助率の嵩上げ（例─地震防災対策特別措置法に基づき実施される事業で耐震性貯水槽等については2分の1、過疎地域自立促進特別措置法及び離島振興法等に基づく施設は10分の5.5）があり、後者は、消防組織法第49条第2項による法律補助として、緊急消防援助隊の一定の設備の整備に対し、補助基準額の2分の1の補助が行われる。

なお、地方公共団体の国民保護措置に係る経費は原則国庫負担である（第3章第3節6（1）国民保護の意義と性格290頁参照）。

　地方債のうち、防災対策事業（防災基盤の整備及び耐震化）に係るものは、元利償還金の一部について地方交付税措置が講じられている。また、新たに東日本大震災を教訓に全国的に緊急に実施する必要性が高く、即効性のある緊急防災・減災事業（地方単独事業。情報網の構築、津波対策のための公共施設の移設、消防広域化事業及び公共・公用施設の耐震化事業等）に係る地方債も、元利償還金の一部が地方交付税措置される。

図1－1　市町村の消防組織図

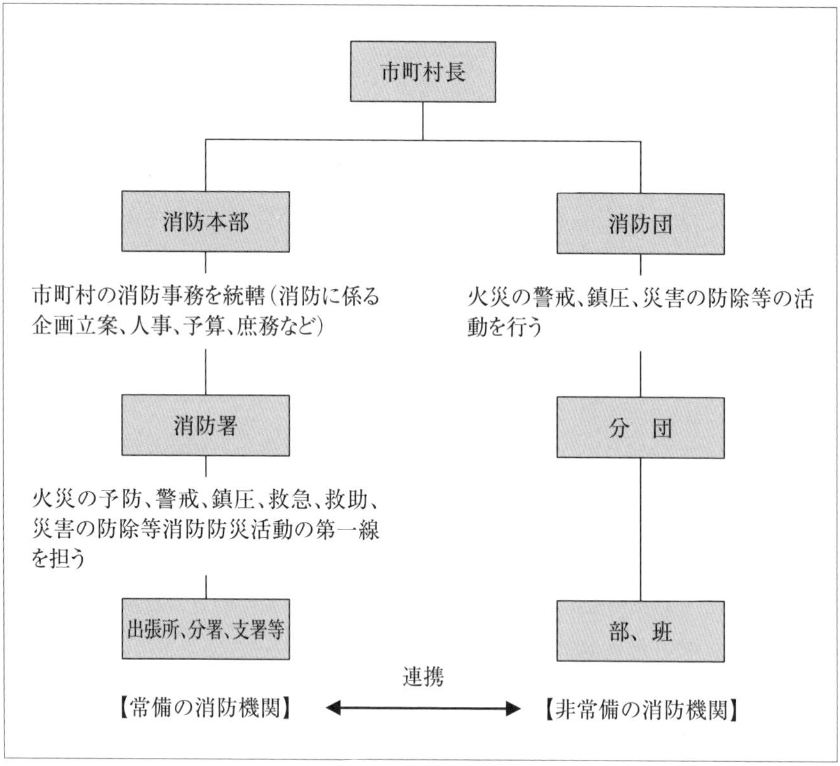

```
                    ┌─────────┐
                    │ 市町村長 │
                    └────┬────┘
              ┌──────────┴──────────┐
         ┌────┴────┐           ┌────┴────┐
         │ 消防本部 │           │  消防団  │
         └─────────┘           └─────────┘
  市町村の消防事務を統轄（消防に係る    火災の警戒、鎮圧、災害の防除等の
  企画立案、人事、予算、庶務など）      活動を行う

         ┌─────────┐           ┌─────────┐
         │  消防署  │           │  分　団  │
         └─────────┘           └─────────┘
  火災の予防、警戒、鎮圧、救急、救助、
  災害の防除等消防防災活動の第一線
  を担う

         ┌──────────────┐       ┌─────────┐
         │出張所、分署、支署等│       │  部、班  │
         └──────────────┘       └─────────┘
                          連携
  【常備の消防機関】　◀──────▶　【非常備の消防機関】
```

なお、地方税の中に目的税である入湯税があり、鉱泉浴場所在市町村が、環境衛生、観光施設等のほか、消防施設その他消防活動に必要な施設の整備に要する費用に充てるため、課税を行っている[註]。その外、消防費に関する財源として、航空機燃料譲与税、交通安全対策特別交付金等がある。

(註)　かつて、市町村の消防財源の充実強化のため、損害保険会社等に対し、火災保険料収入を課税標準として消防目的税を課す消防施設税創設の論議があったが、種々検討すべき問題が多いとされ、未だ実現に至っていない。消防施設税の論議において、問題とされたのは、①消防の充実により火災による損害が軽減されても、損害保険の損害率の低下は、火災保険料の引下げの要因になるだけで、必ずしも損害保険会社等の利益の増大にはならないのではないか、②税額相当分は、結局保険加入者に転嫁され、保険加入者のみがより多くの負担をすることとなり、不合理ではないか等である。

4　消防職員と消防団員

(1) 消防職員

　消防職員の数は、平成27年4月現在、全国で16万2,124人である。また、消防吏員には、階級が定められており、消防総監から消防士まで10の区分がある[註1]。

　消防職員の勤務条件は、勤務の特殊性や危険性に配慮したものでなければならず、具体的な給与、勤務時間その他の勤務条件は、市町村の条例により定められている。勤務条件のうち、給料については、従来は行政職給料表を採用しつつ、号級の加算調整や特殊勤務手当の支給により給与水準の維持を図る等の対応が一般的であったが、現在はこれは明確性及び透明性の観点から問題があり、条例により一般職と異なる特別給料表（国の公安職俸給表（一）に相当）を採用することが望

ましいとされる。

　消防は、常時即応態勢をとる必要があり、従って、消防職員の勤務体制は、毎日勤務と交代制勤務とに大別され、更に、交代制勤務は、一般的に２部制と３部制に分けられる。２部制は職員が２部に分かれ、当番と非番の順序に隔日ごとに勤務し、３部制は職員が３部に分かれ、日勤、当番、非番を組み合わせて勤務し、それぞれ一定期間で週休日をとる制度である。約３分の２の消防本部が２部制を採用している（平成27年４月現在、２部制61.5％、３部制29.1％、併用8.3％、その他1.2％）。

　なお、消防職員は、地方公務員法第52条第５項の規定により、一般の職員とは異なり、警察職員と同様、その職務の性格等から団結権が認められていない(註2)。このこと等が考慮されて、平成７年に消防組織法が改正され、消防職員の勤務条件、福利厚生、被服及び装備品等に関し、消防職員から提出された意見を審議し、その結果に基づいて消防長に意見を述べることを役割として、消防本部に「消防職員委員会」が置かれている（組織法17）。

（註１）　消防吏員とは、消防本部及び消防署に置かれる職員（消防職員）のうち、階級を有し、制服を着用し、消防事務に従事する者をいい、一般に消防官、消防士と呼ばれている。

　　　消防において階級制度は、指揮統率と規律の確保を図る上で必要不可欠なものである。

　　　消防吏員の階級は、消防庁の定める「消防吏員の階級準則」に従い市町村の規則で定められる。準則では、消防総監、消防司監、消防正監、消防監、消防司令長、消防司令、消防司令補、消防士長、消防副士長（特に必要がある場合）及び消防士の10の階級があり、また、消防長の階級については、消防総監は特別区の消防長（東京消防庁総監）、消防司監は政令指定都市の消防長、消防正監は消防吏員の数が200人以上又は人口30万人以上の市の消防

長、消防監は消防吏員の数が100人以上又は人口10万人以上の市の消防長、消防司令長はその他の市町村の消防長とされている。

(註2) 消防職員の団結権の在り方について、労働基本権の尊重と国民の安心・安全の確保の観点に立ち、有識者、労働者側、使用者側で構成される検討会において検討がなされ、平成22年12月に報告書が取りまとめられ、国においては、今後、地方公務員の労働基本権の在り方の検討と合わせて、付与することを基本的な方向としつつ、必要な検討を進めるとしている。

なお、全国市長会、全国消防長会等は、団結権の付与は指揮命令系統が乱れるとともに、消防団員との信頼、協力関係に影響する等、消防活動に支障が生じるおそれがある等として、反対の意見を表明している。

長年に亘る経緯と種々の意見がある問題であり、従って、消防業務の特殊性を踏まえ、消防職員委員会の機能の一層の充実を図りつつ、慎重に対応すべき問題と思われる。

(2) 消防団員

消防団員の数は、かつて自治体消防制度発足当初は、約200万人を擁し、それ以降、社会経済情勢の変化や常備化の進展等により減少を続け、平成元年頃までは約100万人を維持していたが、平成27年4月現在、全国で859,995人となっており、消防団の果たす役割、重要性（3（3）非常備消防19頁及び第4章5（3）消防団等地域防災力の充実強化318頁参照）を考えると、消防団員の確保が大きな課題となっている。なお、こうした中で、女性消防団員は、近年、増加傾向にあり、平成27年4月現在、22,747人（平成10年は8,485人）、女性消防団員が在籍する消防団は全体の64.3％、また、専門学校生を含む大学生団員は3,017人（平成18年は1,234人）となっている。

就業構造の変化等に伴い、消防団員はかつては農業、自営業者等が約4分の3を占めていたが、現在は、逆に被雇用者（サラリーマン）団

員の比率が年々増加し、約7割となっており、また、その半数近くが管轄区域外への勤務であるため、消防団の活動上、こうした事情を踏まえた団員の活動環境の整備、配慮が必要になっている。更に消防団員の平均年齢は、40.2歳（平成16年は37.4歳）と上昇している。

また、消防団員は、非常勤の特別職の地方公務員であり、消防団の自主性を尊重し、消防団長は、消防団の推薦に基づいて市町村長が任命し、消防団員は市町村長の承認を得て消防団長が任命することになっている（組織法22）。なお、消防本部を設置していない非常備の町村では、消防団員の中に一部、常勤の消防団員を任命し（役場職員の兼務）、

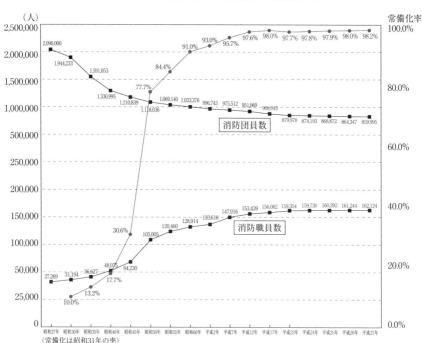

図1―2　消防職・団員数と常備化率

（出典　消防白書）

消防事務を行わせているところもあるが、常勤の消防団員の任用、給与等の身分取扱いは、消防職員と同様、地方公務員法の定めるところによる（組織法23）。

消防団員には給与の支給はなく、条例に基づき、若干の報酬（年額）及び出動した場合の費用弁償としての出動手当が支給されることになっているが、支給額、支給方法は、地域事情により区々であり、また、5年以上勤務し退職した消防団員には、階級及び勤務年数に応じ条例に基づき退職報償金が支給される（組織法25）[註]。消防団員の労苦に報いるためにも、その処遇の改善を図っていく必要がある。

消防団員の階級は、消防庁の定める「消防団員の階級準則」に従い、市町村の規則で定めることになっており、前述のように、団長―副団長―分団長―副分団長―部長―班長―団員の7区分である。なお、同一市町村に複数の団がある場合には、全体の一体的な運用を図るため、連絡調整の役割を担う連合消防団長などが適宜置かれ、又は指名される場合や、また、例は少ないが、消防団の組織、規模が大きく、より機動的な活動を行うため、複数の分団を束ねる方面隊等が置かれ、副団長がその長を兼ねる場合もある。

（註） 地方交付税単位費用の積算（平成27年度）においては、一例を挙げると、報酬は年額、団長82,500円、団員36,500円、出勤手当は1回当たり7,000円である。また、退職報償金は、条例（例）によれば最低額の5年以上10年未満の勤務の団員で20万円、最高額の30年以上勤務の団長で979千円となっている。

5　消防活動と公務災害、表彰

（1）活動内容

市町村は、住民の生命、身体、財産を火災等の災害から守るため、

防災計画に基づく消防に関する計画を策定し、これに基づき、消防は、火災や風水害等の災害の警戒防除、救急、救助、演習訓練、広報指導、予防査察、警防調査、火災原因調査等で出動しており、その業務、活動は広範多岐にわたっているが、大きくは、「警防」、「救急救助」、「予防」に分けられる。

また、活動内容は、火災等の災害時と平常時に分けられる。消防の任務から、一見、火災等の災害時の活動が中心で重要のように見えるが、しかし、火災等の災害時に十分な活動が出来るようにするためには、平常時からの規律の保持や心身の錬磨を目的とした教育訓練や機械器具の点検整備が必要であり、また、火災等の災害を未然に防止し、又は被害を最小限にするためには、平常時の火災予防活動、広報活動、各種警戒活動、水利調査が重要である。

従って、当然のことながら、消防の活動は、平常時と火災等災害時の活動が両々相まって初めて適切に行うことが出来、消防の目的が達成されるのである。

(2) 消防車両等

消防活動に必要となる車両には、様々なものがあるが、その使用目的により分類すると、次のようになる[註]。

① 消火のための放水や泡消火液の放射と、水や消火液の原液補給のための車（ポンプ自動車、水槽付きポンプ自動車、化学消防自動車、水槽車、小型動力ポンプ付積載車等）
② 高所での救助や消火を行うための車（はしご車、屈折はしご車、屈折放水塔車等）
③ 人命救助を行う車（救助工作車、特殊災害対策車等）
④ 現場での指揮、広報、連絡等の車（指揮車、司令車、広報車等）
⑤ 消防活動を支援する車（照明電源車、資機材搬送車等）

表1-1 消防車両等の保有台数

(平成27年4月1日現在)(単位:台、艇、機)

区　　　　分	消防本部	消防団	計
消防ポンプ自動車	7,687	14,230	21,917
はしご自動車	1,201	0	1,201
化学消防車	990	6	996
救急自動車	6,184	0	6,184
指揮車	1,764	858	2,622
救助工作車	1,244	0	1,244
その他の消防自動車	8,674	1,785	10,459
小型動力ポンプ	3,605	51,308	54,913
内訳　自動車に積載	431	35,688	36,119
内訳　台車に積載	1,291	2,745	4,036
内訳　上記以外	1,883	12,875	14,758
消防艇	40	13	53
消防防災ヘリコプター	33	0	33

(備考)「消防防災・震災対策現況調査」、「救急業務実施状況調」、「救助業務実施状況調」により作成

(出典　消防白書)

⑥　傷病者を病院へ搬送する車(救急車、高規格救急車等)
⑦　その他　消防艇、消防ヘリコプター、防災指導車、起震車、赤バイ等

(註) 小型動力ポンプ付積載車は、ポンプ自動車が通行出来ないような住宅の密集した路地裏での火災や林野火災で特に大きな威力を発揮するもので、小型動力ポンプ(可搬ポンプ)を荷台に積載した車である。化学消防自動車は、水では消火出来ない危険物火災等に対し、消火薬剤を用いて消火活動を行うための車である。高規格救急車については、第6節1(2)救急業務の実施状況の(註)87頁参照のこと。なお、石油コンビナート火災に対応するための「3点セット」と呼ばれる消防車両があるが、これについては、第5節3(1)特別防災区域の指定と防災体制81頁参照。

（3）公務災害と安全管理

　消防職・団員は、職務の特殊性から、生命の危険を顧みず身を挺して職務遂行に当たらなければならない時があり、そのため不幸にしてその職に殉じ、或いは負傷する場合もある。年によって勿論異なるが、職務遂行中に死亡する消防職・団員は、毎年約10数人、負傷する者は約2,500人前後にのぼっている。なお、平成26年中の殉職者は、消防職員8名、団員1名、同じく負傷した者は、それぞれ1,222人と1,162人となっている。

　また、平成23年3月11日に発生した東日本大震災では、24年3月14日現在、消防職員27名（うち行方不明4名）及び消防団員254名（うち行方不明2名）の尊い犠牲が生じる等、多大な人的被害が発生し、改めて消防本部、消防団の安全管理の在り方が問われたことから、警防活動時など特に津波災害時における消防職・団員の安全管理の検証が行われ、「津波災害時の消防団活動・安全管理マニュアル」の作成が市町村において進められている。

　消防職・団員が公務により死亡、負傷又は病気になった場合、法律等の規定により、その者又は遺族に公務災害補償が行われるとともに（註1）、消防吏員及び消防団員が高度の危険が予測される状況下において、消防活動に従事し、そのため公務災害を受けた場合、特殊公務災害補償として、遺族補償等について100分の50以内が加算される。

　なお、消防作業に従事又は協力した民間人、即ち、消防協力義務者（消防法25②）、消防作業従事者（同29⑤）、救急業務協力者（同35の7①）及び応急消火義務者（同25①）で火災の発生に関係がないものが、そのため死傷病となった場合には、消防法第36条の3及び市町村の条例に基づき災害補償がなされる（応急消火義務者等については、第3節2（1）消防法上認められている権限の（註1）45頁参照）。

　消防の職務や勤務の特殊性から、公務災害の発生が避けられないに

しても、それを可能な限り防止し、被害の軽減を図っていく必要があり、また、そのことが確実かつ効果的な消防活動の遂行につながる。このため、日頃から安全管理体制の整備、訓練時及び警防活動時等における事故防止の徹底とともに、メンタルヘルス対策を含め、健康管理に対する配慮が必要である[註2]。

(**註1**)　消防職員については、地方公務員法第45条及び地方公務員災害補償法により、消防団員については、消防組織法第24条及び市町村の条例により、それぞれ公務災害補償が行われる。なお、補償の内容は、療養補償、休業補償、傷病補償年金、障害補償、介護補償、遺族補償、葬祭補償である。

　　また、消防団員や民間の消防協力者等に係る市町村の公務災害補償等の支払責任に対する共済機関として、消防団員等公務災害補償等責任共済等に関する法律に基づき、消防団員等公務災害補償等共済基金が設立されている。なお、同基金は、併せて被災消防団員及びその遺族の福祉に関し必要な事業等（外科後処置、補装具の支給、リハビリテーション等の事業）を行い、また、消防団員の退職報償金の支払いを行っている。

(**註2**)　大規模災害や極めて凄惨な事故等の現場に直面し活動した救助、救急隊員等が、被災者と同様に心理的衝撃を受け、感情の麻痺や睡眠障害など、職務や日常生活に影響するストレス反応（惨事ストレス）を起こすことがある。これは、仕事柄、職務から逃れられない人に特有の現象であり、長く続くと心的外傷後ストレス障害（post traumatic stress disorder. PTSD）につながるおそれがあるから、適切な対応が必要である。

　　惨事ストレスは、我が国では、阪神・淡路大震災を契機に近年注目されるようになり、平成15年3月に惨事ストレス対策の在り方について報告書も出されているが、惨事ストレスが危惧されるような災害、事故等が発生した場合には、活動終了後、隊員同士が、或いは専門家を交えて、活動における体験や感情を自由に話し合い、惨事ストレスの解消を図ったり、場合によっ

ては、臨床心理士、精神科医による心理療法（カウンセリング）を行う必要がある。

　なお、PTSDとは、脅威、破局的な出来事（例―戦争、犯罪、災害、事故、レイプ、身体的虐待等）の体験により、強烈なショックを受け、心に深い傷を負い、心身の不安定、病的反応が1ヶ月経っても長く続くことであり、その出来事の体験が突如蘇えって思い出すフラッシュバックや苦痛を伴う悪夢が特徴的とされる。

　ところで、平成23年3月11日に発生した東日本大震災では、多くの消防職団員が、地震・津波により破壊された住宅等のガレキの中での人命検索や福島第一原発の事故による放射線被ばくの恐怖と戦いながらの活動など、精神的にも身体的にも大変困難な状況下での活動であり、このため、消防庁では、精神科医等の専門家で編成される緊急時メンタルサポートチームを派遣し、必要な助言等を行うなど、惨事ストレス対策を実施している。

（4）消防表彰

　消防職・団員をはじめ消防関係者の労苦に対する慰労と士気の高揚等を図るため、消防表彰は重要な意義を有しており、その充実、表彰対象者の拡大を図っていく必要がある。

　消防表彰には、国、都道府県、市町村及び消防関係団体等が行う表彰があるが、このうち、現在、国が行っている表彰等には、①国の栄典（叙位、叙勲及び褒章。なお、栄典制度の見直しに伴い、平成15年秋から叙勲の中に、春秋叙勲とは別に危険業務従事者叙勲が設けられている。）、②総理大臣表彰（安全功労及び防災功労）、③総務大臣表彰、④消防庁長官表彰（定例及び随時）、⑤消防庁長官感謝状等がある。なお、災害に際し、危険な状況下にも関わらず、身の危険を顧みず敢然と職務を遂行し、そのため死亡又は障害を負った消防職・団員等に対し、消防庁長官表彰の授与とあわせて賞じゅつ金が支給される。

また、消防関係団体が行う表彰には、(公財)日本消防協会及び(一財)全国消防協会等が行う表彰がある(第2節3(2)常備消防の(註)19頁、(3)非常備消防の(註1)22頁参照)。

6 教育訓練

(1) 教育訓練体制

　社会、経済の進展、変化に伴い、災害事象は複雑多様化し、また、これに伴い火災予防、救急救助等の消防業務はより専門的、高度な知識、技能が要求されることから、消防職・団員に対する教育訓練は極めて重要である。

　消防職・団員に対する教育訓練は、各消防本部、署、消防団における職場の教育訓練を基本としつつ、国に消防大学校、都道府県及び政令指定都市(一部を除く。)に消防学校が設置され、学校での教育訓練が実施されている。

　また、これらのほか、救急救命士養成のため専門的な教育訓練などが別途行われている[註1、註2]。

(註1)　救急救命士養成のための教育訓練については、救急隊員が救急救命士の資格を国家試験により取得するための養成所として、(一財)救急振興財団が東京研修所(年間600人規模)及び九州研修所(同200人規模)を開設し、また、大都市の消防機関等でも救急救命士養成所を設置し、救急救命士の養成が行われている。

(註2)　消防救助技術を相互に交流、研さんする場として全国消防救助技術大会が(一財)全国消防協会の主催により毎年、そして、消防団員の士気の高揚と技術向上を目的に全国消防操法大会が(公財)日本消防協会の主催により隔年に、それぞれ開催されている。また、日本消防協会では、消防団長等幹部研修を

毎年実施している。

（2）消防学校

　消防学校は、現在、47都道府県と札幌、千葉、横浜、名古屋、京都、神戸、福岡の7政令市及び東京消防庁に設置され、全国に55校ある。

　消防学校における教育訓練は、国において定めた「消防学校の教育訓練の基準」（昭和45年制定の旧基準が見直され、平成16年4月1日から新基準が施行）を基本として実施されており、基準によれば、①消防職員については、初任教育、専科教育、幹部教育及び特別教育が、②消防団員については、基礎教育（従前の普通教育）、専科教育、幹部教育及び特別教育が実施されることになっている。

・初任教育——新たに採用された消防職員のすべての者を対象に行う基礎的な教育訓練。教育時間は800時間（6ヶ月以上）
・基礎教育——消防団員として入団後、経験期間が短く、知識、技能の修得が必要な者を対象に行う基礎的な教育訓練。教育時間は24時間（4日以上）
・専科教育——現任の消防職員及び一定期間の経験を有する消防団員を対象に行う特定分野に関する専門的な教育訓練
・幹部教育——幹部及び幹部候補者を対象として行う消防幹部として一般的に必要な教育訓練
・特別教育——上記以外の教育訓練で、特別の目的のため行うもの

　また、消防団員については、別に生業を有しているため、消防学校での教育訓練が十分実施し難い場合には、消防学校の教官が現地に赴き教育訓練を行うことが出来ることとされ、多くの消防学校でこの方法が採用されている。なお、東京消防庁の初任教育は、専門系・Ⅰ類採用（大学卒業程度）は9ヶ月、Ⅱ類・Ⅲ類採用（短大、高校卒業程度）は1年となっている。

更に、消防団の現場指揮者が担う役割の重要性が増してきたことに鑑み、平成25年度に「消防学校の教育訓練の基準」が改正され、消防団員に対する幹部教育の拡充強化（中級幹部科を指揮幹部科とし、現場指揮課程及び分団指揮課程を設置）が図られた。

（3）消防大学校
　消防大学校では、国及び都道府県の消防事務に従事する職員、市町村の消防職・団員に対し、幹部として必要な高度な教育訓練を行うとともに、各消防学校、消防訓練機関に対し、教育訓練に関する技術的な援助を行っている。
　教育訓練課程については、研修ニーズ等を踏まえ適宜見直しがなされているが、平成26年度は、総合教育として、幹部科、上級幹部科、新任消防長・学校長科、消防団長科の4科が、専科教育として、警防科、救助科、救急科、予防科、危険物科、火災調査科、新任教官科の7科が、また、実務講習として緊急消防援助隊教育科及び危機管理・防災教育科、違反是正特別講習が設けられており、全体の定員合計は平成27年度1,862人である。

（4）職場教育訓練
　消防職・団員は、常に危険が潜む災害現場で、指揮命令に基づく厳格な部隊行動が求められるとともに、職務遂行に使命感と旺盛な気力が不可欠であることから、各消防機関において、それぞれの状況に応じ、計画的な教育訓練が実施されている。
　なお、国において、「消防訓練礼式の基準」、「消防操法の基準」、「消防救助操法の基準」等が定められ、また、訓練時や警防活動時の安全管理マニュアルが策定されている。

●第3節　火災と火災の警戒、消火活動

1　火災の種類と消火方法

(1) 大火と火災の種類

　消防で大火とは、建物の焼損面積が1万坪（3万3千㎡）を超えるものを言い、かつて大火が多数頻発したが(註1)、これは、気象的悪条件に加えて、消防力、消防体制が未整備で、また、都市形態、都市構造が木造住宅の密集という脆弱なものであったことによる。

　今日では、このような大火のおそれは少なくなっているが、一方、大規模、高層、特殊構造の建築物の増加に伴い、建築、消防法令の整備、消防力の強化が進められてきているものの、依然、これら火災への的確な対応が課題である。

　火災は、火災発生に至る経過により、①火気又は可燃物使用の不注意や放火等の人為的なものと、②落雷、地震等自然的なものとに分けられるが、火災の大半は、①の火気の取扱いの不注意、不始末等から発生している。

　火災の多く（約3分の2）は失火（火気取扱いの不注意や不始末）によるものであるが、出火原因別にみると、最も多いのは放火(註2)で、17年連続して第1位、次いでたばこ、たき火、こんろ、放火の疑いの順となっており、放火と放火の疑いを合わせると、常に全出火の約2割前後（平成25年は18.3％）を占めている。

　このため、放火防止対策が今日的な課題であり、「放火火災防止対策戦略プラン」が消防庁において作成されており、これを活用し、住民意識の高揚を図り、地域全体として放火されない環境づくりを、特に、放火が多発する地区にあっては、暗い場所や死角になる所に可燃物を放置しない、街灯の増設、監視カメラの設置等を地域ぐるみで実

施していく必要がある。

また、火災の対象物から、火災は、①建物火災、②車両火災、③船舶火災、④航空機火災、⑤林野火災、⑥その他火災（河川敷等の火災）に分けられる。

(**註1**)　戦後発生した大火は47件あり、そのうち、阪神・淡路大震災で発生した6件と東日本大震災によるものを別にすれば、大半は昭和20年代～30年代であり（昭和22年飯田市、24年及び31年能代市、27年鳥取市、29年北海道岩内町、30年及び39年新潟市等）、昭和年50年代以降は、51年の酒田大火（焼損面積152千㎡）以外は1件だけである。

(**註2**)　放火は重罪であり、現住建造物等放火の場合は死刑又は無期若しくは5年以上の懲役（非現住建造物等は2年以上の有期懲役、建造物以外は1年以上10年以下の懲役）に処せられるとともに（刑法108）、放火の未遂、予備も罰せられる（同112、113）。

（2）建物火災と住宅防火対策

① 建物火災

　平成26年中の出火件数は、全国で43,741件、1日当たり120件の火災が発生している。また、火災による死者は、全国で1,678人、うち、放火自殺者及びその巻き添えとなった者等は416人を数え、1日に4.6人の尊い生命が失われている。

　全火災の中で建物火災は、平成26年中において、出火件数で54.0％、死者数で75.6％を占めている。更に、建物火災による死者のうち約9割（98.4％）は住宅火災によるもので、特に65歳以上の高齢者はその約7割（69.5％）を占め、多くは逃げ遅れて亡くなっており、高齢化の進展に伴い、②に述べるように住宅防火対策の推進が課題となっている。

ところで、建物火災において特に恐ろしいのは、火や熱による直接的な火傷だけでなく、火災により生じる煙であり、出火元から離れた場所に居ても気付くのが遅れて煙により退路を失い、一酸化炭素等の有毒な煙、ガスを吸い、中毒や窒息してしまうことがある。

　なお、建物火災による死因は、火傷が39.0％、一酸化炭素中毒・窒息が36.5％、自殺が10.8％となっている。

　また、火災は燃焼がある程度進行すると急激に拡大し、フラッシュオーバーと呼ばれる現象(註)が発生することがあるから、それまでに建物から避難することは勿論、消防隊もこれを十分警戒して消火活動に当たる必要がある。

② 住宅火災対策

　住宅火災における死者数が依然多く、そのうち高齢者が占める割合が高い上に、特に逃遅れによる死者が多いことから、第4節2火災予防行政のしくみ48頁でも述べるように、平成16年6月消防法が改正され、一般の住宅についても住宅用火災警報器等の設置が義務づけられた。

　米国においては、1970年代後半から国家方針の下、州法等で住宅用火災警報機等の設置が義務づけられ、また、英国においても、建築物規制により義務づけが行われ、両国とも、死者発生の低減につながる大きな成果を上げている。我が国においても、消防法改正による効果が期待されるところであり、近年、住宅火災の死者数が平成17年の1,220人から、近年は1,000人前後まで減少しているが、依然として高水準であるとともに、平成27年6月1日現在の住宅用火災警報器の設置率は81.0％で未設置が約2割あり、また、設置状況にはかなりの地域差が見られることから、特に既存住宅への設置について、引き続き消防団、女性（婦人）防火クラブ及び自主防災組織等と協力し、設置の徹底、適切な維持管理のための取組みを

積極的に進めて行く必要がある。更に、設置義務化から10年になることから、機能劣化、老朽化した住宅用火災警報機の取替えを推進し、防炎品（第4節3（7）「防炎規制」69頁参照）の普及促進と併せて、住宅防火対策を推進する必要がある。

（註） 室内で火災が起きると、一般に、初めのうちは一部の壁や家具等が燃え始めて高温の気体が天井下に溜まり、その熱放射によりやがて室内の可燃物の表面温度が上昇、そして着火温度に達すると、一斉に火が着いて炎が高速で広がり、部屋全体が炎に包まれる状態に急変する。この現象がフラッシュオーバーと呼ばれる。

なお、炎が天井に達した頃に火災が最盛期に入り、その1～2分後にフラッシュオーバーが起きるとされ、従って天井に着火する前が初期消火の限界といわれている。

また、このフラッシュオーバーと似た現象であるが、実際には異なる「バックドラフト」という現象がある。これは、締め切った気密性の高い部屋で火災が発生し、燻りながら或いは赤熱の燃焼の状態になって室内が酸欠状態になる一方、高濃度の可燃性分解ガスが蓄積した状態で、窓ガラスが割れたり、ドアが開き、多量の酸素を含んだ新鮮な空気が一気に室内に流入し、室内の混合ガスに着火して爆発的に炎上する現象をいう。

（3）林野火災対策

平成26年中の林野火災は1,494件、焼損面積は1,062haであった。例年、林野火災は、乾燥し、強風が吹き荒れる春先を中心に、入山者のたき火、たばこの不始末や火入れ、放火等人的要因によるものが主な原因となって発生し、中には焼損面積が100ha以上の大規模な山火事となることも多い。

林野火災は対応が遅れると、その性格上、消火には多大の困難が伴い、大規模な山火事となることから、日頃から火気取扱いの注意

喚起や監視パトロール等の種々の出火防止対策が重要である。

　また、一旦発生した場合には、十分な消防力を迅速に投入し、人海戦術で、可搬式ポンプからホースを何本もつないで、或いはジェットシューター（背中に背負った水袋とハンドポンプ式の筒先で構成）を使っての消火、延焼阻止線の設定など、地上の消火活動と連携しながら、ヘリコプターによる情報収集、空中消火が必要である。広域的な応援態勢の整備のため、消防庁から都道府県、消防機関に対し、「林野火災に対する空中消火の積極的な活用について」（平成26年5月）の通知が発出されている。

（4）消火方法

　火災が起こるためには、①可燃物、②酸素（空気等）、③熱源（点火源）が必要であり、この3つの条件を燃焼の三要素と言っている。消火は、この三要素の一部又は全部を取り除くことにより、燃焼を停止させることである。

　消火方法としては、一般的には、次の3つの方法があり、これらの幾つかを併用して消火作業が行われる。

① 　水又は消火薬剤等の冷却効果により燃焼物を冷却し、その温度を発火点以下に下げて消火する**「冷却消火法」**
② 　空気（酸素）を遮断し、又は酸素の量が15％以下となるよう密閉し、燃焼の継続を出来なくする**「窒息消火法」**
③ 　燃焼物や火源を取り除いて消火し、又は延焼を阻止する**「除去消火法」**

2　火災の警戒、消火活動

（1）消防法上認められている権限

　火災等の災害による被害を軽減し、国民の生命、身体、財産を保護

するため、また、消防活動が確実、迅速に実施出来るよう、消防法の規定により、次のような権限が市町村長及び消防機関（権限が委任されている場合を含む。）に認められており、これらの権限を基に、消防機関は、消防活動の根幹ともいえる消火、延焼防止、排煙、避難誘導、人命救助等の警防活動を実施している[註1]。

なお、これらの規定は、一部を除き、消防法第36条により他の災害（水災は、水防法に規定があり除かれる。）に関して準用することとされている。また、火災予防、危険物規制に係る行政権限は、第4節（47頁以下）及び第5節（73頁以下）において記述する。

① 火災に関する警報の発令

市町村長は、気象官署の長から都道府県知事を通じ、湿度や風速を基に異常乾燥、強風など気象の状況が火災予防上危険であると通報を受けたとき、又は自らそのように認めるときは、「火災に関する警報の発令」が出来、警報が発令されると、区域内に在る者は、山林等における火入れ、煙火、たき火など、条例で定める火の使用が制限される（消防法22）。

② たき火又は喫煙の制限

火災の警戒上特に必要があると認めるとき、例えば、博覧会や祭礼に際し特に多数の人が集まる場合等は、期間を区切って、一定区域内におけるたき火や喫煙の制限が出来る（消防法23）。

③ 緊急措置権

一般の建物等への消防隊の進入の根拠となるもので、消火又は延焼防止や人命救助のために必要があるときは、消防対象物及びこれらの物の在る土地を使用し、処分することが出来る（消防法29①～④）。

これは、いわゆる「破壊消防」といわれ、古くから行われてきているものである。なお、国民の財産権等に与える影響も大きいこと

から、火災が発生せんとし又は発生した消防対象物や延焼のおそれがある消防対象物は、放置しておいても火災により焼失されるはずの財産と言えるので別として、これら以外の消防対象物については、緊急措置等により損害を受けた者から要求があるときは、時価で損失補償を行うこととされている。

また、緊急の必要があるときは、火災の現場付近の者を消火や延焼の防止又は人命救助等の消防作業に従事させること（消防作業従事者）が出来る（消防法29⑤）。なお、同様に、救急業務についても、救急隊員は、緊急の必要があるときは、現場附近に在る者に対し、救急業務に協力することを求めることが出来ることになっている（消防法35の7①）。

④　火災警戒区域及び消防警戒区域の設定

ガス、火薬、危険物の漏えい等の事故が発生し、これにより火災発生のおそれが著しく、かつ、人命、財産に著しい被害のおそれがあると認められるときは、火災警戒区域を設定し、区域内での火気の使用禁止、又は区域への出入りの禁止、制限等が出来る（消防法23の2）。

また、火災防御活動を効率的に行うため、火災現場では、消防警戒区域(註2)を設定し、区域内への一定の者以外の立ち入りの禁止、制限、退去を命じることが出来る（消防法28）。

⑤　情報提供の要求権

火災の現場では、消防対象物の関係者等に対し、消防対象物の構造や救助を要する者の存否、延焼の防止、人命救助のための必要な事項について、情報の提供を求めることが出来る（消防法25③）。

⑥　消防車の優先通行権及び消防隊の緊急通行権

一刻も早く消火活動に着手出来るよう、消防車が火災現場に赴くときは、他の車両等は道路を譲らなければならず（消防法26①）、ま

た、消防隊は火災現場に到着するため緊急の必要があるときは、一般の交通の用に供しない私道や構内の通路等を通行することが出来る（消防法27）。
⑦　緊急水利使用権
　火災現場に対する給水を維持するため緊急の必要があるときは、水利を使用し、又は、用水路の水門、樋門、水道の制水弁の開閉を行って、水の流出入の調整を行うことが出来る（消防法30）。

（註1）　火災が発生したときは、消防隊の到着を待つことなく、直ちに応急消火活動を行う必要がある。

　このため、応急消火義務者、即ち、①火災を発生させた者、②火災の発生に直接関係の有る者、③火災が発生した消防対象物の居住者又は勤務者は、消防隊が火災現場に到着するまで、消火若しくは延焼の防止又は人命の救助を行わなければならず、また、消防協力義務者（火災の現場附近に在る者）は、応急消火義務者の行う応急消火等に協力しなければならないとされている（消防法25①、②）。

　なお、この応急消火義務者（占有部分がある建築物の占有部分で発生した火災で、当該占有部分の所有者、居住者等と、前述の①及び②に該当する者を除く。）及び消防協力義務者、そして本文（1）③に記述する消防作業従事者（消防法29⑤）が、消防作業等に従事したため、死亡又は負傷等をした場合には、前述（第2節5（3）「公務災害と安全管理」32頁）のように、市町村が政令で定める基準に従い条例により損害を補償することになっている（消防法36の3）。

（註2）　火災が災害対策基本法にいう「災害」にまで発展し、又は発展せんとしている場合において、人の生命、身体に対する危険を防止するため特に必要があると認められるときは、市町村長は、消防警戒区域の設定よりも強い権限である同法第63条による「警戒区域」の設定が認められており（第2章第2

節5(3)避難措置133頁参照)、災害応急対策に従事する者以外の一切の者の当該区域内の立入り等を禁止、制限出来る。

　消防法上の警戒区域が、現場における消防活動の確保を主目的としているのに対し、災害対策基本法の警戒区域は、人命、身体の安全を守ることを第一義としている点に相違がある。

(2) 消防隊の編成と水利

① 消防隊の編成

　火災等に対処する消防隊(ポンプ隊、消火隊)の最小単位は小隊(又は分隊)と呼ばれ、例えば消防ポンプ自動車であれば5人1組で小隊を構成している。更に複数の小隊により中隊が、複数の中隊により大隊が構成されるが、実際には地域、消防本部により様々である。

　また、火災等の出動計画においては、火災等を覚知して最初に投入する消防力を第1出動とし、延焼拡大や特殊火災等により必要な場合には、更に第2、第3出動等を命じ、消防隊の態勢を強化して対応することになる(註)。

② 消防水利

　消火活動に使用する水利は、火災鎮圧のため消防車両、機械等とともに不可欠なものであり、水利には、消火栓、防火水槽、プール等人工水利と、河川、池、湖沼、海等の自然水利がある。

　水利の配置、確保に当たっては、季節や取水場所の制約を踏まえ両者の適切な組合わせを考慮し、また、日常的に水利を調査し、状況を的確に把握しておくとともに、大規模地震に備え、消火栓との適切な組み合わせによる水利の多元化が要請されており、防火水槽や大型の耐震性貯水槽の設置を進めていくことが重要である。

　なお、道路交通法により、消火栓、指定消防水利の標識が設けられている位置又は消防用防火水槽の吸水口若しくは吸管投入孔から

5m以内の部分は、駐車禁止となっている。

 (註) 消防隊の編成人数は、消防庁が「消防力の基準」により示しており、1台のポンプ自動車につき2口放水を原則とし、放水1口には2名の隊員が必要なため、機関員と合わせて5名の隊員となる。なお、2つの消防隊が連携して消火活動を行う場合には、片方の隊員は4名でもよいことになっている。

　また、消防力の基準は、平成17年6月に「消防力の整備指針」に改正されるとともに（第4章5（1）安全・安心な社会の実現と地方公共団体の（註1）316頁参照）、最近の各種機器等の性能向上を考慮し、隊員相互間の情報を伝達するための資機材を有し、かつ、当該車両にホースを延長する作業の負担を軽減するための資機材又は装置を備えている場合は、隊員は4人にすることが出来るとされた。

　住宅火災においては、消火と人命救助が基本となるから、地域により異なるが、一般的には、消防隊のほか救助隊、救急隊も、更に、中高層の建物火災等では、はしご車を運用するはしご隊、複数部隊の現場指揮、統率を行う指揮隊も出動することになる。

●第4節　火災予防

1　ソフト、ハードの火災予防

　火災を防ぐためには、言うまでもなく火災が発生する前の予防対策、火災予防が重要であり、従って、広く防火思想の普及、防火意識の高揚を図るとともに（第2章第4節1（1）「防災意識の高揚」209頁参照）、火災発生の危険があり、また、一旦、火災が発生すると大きな惨事になりかねない建物等について、どうしたら火災が発生しないか、発生しても如何にその被害を最小限に食い止められるか、事前に対策を講じることが必要である。

特に、最近の大規模な又は特殊構造で複雑な建築物では、火災の形態も複雑多様化し、僅かな不注意でも一瞬にして大災害につながる危険性が増大してきているので、事前の予防措置が重要になる。

火災予防は、建物等の施設、設備のハード面と、人的なソフト面とに分けられる。

先ず、ハード面は、万一の火災の発生に備え、建築基準法による諸規制[註]とともに、消防法により、防火対象物には、消防用設備等の設置が義務づけられており、建物を建築する時点で、建築確認及び消防同意により審査されることになっている。

また、ソフト面については、消防設備等のハード面が幾ら整備されても、防火・防災管理に携わる人がこれらを適切に管理、活用して、防火・防災管理が適切に行われなければ意味がないことから、防火管理者及び防災管理者等の設置、消防計画の策定、そして、防火対象物の定期点検、報告等の防火管理体制の確立の仕組みがとられている。

(註) 建築基準法においては、防火地域（耐火建築物の建築を促進する。）や準防火地域（出来る限り不燃化し、木造建築物も防火構造とする。）の用途地域指定による建築物の制限とともに、①建築物の防火、②在館者の避難安全に関し、建築物の用途、規模等に応じ、種々の定めを行っている。

①の建築物の防火に関しては、大規模木造建築物や特殊建築物の構造制限や防火区画、内装制限等について、また、②の避難安全に関しては、廊下、避難階段、出入り口等の避難施設や排煙設備、非常用照明設備、非常用進入口・非常用エレベーターの設置等について、規定している。

2 火災予防行政のしくみ

火災の発生を未然に防止するため、防火思想の普及、防火意識の高揚とともに、消防機関は、消防法に基づき広範な予防行政を行っている。

消防法は、建築物など火災予防行政の主たる対象を「防火対象物」と定義し、そのうち消防法施行令別表第一に掲げる防火対象物については、防火対象物の管理権限者等に対し、その用途や規模等に応じて、火災予防のための人的体制の整備や消防用設備等の設置、防炎物品の使用等をハード・ソフト面から義務づけるとともに、消防機関に火災予防上必要な種々の権限の行使を認めている。

　火災予防行政の内容には、次に掲げる事項があるが、これらについては、項を改め、次項において具体的に述べる。なお、危険物規制の関係については、第5節において述べる。

① 　措置命令
② 　立入検査（消防査察）
③ 　消防同意
④ 　防火管理者及び統括防火管理者の設置
⑤ 　防災管理者及び統括防災管理者の設置
⑥ 　防火対象物の定期点検、報告
⑦ 　消防用設備等の設置
⑧ 　防炎規制
⑨ 　消防用機械器具等の検定と自主表示
⑩ 　火災原因調査

　また、消防法は、消防に関する作用法として、同法施行令や危険物の規制に関する政令等を含め、網羅的かつ具体的に種々の定めを行っているが、火災予防に関し、地域的事情を考慮する必要がある事項については、市町村消防の原則に基づいて、市町村の条例（火災予防条例）へ委任している[註1]。

　なお、前述（第3節1（2）②「住宅火災対策」40頁）のように、住宅防火対策の推進、特に、住宅火災による死者数の低減を図ることが課題となっているが、これについては、地域的事情を考慮する必要があ

ることから、平成16年6月消防法が改正され、住宅の用途に供される一般の住宅についても、防火対象物の関係者は、政令で定める基準に従い市町村条例で定める基準に従って、住宅用火災警報器を設置し、及び維持しなければならないこととされた（改正後の消防法9の2）^(註2)。

ところで、経済、社会環境が大きく変化する中で、消防機関が予防行政を推進していく上で、従来にも増して高度な行政対応が求められることが多くなってきているが、消防法上の権限行使に当たっては、私権に対する不当な制限とならないよう、一方、必要な権限行使を躊躇したり、怠ったりして行政の不作為責任が問われることのないよう、行政権限の適正な行使が強く要請されている。

(註1) 消防法により市町村の条例へ委任されている事項としては、住宅用火災警報器等の設置のほか、次のようなものがある。

① 火を使用する設備、器具等（火気設備等）は、一般家庭で使用されるもの（こんろ、ストーブ等）や業務用で使用されるもの（厨房、サウナ設備等）など、その種類は多種多様で、使用される場所も多岐にわたっており、これらの使用方法によっては、火災発生のおそれがあるので、これらの位置、構造、管理、取扱方法等は、政令で定める基準に従い、市町村が条例において規制することになっている（消防法9）。

② 指定数量未満の危険物等の貯蔵、取扱いの技術上の基準とともに、新たに貯蔵又は取り扱う場所の位置、構造、設備の技術上の基準についても、市町村の条例で定め、規制することとしている（第5節2（3）少量危険物と指定可燃物79頁参照）。

③ 消防用設備等の設置及び維持に関する政令で定める技術上の基準については、市町村は、その地方の気候又は風土の特殊性（強風地帯、積雪寒冷地帯等）により、この基準のみでは防火の目的を十分に達しがたいときは、法令の規定と異なる規定を条例で設けることが出来る（消防法17②。一

般に「付加条例」と呼ばれている。なお、基準を緩和することは認められていない。）。
④　屋外イベント会場の防火対策を推進するため、屋外イベント会場等で火気器具を扱う際の消火器の準備や、消防長が指定する大規模な屋外イベントでの防火担当者の選任、火災予防上必要な業務計画の作成及び当該計画の提出を政令の定めるところにより条例で義務づけている。これは、平成25年8月の福知山市の花火大会会場における重大な人的被害を伴う火災が発生したことを受け、消防法施行令、火災予防条例（例）の改正を行ったものである。

（註2）　改正後の消防法第9条の2の規定は、公布の日（平成16年6月2日）から2年後の平成18年6月1日から施行され、また、この住宅用火災警報器の設置の義務づけは、戸建住宅や小規模な共同住宅（自動火災報知設備等が設置されているものを除く。）について、新築住宅に限らず、既存住宅も同様に対象とされた。

　既存住宅への適用については、地域の事情（死者の発生状況、機器の普及率、住宅の構造、居住形態等）が異なることから、条例で定める日までの間、当該規定を適用しないこととされた（改正法付則2）が、改正法施行（新築住宅への義務付け）の5年後の平成23年6月1日までに全市町村の条例において既存住宅に適用され、義務化がなされた。

3　火災予防行政の具体的な内容

（1）措置命令

　消防機関は、屋外において火災の予防に危険な行為（火遊び、たき火等）をしている者、火災の予防に危険又は消防活動に支障となる物件の所有者等に対し、必要な措置（行為の禁止、制限、消火準備、物件の整理、除去等）を講ずべきことを命令出来る（消防法3）。

次に防火対象物に関しては、その位置、構造、設備又は管理の状況が、消火、避難等の消防活動に支障になる場合、火災が発生すれば人命に危険である場合、その他火災予防上必要があると認める場合には、権限を有する関係者（消防において「関係者」とは、所有者、管理者、占有者をいう（消防法2④））に対し、その防火対象物の改修、移転、除去、使用の停止、禁止、制限等の必要な措置を命じることが出来る（消防法5、5の2、5の3）。

　また、防火管理及び消防用設備等に関しては、防火対象物の防火管理上の不備や消防用設備等の未設置については、防火管理者の選任等適切な防火管理、消防用設備等の設置、維持など、必要な措置を命じることが出来る（消防法8③④、8の2③、17の4）。

　なお、これらの命令をした場合には、当該防火対象物の利用者等の第三者が不測の損害を被ることを防ぐため、標識の設置その他の方法によりその旨を公示することとされている。

　また、危険物については、後述（76頁以下）するように、火災予防上の観点から別途種々の規制がなされ、その違反等に対し、必要な措置を命じることが出来る。

（2）立入検査（消防査察）と違反是正
① 立入調査

　　消防機関は、火災予防のため必要があるときは、関係者に対し、資料の提出、報告を求め、また、あらゆる消防対象物及び危険物の貯蔵所等に立ち入って、火災予防上及び人命安全上支障がないかを検査し、質問し、必要な指導を行い（立入調査。消防査察とも言う。消防法4、4の2）、又は必要な措置を取るべきことを命じること（（1）の措置命令）が出来るが、個人の住居については、特に緊急の場合等を除いて立ち入ることは出来ない（消防法4、16の5）。

② 違反是正

　立入検査を行った結果、消防法令違反があった場合、消防機関は、警告等の改善指導及び（1）の措置命令等を行い、法令に適合したものとなるよう違反状態の是正（違反是正、違反処理）に努めているが、特に、特定違反防火対象物（床面積1,500㎡以上の特定防火対象物及び地階を除く階数が11以上の非特定防火対象物のうち、スプリンクラー設備、屋内消火栓設備又は自動火災報知設備がその設置義務部分の過半にわたり未設置の防火対象物をいう。）については、火災発生時における人命の危険性が大きい等、その違反の重大性を踏まえ、厳しく指導を行っている。なお、命令の発動件数や法令の遵守状況には地域差が見られる等、引き続き違反是正の推進に努めていく必要がある。

　また、立入検査の権限は、火災予防上極めて重要な職務であり、また、強力な権限であるが、その性質上、権限の行使が消防機関の合理的な裁量に委ねられており、私権に対する大きな干渉となるおそれもあるので、運用に当たっては慎重な配慮が必要である。このため、消防庁において、防火対象物や危険物施設について、それぞれの「立入検査マニュアル」が作成、示されている。

　ところで、特に、小規模雑居ビル、特定用途防火対象物等は、火災発生時の人命の危険性が大きく、これらに関しての違反の重大性に鑑み、小規模の防火対象物としては過去に例を見ない大惨事となった平成13年9月の新宿歌舞伎町雑居ビル火災[註]を契機に、14年に消防法が改正され、消防法令違反に対する措置命令権の拡充、命令要件の明確化、措置命令を発動した場合の公示、罰則の強化等が図られるとともに、消防庁から示された「違反処理マニュアル」を活用した違反是正、指導が厳しく行われることになった。

　なお、上述の違反処理マニュアル及び立入検査マニュアルについては、平成20年10月の大阪市の個室ビデオ店舗火災を踏まえ、個室ビ

デオ店舗等を立入検査、違反処理の重点対象に位置づけるとともに、21年6月の消防法改正により義務づけられた自衛消防組織の設置及び防災管理体制の整備に係る違反処理基準等を追加するため、同年9月改正がなされ、併せて、マニュアルの性格が執務の参考資料であるという位置づけを明確にするため、題名がそれぞれ「立入検査標準マニュアル」、「違反処理標準マニュアル」と改正されている。

また、不特定多数の者が出入りする防火対象物で、スプリンクラー設備、屋内消火栓設備又は自動火災報知設備の設置義務があるにもかかわらず未設置であるものについては、市町村等の条例に基づき、法令違反の内容等を公表する「違反対象物の公表制度」がスタート(平成27年4月からすべての政令指定都市において開始)している。

(註) 平成13年9月1日に発生、小規模なビルの3階、4階の約160㎡が焼き尽くされ、44名が死亡、負傷者3名という極めて痛ましい火災となった。

火災原因は放火説が有力であるが、防火戸は閉まらず、自動火災報知設備は作動せず、屋内階段は1箇所で極めて狭く、しかも様々な可燃物、障害物が大量に置かれ避難階段の用を成さず、避難器具、誘導灯はなく、避難、消火訓練は実施されず、防災の責任の所在があいまいなど、極めて杜撰なビル管理が大惨事を招いたといえる。

この火災を契機に全国で一斉立入り検査が実施された結果、約92%(平成13年10月末)の小規模雑居ビルで何らかの消防法令違反が発見された。

(3) 消防同意

建築物の火災予防のため、消防機関が防火の専門家としての立場から、設計の段階から関与し、建築主管部局が建築物の許可、即ち建築確認を行うに際し事前に消防上の観点から法令の規定に基づき、建築物の防火、消火、避難上の諸条件を審査して行う同意であり、この同

意なしに行われた建築確認は無効とするものである（消防法7）。

なお、防火地域及び準防火地域以外の区域内における住宅で、住宅の用途以外の用途に供する部分の床面積が延べ床面積の2分の1未満であり、かつ、50㎡以下である一戸建ての住宅など、一定の住宅及び建築設備に対しては、消防同意を不要とするなど、消防同意事務の簡素化、合理化が行われている。

（4）防火管理者及び防災管理者等の設置
① 防火管理者

火災の予防、被害の軽減は、消防機関だけの役割ではなく、国民自らの役割でもある。

このことから、消防法では、劇場、遊技場、百貨店、旅館・ホテル、病院、福祉施設、幼稚園など不特定多数の者や身体的弱者が出入りし収容する建物（特定防火対象物）で収容人員（出入りし、勤務し、又は居住する者の数）が30人以上（平成19年6月消防法施行令が改正され、（6）③で後述するように、小規模社会福祉施設の防火安全対策の強化を図るため、これら施設に係る防火管理者の選任基準が、21年4月から収容人員「10人以上」に引き上げられている。）の特定用途のものと、寄宿舎、学校、図書館、事業所等のそれ以外の用途に供される建物（非特定防火対象物）で収容人員が50人以上のものについては、防火対象物の管理権原を有する者は、自主防火管理体制の中核となる防火管理者を置くことを義務づけている。

そして、管理権原者は、防火管理者に、（ア）消防計画の作成と届出、（イ）消火、通報及び避難訓練の実施、（ウ）消防の用に供する設備等の点検、整備、（エ）火気の使用又は取り扱いの監督、（オ）避難又は防火上必要な構造及び設備の維持、管理、（カ）避難又は防火上必要な収容人員の管理など、一定の防火管理上の必要な業務を行

わせることとしている（消防法8）。また、管理権原者は、防火管理者を定め、又は解任したときは、遅滞なくその旨を消防機関に届けなければならないことになっている。

この防火管理者の設置義務は、国民自らによる火災予防体制のいわば人的面の規制であるのに対し、後述の（6）の消防用設備等の設置義務は、物的面からの規制で、両者が相まって初めて実効が上がるものと言える。

なお、防火管理者は、政令で定める資格を有することが必要であり、消防機関等が行う防火管理講習(註)の課程を修了した者など、防火管理の学識経験を有する者で、管理的又は監督的な地位にある者でなければならない（施行令3）。

② 統括防火管理者

管理権原が分かれている高層建築物（高さ31mを超える建築物）、地下街、準地下街（建築物の地階で連続して地下道に面して設けられたものと当該地下道を合わせたもの）、一定規模以上の特定防火対象物（百貨店、飲食店等の多数の者が出入りするものや、病院、老人福祉施設、幼稚園等災害時要援護者が利用するもの等）は、各々の管理権原が存する部分ごとに防火管理者を選任して防火管理を行う一方、建築物全体の防火管理が一体的に行われなければならない。

このため、従来、各管理権原者に、共同防火管理協議会の設置、協議会の代表者及び統括防火管理者の選任、防火対象物全体の消防計画の作成等共同防火管理について協議し、定めておくことが義務づけられていた。しかし、統括防火管理者の役割や権限が法令上明確でなく、防火管理を一体的、自律的に行う体制が構築できなかったため、平成24年に消防法が改正され（8の2）、統括防火管理者を協議して定め、各防火管理者への指示権を付与するとともに、防火対象物全体にわたる防火管理に係る消防計画の作成、消火、通報

表1-2 防火対象物の種類（消防法施行令別表第1から抜粋）

(項)	防火対象物の種類
(1)	イ　劇場、映画館、演芸場又は観覧場 ロ　公会堂又は集会場
(2)	イ　キャバレー、カフェー、ナイトクラブその他これらに類するもの ロ　遊技場又はダンスホール ハ　性風俗関連特殊営業を営む店舗等 ニ　カラオケボックス店
(3)	イ　待合、料理店その他これらに類するもの ロ　飲食店
(4)	百貨店、マーケットその他の物品販売業を営む店舗又は展示場
(5)	イ　旅館、ホテル、宿泊所その他これらに類するもの ロ　寄宿舎、下宿又は共同住宅
(6)	イ　病院、診療所又は助産所 ロ　老人短期入所施設、養護老人ホーム、特別養護老人ホーム、軽費老人ホーム、有料老人ホーム、介護老人保健施設、救護施設、乳児院、障害児入所施設、障害者支援施設 ハ　老人デイサービスセンター、更生施設、助産施設、保育所、幼保連携型認定こども園、児童養護施設、児童自立支援施設、児童家庭支援センター、児童発達支援センター、身体障害者福祉センター、障害者支援施設等 ニ　幼稚園又は特別支援学校
(7)	小学校、中学校、義務教育学校、高等学校、中等教育学校、高等専門学校、大学、専修学校、各種学校その他これらに類するもの
(8)	図書館、博物館、美術館その他これらに類するもの
(9)	イ　蒸気浴場、熱気浴場その他これらに類する公衆浴場 ロ　上記以外の公衆浴場
(10)	車両の停車場又は船舶若しくは航空機の発着場（旅客用に限る。）
(11)	神社、寺院、教会その他これらに類するもの
(12)	イ　工場又は作業場 ロ　映画スタジオ又はテレビスタジオ
(13)	イ　自動車車庫又は駐車場 ロ　飛行機又は回転翼航空機の格納庫
(14)	倉庫
(15)	前各項に該当しない事業場
(16)	イ　複合用途防火対象物で特定用途部分を有するもの ロ　複合用途防火対象物で上記以外のもの
(16の2)	地下街（消防法第8条の2、地下工作物内の地下道と施設）
(16の3)	準地下街（地下道とそれに面する建築物の地階）
(17)	重要文化財、重要有形民俗文化財、史跡、重要な文化財、重要美術品
(18)	延長50m以上のアーケード
(19)	市町村長の指定する山林
(20)	総務省令で定める舟車（消防法施行規則第5条第10項）

（太字は特定防火対象物を示す）

及び避難訓練の実施等を行わせることにより、防火対象物全体の防火安全を図ることを、各管理権限者に対し義務づけている（平成26年4月1日施行）。

③ 防災管理者

大規模地震等の際は同時多発的に被害が発生する等、火災の場合と被害の発生状況が異なることから、切迫する大地震の危険に対応するため、平成19年の消防法の改正により、21年6月から多数の者が出入りする大規模・高層建築物等（防災管理対象物）の管理権原者は、（ア）地震発生時に特有な被害事象に関する応急対応や避難訓練の実施等を担う防災管理者（防災に関する講習会の課程を終了した者等一定の資格を有し、かつ、防災管理上必要な業務を適切に遂行出来る地位を有する者）の選任、（イ）地震災害等に対応した防災管理に係る消防計画の作成、消防機関への届出、（ウ）火災その他の災害による被害を軽減するために必要な業務を行う自衛消防組織の設置、（エ）防災管理点検資格者により、上記（ア）から（ウ）等について点検、消防機関への報告が義務付けられた（消防法第36条）。

なお、防火対策と防災対策の一元化を図るため、防災管理対象物においては、防火管理者が行うべき防火管理業務は、防災管理者が行うことになっている（防災管理者は防火管理者でもあり、従って、甲種防火管理者の資格を有している必要がある。）。また、防災に関する講習（例えば防災管理新規講習の場合は、1日の講習）は、都道府県知事、市町村の消防長、総務大臣の登録講習機関が行うこととされている。

④ 統括防災管理者

防災管理を要する建築物のうち、管理権原が分かれているものについて、各々の管理権原が存する部分ごとに防災管理者を選任して防災管理をする一方、建築物全体の防災管理を一体的に行うため、統括防災管理者を協議して定め、防災管理対象物全体の防火・防災

安全を確立することが、各管理権原者に対し義務づけられている（消防法36。なお、平成26年3月末までは、従来の共同防災管理制度）

(註) 消防機関等が行う防火管理講習には、防火対象物の用途、延べ面積、収容人員等により定まる甲種防火管理者講習（概ね12時間、2日間の講習）と、それ以外の乙種防火管理者講習（概ね6時間、1日の講習）とがある（施行規則2の3）。

講習の実施機関には、消防機関のほか、総務大臣の登録を受けた講習機関（施行規則1の4）として、（一財）日本防火・防災協会が登録されている。なお、日本防火・防災協会は、本文③の防災管理者講習についても、総務大臣の登録を受けた講習機関として、講習を実施している。

また、高度な防火管理を必要とする比較的大規模な特定防火対象物（収容人員300人以上）の甲種防火管理者は、平成15年6月の施行規則の改正により、新しい知識及び技能を習得する必要があるため、平成18年4月から5年ごとに再講習が義務づけられている。

(5) 防火対象物の定期点検、報告

防火対象物の火災予防上の安全は、その管理権原者自身が消防法令を遵守し、管理を行うことにより確保されるものである。

しかし、防火対象物が消防法令に適合しているかどうか、外観からは判断が困難である場合が多いことから、消防法令適合状況を利用者に分かりやすく情報提供するため、多人数を収容する特定の用途、構造の防火対象物の管理権原者に対し、防火対象物点検資格者による点検の実施と、1年に1回、その結果の消防機関への報告が義務づけられ、消防法令に基づく基準に適合していた場合には、「防火基準点検済証」を表示出来ることとされた（消防法8の2の2）。

防火対象物点検資格者は、火災予防に関し一定の知識（消防用設備等

の工事等について3年以上の実務経験）を有する後述の消防設備士（64頁参照）や防火管理者（防火管理者として3年以上の実務経験を有する）等で、登録講習機関が行う講習の課程を修了し、点検に必要な知識、技能を修得したことを証する免状の交付を受けた者である(註1)。

この定期点検、報告が義務づけられている防火対象物は、具体的には、防火管理者の設置が義務づけられている特定用途の防火対象物で、①収容人員が300人以上のもの、②特定用途に供される部分が、1階及び2階に在る場合を除き（地階又は3階以上で）、直接地上へ通じる出入口のある避難階以外の階に在って、当該避難階又は地上に直通する階段が2以上設けられていないもの（1階段のもの）である。

また、過去3年以上の間継続して優良に防火管理を行っていると認められる場合には、定期点検報告義務が3年間免除されるとともに、「防火優良認定証」が交付され、利用者等に一定の表示をすることが出来る（消防法8の2の3）。

これらの制度は、近年、防火対象物の構造、用途、利用形態等が複雑化、多様化し、しかもこれらが頻繁に変更される状況にあること、また、小規模なビルにもかかわらず、消防法令が遵守されていなかったことにより、多数の犠牲者を出した前述の新宿歌舞伎町雑居ビル火災を教訓に、平成14年の消防法の改正により制度化されたものである。

防火対象物の定期点検・報告制度の導入に伴い、消防機関が、旅館・ホテル、百貨店等の立入り調査を通して審査し、一定の防火基準に適合する場合に「適マーク」を交付する制度は、平成15年9月30日をもって廃止された。

一方、宿泊施設は、不特定多数の者が利用し、消防法令により様々な防火安全対策が義務づけられていることから、宿泊施設からの申請（任意）に基づき、消防機関が各種の届出等により審査し、消防法令の外、重要な建築構造等に関する基準に適合していると認められた建物

図1-3　防火優良認定証及び防火基準点検済証

※平成18年10月から変更された新デザイン

図1-4　新「適マーク」の種類

　　　適マーク（銀）　　　　　　　　適マーク（金）

(収容人員30人以上で地階を除く階数が3回以上の宿泊施設)に「適マーク」を交付する新「適マーク」制度の運用が、平成26年4月から実施されている[註2]。「適マーク」には、金色と銀色の2種類があり、表示マーク(銀)が3年間継続し表示基準に適合していると認められる場合は、「適マーク(金)」が交付される。なお、「適マーク」をフロント等に掲出することも、ホームページに掲載することも出来る。

(註1) 登録講習機関として、(一財)日本消防設備安全センターが、防火対象物点検資格者講習を実施し、修了考査合格者に防火対象物点検資格者免状を交付している(施行規則4の2の4、4の2の5)。なお、防火対象物点検資格者は、新しい知識及び技能を習得する必要があるため、5年ごとに再講習を受けることになっている。

(註2) 新「適マーク」の制度は、平成24年5月福山市で重大な人的被害(死者7名、負傷者3名)を伴うホテル火災が発生したが、当該ホテルは、木造部分と鉄筋コンクリート部分が一体利用される等の違法建築物で、消防用設備等の点検未報告、自衛消防訓練の未実施、屋内消火栓の一部不備等の消防法違反があったこと等から、同ホテル火災を受け、利用者等に情報提供し防火安全体制の確立に資するよう、旧「適マーク」を再構築して設けられたものである。

(6) 消防用設備等の設置

① 消防用設備等の種類と設置、維持管理

消防用設備等とは、防火対象物の防火安全性を確保し、火災による被害の軽減を図る目的のため必要なもので、(ア)消火設備、(イ)警報設備、(ウ)避難設備、(エ)消防隊のための消防用水(防火水槽等)、(オ)消火活動上必要な施設(表1-3参照)である。

消防法により、防火対象物の関係者は、防火対象物の性質、用途、規模、構造、収容人員等に応じ、政令で定める技術上の基準に従って、

消防用設備等を設置し、適正に維持しなければならないとされている（消防法17）(註1)。

また、超高層建築物、百貨店、大規模な病院等については、消防法及び施行規則により、消防用設備等を集中的に監視、操作を行うことが出来る総合操作盤の設置が義務づけられ、自衛消防隊の本部、拠点ともなる防災センターが置かれる。

なお、消防用設備等に係る技術上の基準は、従来、材料、寸法等を仕様書的に具体的に定められてきたが、消防分野の新技術開発を促し、防火対象物の高層化、深層化、大規模化、複合化に対応するため、平成15年に消防法が改正された。そして、消防設備等に求められる防火安全性能が、（ア）火災の拡大を初期に抑制する性能、（イ）火災時に安全に避難することを支援する性能、（ウ）消防隊による活動を支援する性能の3つに整理されるとともに、消防法令上の技術的な基準について、従来の仕様規定のほか、新たに、技術的基準としての性能のみを規定し、達成する手法は自由に選択出来る「性能規定」が導入された（消防法17①）(註2)。

また、特定防火対象物等の関係者は、消防用設備等を設置したとき、消防機関に届け出、検査を受けることが義務づけられている（消防法17の3の2）(註3)。

消防用設備等は、いざという時にその機能が十分発揮出来なければ意味がなく、後述する検定制度等によりその性能と品質の確保を図るとともに、日頃からその適切な維持管理に努めておくことが大切であり、このため、消防法では、設備の点検や整備のほか、消防機関への点検結果報告等について、建物の関係者に義務づけを行っている（消防法17の3の3）。

なお、点検には、消防設備等についての知識や技術が必要なことから、消防設備士（消防設備士の免状の交付を受けた者）又は消防設備

点検資格者（講習の課程を修了し、消防設備点検資格者免状の交付を受けた者）に行わせなければならないとされ、また、工事又は整備の段階において不備、欠陥があると、本来の機能を発揮出来なくなるので、一定の消防用設備等の工事又は整備は、消防設備士に限って行うことが出来るとされている（消防法17の5）[註4]。

消防用設備等について、その設置を建物等の設計の段階で消防機関がチェックするシステムが前述の（3）の消防同意であり、防火対象物が建設された後、消防用設備等が適切に維持管理されているかのチェックは（2）の立入検査（消防査察）により行うことになる。また、消防用設備等の未設置、防火管理上の不備など消防法令違反の防火対象物については、消防法に基づき、（1）の改修、移転などの措置命令、使用禁止命令、刑事告発等の措置を積極的に講じ、迅速かつ効果的な違反処理を進めていく必要がある。

② 既存防火対象物の特例（遡及適用等）

消防用設備等の技術上の基準は、社会情勢の変化や科学技術の進歩等に応じ改正して行く必要があり、また、これはある程度避けがたいことであるが、新しい基準の適用に当たっては、関係者の経済的な負担と人命安全確保（消防用設備等の設置義務）との調整を図る必要がある。

この点に配慮し、既存防火対象物については、その構造部分に手を加えることなく設置又は変更が可能である、或いは多少の経済的な負担があっても防火上必要と認められる消防用設備等（消火器、避難器具、誘導標識等の政令で定めるもの）は新基準が適用されるが、これらを除き、原則として従前の規定が適用され、新基準は適用されない（消防法17の2の5①）。

しかし、新規に消防用設備等の設置又は変更を要求して然るべき事情が関係者の側にあるような次の場合には、新たな規定を適用（遡

及適用)することになっている(消防法17の2の5②)^(註5)。

(ア) 改正後の基準法令の規定に相当する従前の規定に違反し、違法状態のままの防火対象物の場合
(イ) 防火対象物について、工事床面積の合計が1,000 ㎡以上又は基準時の延べ面積の2分の1以上となる増・改築、主要構造部である壁の大規模修繕又は模様替えで、いずれもその工事着手が新しい規定の施行又は適用後の場合
(ウ) 防火対象物が基準法令の規定に適合するに至った場合
(エ) 百貨店、旅館、病院など火災発生の際、人命等の危険性が特に

表1—3 消防用設備等の種類

消防の用に供する設備	消火設備	消火器、簡易消火用具(水バケツ、水槽、乾燥砂、膨張ひる石等) 屋内消火栓設備 スプリンクラー設備 水噴霧消火設備 泡消火設備 不活性ガス消火設備 ハロゲン化物消火設備 粉末消火設備 屋外消火栓設備 動力消防ポンプ設備
	警報設備	自動火災報知設備 ガス漏れ火災警報設備 漏電火災警報器 消防機関へ通報する火災報知設備 非常警報器具(警鐘、携帯用拡声器、手動式サイレン)、非常警報設備(非常ベル、自動式サイレン、放送設備)
	避難設備	すべり台、避難はしご、救助袋、緩降機、避難橋その他の避難器具、誘導灯及び誘導標識
消 防 用 水		防火水槽又はこれに代わる貯水池その他の用水
消火活動上必要な施設		排煙設備、連結散水設備、連結送水管、非常コンセント設備、無線通信補助設備

高い特定防火対象物

なお、防火対象物の用途が変更された場合においても、上述したことと類似の問題が生じるが、この場合についても、同様に、関係者の側に変更後の用途に応じた技術上の基準に適合させることを義務づけて然るべき事由がある場合には、新しい用途に係る基準を適用し、それ以外の場合は、変更前の用途に応じた技術上の基準に適合すれば足りるとしている（消防法17の3）。

③ 小規模福祉施設等の防火安全対策

比較的小規模な高齢者施設や有床診療所における多数の人的被害を伴う火災が、相次いで発生(註6)したことから、主として自力避難困難者が入所する社会福祉施設と、避難のために患者の介助が必要な有床診療所・病院について、平成25年12月と26年10月の消防法施行令及び同施行規則の改正（施行は、各々27年4月と28年4月から）により、原則として面積に関わらずスプリンクラー設備の設置及び自動火災報知設備と火災通報設備の連動が義務づけられた。

なお、既存施設のスプリンクラー設備については、経過措置により、前者は平成30年3月末までに、後者は同37年6月末までに設置とされているが、建築物の構造等により設置のための改修に制約が多いものもあり、このため、スプリンクラー設備に代えてパッケージ型自動消火設備の導入ができることとされている。

また、平成19年の宝塚市カラオケボックス火災、20年の渋谷区の温泉施設爆発火災等を受け、個室型遊興店舗を対象として、自動火災報知設備やガス漏れ火災警報器の設置基準の強化等がなされるとともに、誘導灯の設置基準の改正が行われた。

（註1） 消防用設備等の設置が義務づけられる防火対象物は、消防法施行令別表第1（表1－2防火対象物の種類を参照）に用途ごとに区分して掲げられており、

建築物は、個人の住宅を除き全て該当する。

　また、別表第1に掲げる防火対象物の用途、構造、内装、階又は内容物の別ごとに、その出火、火災拡大、延焼及び人命の危険を考慮して危険度の段階を判定し、また、各消防用設備等について、その性能や火災発生時における使用時期等を考慮して、一定の消防用設備等を設置することが定められている。

　なお、消防長等が「火災の発生及び延焼のおそれが著しく少なく、かつ、火災等の災害による被害を最小限に止めることが出来ると認めるときは、特例措置を講ずることが出来る」とし、弾力的な運用の余地を残している（施行令32）。

（註2）　消防用設備等に係る技術上の基準に性能規定が導入されたことにより、通常の消防用設備と同等以上の性能を有すると客観的に検証され、消防長等が認めるものは、通常設備に代替することが出来（施行令29の4）、また、新たに開発された特殊な消防用設備、高度な消防防災システム等は、1件ごとに、高度な技術的識見を有する性能評価機関（日本消防検定協会又は登録検定機関）の評価結果に基づき、総務大臣が審査し、大臣認定を得て用いることが出来ることになった（消防法17③）。

（註3）　消防用設備等が設置された段階で、技術基準への適合を確認し、検査を受けることは、防火対象物の関係者にとって負担であり、容易ではない。このため、国の登録を受けた認定機関が、消防用設備等の技術基準への適合の認定を行ったときは、適合している旨の表示を付することが出来、この表示が付された消防用設備等は、消防機関による検査において、技術基準に適合するものとみなされることになっている（施行規則31の3②③、31の4）。

　現在、登録認定機関として、（一財）日本消防設備安全センター等が登録されている。なお、同センターは、消防用設備等の認定のほか、認定対象以外の消防用設備機器の性能を評価する性能評定、また、登録検定機関（消防法21の48）として、特殊な技術、高度な消防防災システム等で技術基準が定

められていないものについての大臣認定に係る特殊消防用設備等の性能評価等を行っている。

（註4） 消防設備士免状は、消防設備士試験（都道府県知事から（一財）消防試験研究センターに試験事務が委任されている。）に合格した者に知事が交付し、甲種及び乙種の2種類ある。甲種及び乙種の免状は、更にそれぞれ第1類から第5類、第1類から第7類に区分され、甲種消防設備士はその区分により定まる消防用設備等の工事又は整備を、乙種消防設備士はその区分により定まる消防用設備等の整備のみを行うことが出来る。また、消防用設備等の技術基準に性能規定が導入されたことを受け、平成16年6月1日から特殊消防用設備等の工事又は整備を行うことが出来る特類の甲種消防設備士の資格が新たに創設されている。

なお、消防設備士は、技術の進歩等に対応し資質の向上を図るため、免状の交付を受けてから2年以内に知事が行う講習を受け、更に5年以内ごとに講習を受けなければならないこととされている。

消防設備点検資格者については、登録講習機関として、（一財）日本消防設備安全センターが、消防設備点検資格者講習を実施し、修了考査合格者に、特殊（特殊消防用設備。消防設備士の場合と同様、性能規定の導入に伴い新たに創設された。）、第1種（機械系統）、第2種（電気系統）の消防設備点検資格者免状の交付を行っている（施行規則31の6⑥、31の7）。なお、消防設備点検資格者は、5年ごとに再講習を受けることになっている。

（註5） 既存の防火対象物について、新たな負担、義務を課することになる遡及適用の規定は、法制度上は異例のことではあるが、昭和47年の千日デパートビル火災（死者118人、負傷者81人）、48年の大洋デパート火災（死者100人、負傷者124人）等に鑑み、49年に消防法が改正され措置されたもので、これによりデパート、旅館、病院等、不特定多数の者が出入りする特定防火対象物については、常に最も新しい基準に基づいて、消防用設備等を設置しなければならないことになっている。

(註6) 平成18年の大村市の認知症高齢者グループホーム火災及び21年の渋川市老人ホーム火災を受け、主として自力避難困難者が入所する小規模社会福祉施設についてのスプリンクラー設備の設置基準の強化等（延べ床面積275㎡以上までへの引下げ、対象施設の範囲拡大）が平成21年に行われたが、その後更に25年2月の長崎市の認知症高齢者グループホーム火災（死者5名）と、同10月の福岡市有床診療所火災（死者10名）が発生してしまった。

　なお、小規模社会福祉施設の防火安全対策の強化を図るため、本文（4）①防火管理者（55頁参照）で前述したように、別途、防火管理者の選任基準が「収用人員10人以上」に引き上げられている。

（7）防炎規制

　建築物内等で着火物となり易い各種の物品を燃えにくいものとしておき、出火を防止するとともに、火災初期における延焼拡大を抑制することは、火災予防上、極めて有効なことである。

　このため、消防法により、高層建築物、地下街等の構造上特に留意する必要がある防火対象物や、劇場、キャバレー、百貨店、旅館等不特定多数の者及びいわゆる災害時要援護者が利用する防火対象物（防炎防火対象物）において、内部で使用するカーテン、どん帳、絨毯等（防炎対象物品）については、一定の防炎性能を有するもの（防炎物品）を使用しなければならないと義務づけがなされるとともに、防炎物品として販売等をする場合には、防炎表示を付すること（防炎ラベルの貼付）とされている（消防法8の3）^(註)。

　なお、防炎性能とは、初期火災の際にカーテン等に火が燃え移ってもそれ自身が延焼拡大の原因とならない程度の低燃焼性をいう。

　また、使用が義務づけられている防炎対象物品以外の寝具類、パジャマ、エプロン、自動車・オートバイカバー等については、防炎化を進めることにより火災や火傷を防ぐ観点から、防炎性能を有するもの

(防炎製品）については、その使用を推奨するための防炎製品ラベルが貼付されている。

　防炎品（防炎物品及び防炎製品）の普及を進めることは、住宅火災と高齢者を中心とした着衣着火等による犠牲者の低減等を図る上で有効な対策といえる。

(註)　防炎表示を付する者は、消防庁長官の登録を受けた者でなければならず（施行規則4の4）、また、防炎性能を有するかどうかの確認は、登録確認機関として（公財）日本防炎協会が行っている（施行規則4の5）。なお、同協会は、検査、確認した防炎物品、防炎製品に貼付される防炎ラベル、防炎製品ラベルの発行も行っている。

（8）消防用機械器具等の検定と自主表示

　消防の用に供する機械器具等は、火災の予防、警戒、消火又は人命の救助等に重要な役割を果たすものであるが、これらが一定の性能等を有せず、実際の火災等で必要な機能が発揮出来なければ極めて問題であると同時に、その使用者が事前に性能等に係る異常の有無をチェックすることも困難である。

　このため、消防用機械器具等については、一部検定及び自主表示制度が設けられ、性能と品質の確保が図られている（消防法21の2以下、21の16の2以下）。

① 検定

　検定対象の消防用機械器具等は、消火器、閉鎖型スプリンクラーヘッド等の消防法施行令第37条に定める12品目（②で後述するように、一部品目が自主表示対象品目へ移行する一方、住宅用防災警報器が新たに追加された。）である。これらは、検定(註)に合格し、その旨の表示が付されているものでなければ、販売したり、設置等の請負工事に

使用することは出来ない。

　なお、新たな技術開発等に係る検定対象機械器具等について、その形状等が総務省令で定める技術上の規格に適合するものと同等以上の性能があると認められるものは、総務大臣が定める技術上の規格によることができる。

　また、平成20年に検定制度に関わる不正行為（消防用ホースの型式適合検定時に試験サンプルのすり替え等）が発生したこと等を踏まえ、消防法が改正され（平成24年6月）、規格不適合品や規格適合表示のない検定対象機械器具等を市場に流通させた場合の総務大臣による回収命令の創設、罰則の強化等が定められた。

② 自主表示

　自主表示とは、国の定める技術上の基準に適合していることを製造業者等がその責任において自ら規格適合性を確認し、予め総務大臣に届出を行った型式について一定の表示を付し、表示が付されているものでなければ、検定対象消防用機械器具等と同様、販売等の制限がなされるものである。

　自主表示対象機械器具等の対象品目は、動力消防ポンプ、消防用吸管の外、平成25年に消防法施行令が改正され、従来、検定対象機械器具等であった消防用ホース、結合金具及び漏電火災警報器並びに一般に広く流通している一方で破裂事故等が多発しているエアゾール式簡易消火具が新たに追加された。

（註） 検定には、型式承認（形状等が消防法施行規則で定める技術上の規格に適合している旨の承認）と、形式適合検定（個々の消防用機械器具等の形状等が型式承認を受けたものと同一である旨の確認）とがあり、型式承認は総務大臣が行い、型式承認を受けるための試験及び形式適合検定は、日本消防検定協会又は総務大臣の登録を受けた登録検定機関（（一財）日本消防設備安全センターが

登録されている。）が行うことになっている。

（9）火災原因調査

　火災原因を究明し、また、火災により生じた損害の程度を明らかにすることは、効果的な予防施策の推進や消火活動体制の確立のための資料を得る上で極めて重要である。

　このため、火災原因調査の責務とそのための関係者に対する質問、資料提出命令、職員の立入り検査等の権限が消防長又は消防署長に認められているとともに、消防本部を置かない非常備の市町村においては、都道府県知事が、当該市町村長の求めがあった場合及び特に必要があると認めた場合、火災原因調査を行うこととされている（消防法31～34、35の3）。

　火災原因調査の重要性に鑑み、各消防本部の火災原因調査体制の整備、都道府県等による広域的な支援体制の確立が必要である。

　また、従来消防庁長官は、消防長又は都道府県知事から求めがあった場合に火災原因調査が出来るとされていたが、近年、火災の態様も複雑多岐化し、新たな建築設備や複雑なプロセスから生じる火災及び出火の過程が特定出来ない火災など、火災原因の究明が困難な火災事例も見られることから、平成15年の消防法改正により、消防長や都道府県知事から要請がないときでも、消防庁長官は、特に必要があると認めた場合（社会的影響が極めて大きい火災、原因究明が困難な特殊な火災等）、主体的な火災原因調査が出来るようになり（消防法35の3の2～35の3の4）、最近、相次いで発生した大規模火災等について、消防庁長官による火災原因調査が行われている。

　なお、製品火災に係る火災原因調査の実効性の向上を図るため、平成24年に消防法が改正され、消防機関に対し、製造、輸入業者への資料提出命令権及び報告徴収権が付与された。

ところで、放火や失火は、刑法上犯罪となるので、放火又は失火の疑いのあるときは警察による捜査が開始されるが、消防機関の行う火災原因調査は明確に目的が異なるので、このようなときでも、火災原因の調査は、消防機関の責任と権限において行うこととされている（消防法35、35の2）。

●第5節　危険物と石油コンビナート規制

1　消防法上の危険物と事故

（1）消防法上の危険物

　一般的に危険物とは、引火性、爆発性、毒性、放射性のある物質など、危険性のある物質を総称して言われており、これらの物質は、生活を豊かにし、必要なものである反面、取扱いを誤ると大きな災害につながる危険なものである。このため、これらの物質は、例えば、消防法上の危険物、毒劇物（毒物、劇物）、高圧ガス、ＬＰガス、核物質等というように区別して、消防法、毒物及び劇物取締法、ガス事業法、高圧ガス保安法、液化石油ガスの保安の確保及び取引の適正化に関する法律、火薬類取締法、労働安全衛生法、核原料物質・核燃料物質及び原子炉の規制に関する法律（いわゆる原子炉等規制法）等に基づき、それぞれ保安基準が定められ、種々の規制がなされている。

　これらのうち、消防法では、①火災発生の危険性、②火災拡大の危険性、③消火の困難性が高いなどの特性を有する物品で、一定の性状試験により一定の火災危険性等を有するものを危険物として指定し、火災予防上の観点から、その貯蔵、取扱い及び運搬について、規制を行っている[註1、註2]。

　消防法上の危険物は、消防法別表第1の品名欄に掲げる物品で、同

表に定める区分に応じ同表の性質欄に掲げる性状を有するものとされ、第1類から第6類までに分けられる（消防法2⑦、別表第1）。このうち、よく知られているガソリン、軽油、灯油は第4類に該当するが、消防法上の危険物は、いずれも、常温常圧で液体又は固体であるものに限定されており、従って、プロパンガス、水素等の可燃性ガス等は爆発する危険性があるものであるが、消防法上は対象外で、高圧ガス保安法等の他の法令により規制される。

なお、消防法上の危険物に該当しなくても、火災予防又は消火活動に重大な支障を生ずるおそれがある物質で政令で定めるもの（消防活動阻害物質。圧縮アセチレンガス、液化石油ガス、生石灰、毒物、劇物等で一定数量以上のもの）を貯蔵又は取扱う者は、鉄道、船舶等で貯蔵、運搬し

表1—4　危険物の分類と特性

類別	性質	特性	代表的な物質
第1類	酸化性固体	そのもの自体は燃焼しないが、他の物質を強く酸化させる性質を有する固体であり、可燃物と混合したとき、熱、衝撃、摩擦によって分解し、極めて激しい燃焼を起こさせる。	塩素酸ナトリウム、硝酸カリウム、硝酸アンモニウム
第2類	可燃性固体	火災によって着火しやすい固体又は比較的低温（40℃未満）で引火しやすい固体であり、出火しやすく、かつ、燃焼が速く消火することが困難である。	赤リン、硫黄、鉄粉、固形アルコール、ラッカーパテ
第3類	自然発火性物質及び禁水性物質	空気にさらされることにより自然に発火し、又は水と接触して発火し若しくは可燃性ガスを発生する。	ナトリウム、アルキルアルミニウム、黄リン
第4類	引火性液体	液体であって引火性を有する。	ガソリン、灯油、軽油、重油、アセトン、メタノール
第5類	自己反応性物質	固体又は液体であって、加熱分解などにより、比較的低い温度で多量の熱を発生し、又は爆発的に反応が進行する。	ニトログリセリン、トリニトロトルエン、ヒドロキシルアミン
第6類	酸化性液体	そのもの自体は燃焼しない液体であるが、混在する他の可燃物の燃焼を促進する性質を有する。	過塩素酸、過酸化水素、硝酸

又は別の法律の規定により消防機関に通報がある場合を除き、消防機関に予め届け出なければならないとされている。

(註1)　消防法は、当初、市町村消防の原則から、危険物規制の実施に必要な事項は、市町村の条例で定めることとしていたが、各市町村において統一性を欠き、また、小規模な市町村では、危険物全般にわたる適正な規制を行うことが事実上困難であり、種々問題が生じていた。

　　　　このため、昭和34年に消防法が改正され、危険物規制の実施規定を市町村の条例に委ねていたことを改め、消防法及びこれに基づく危険物の規制に関する政令等で規制し、全国統一的な危険物規制が行われることになった。また、その後、高度経済成長の時代に入り、続発する危険物災害に対応するため、或いは新たな危険物の出現等に対応し、消防法等の改正が随時行われてきている。

(註2)　航空機、船舶、鉄道又は軌道による危険物の貯蔵、取扱い又は運搬については、移動性等の特殊性があり、航空法、船舶安全法、鉄道営業法等による事故発生防止の措置がとられていることから、消防法第3章危険物の規定は、適用されないこととされている（消防法16の9）。同様に、石油パイプライン事業法の適用を受ける施設（現在は、新東京国際空港への航空機燃料輸送用パイプラインだけである。これ以外のパイプラインは、別途、消防法上の移送取扱所となる。）も、同法により保安規制がなされ、同法第40条により消防法の危険物の規定は適用されない。

(2) 危険物施設の事故

　消防法上の危険物を一定数量以上貯蔵又は取扱う危険物施設における事故は、火災（爆発を含む。）と漏洩に大別される。

　危険物施設における事故は、近年増加傾向にあり、また、我が国を代表する企業においても、火災、漏洩事故等の産業災害が続発してい

る。事故の主な要因は、火災については、危険物施設や設備の管理又は確認不十分といった人的要因、漏洩については、人的要因に加えて、腐食等施設の経年劣化、老朽化によるものが多く、多大な人的、物的被害の発生につながっている。

これは、極めて憂慮される事態であり、規制の強化だけで対応出来るものではなく、改めて企業自身が安全確保を第一として安全管理意識を高め、社内の自主保安体制の確立を図ることが求められている。

また、東日本大震災において、後述の3で述べる石油コンビナートとともに、危険物施設も大きな被害（火災、流出、破損等）を受けており、屋外タンク貯蔵所における危険物の漏えいを最小限に防止するための措置や、津波の発生を念頭に置いた対応を予防規程等に明記すること等の対策が必要とされている。

2 危険物規制の内容

（1）危険物の貯蔵又は取扱いと危険物施設の設置等

一定数量（指定数量）以上の危険物は、消防機関の許可を得て10日以内仮貯蔵又は仮取扱いを行う場合は別として、ガソリンスタンドやタンク施設など専用の危険物施設に貯蔵し、又は取り扱わなければならない（消防法10①）。そして、危険物施設においては、危険物の貯蔵又は取扱いは、政令（危険物の規制に関する政令）で定める技術上の基準に従って行わなければならず（消防法10③）、更に、一定の危険物施設では、危険物保安監督者を選任し、保安監督を行わせるとともに、危険物取扱者[註1]の資格を有する者自らが行うか、又はその立会いがなければ危険物を取り扱うことは出来ない（消防法13）。

なお、危険物施設の種類には、製造所、貯蔵所、取扱所がある[註2]。

危険物施設を設置するとき（変更するときも同じ。）は、その位置、構

造及び設備を政令で定める技術上の基準（消防法10④）[註3]に適合させ、市町村長等の許可を受けるとともに、完成検査を受け、基準に適合していると認められて初めて使用出来（消防法11①⑤）、また、液体の危険物を貯蔵し、又は取り扱うタンクを有する危険物施設については、完成前検査（基礎・地盤検査、溶接部検査、水張検査又は水圧検査）を受けなければならない（消防法11の2）[註4]。

　危険物の運搬は、その量の多少にかかわらず、運搬容器、積載方法、運搬方法等について、政令で定める技術上の基準に従って行うこと（消防法16）、移動タンク貯蔵所による危険物の移送は、危険物取扱者の乗車（消防法16の2）が義務づけられている。

（註1）　危険物取扱者の資格は、都道府県知事が実施する危険物取扱者試験（試験の事務等は，知事から（一財）消防試験研究センターに委託されている。）に合格し、知事から免状の交付を受けることが必要である（消防法13の2、13の3等）。

　　　　危険物取扱者の免状には、甲種、乙種及び丙種の3種類あり、免状により取り扱える危険物の種類が異なる。

　　　　甲種は全部の取扱いと立会い（立ち会うことにより、資格を持たない者も危険物を取り扱える。）が出来る。乙種は更に危険物の分類に応じ6つに分類され、各類についての取扱いと立会いが認められている。丙種の免状は、第4類の中でも特に使用頻度の高いガソリン、軽油、灯油等、主にガソリンスタンドで取扱うものについて取扱いが認められているが、危険物取扱作業の立会い権限は、認められていない。また、危険物保安監督者は、甲種又は乙種の免状の交付を受けている者で、6月以上の危険物取扱いの実務経験が必要である。

　　　　なお、危険物施設において危険物の取扱作業に従事する危険物取扱者は、法令や技術面の変更に対応出来るよう、原則として3年以内ごとに、都道府

県知事が行う危険物の取扱作業の保安に関する講習を受けなければならない。

(註2) 危険物施設のうち、貯蔵所には7種類のものがあり、先ずタンクを有しないものと有するものとがある。

タンクを有しないものに、屋内貯蔵所（油庫）と屋外貯蔵所（野積みの状態でドラム缶等を使って貯蔵）がある。タンクを有するものに、屋外タンク貯蔵所、屋内タンク貯蔵所、地下タンク貯蔵所、簡易タンク貯蔵所、移動タンク貯蔵所の5種類があり、タンクローリーは移動タンク貯蔵所に該当する。

取扱所には、給油取扱所、販売取扱所、移送取扱所、一般取扱所があり、ガソリンスタンドは給油取扱所に、パイプラインは移送取扱所に該当する。

(註3) 一般的な建築物の基準よりもはるかに厳しいもので、一定の保安距離、保安空地の確保、消火、警報設備の設置や建物の主要な構造部分を火災に強い材質、構造にすること等、危険物の漏えいや延焼に対処するための保安上必要な基準が定められている。

(註4) 特定屋外タンク貯蔵所（容量が1,000 kl以上のもの）及び準特定屋外タンク貯蔵所（容量が500 kl以上1,000 kl未満のもの。阪神・淡路大震災を機に平成11年に技術基準が定められた。）の設置又は変更の許可に係る審査及び特定屋外タンク貯蔵所の完成前検査に係る審査、また、容量10,000 kl以上の特定屋外タンク貯蔵所（定期的に内部を開放して市町村長等の検査を受ける必要がある。）の保安検査の一部に係る審査（底部の板の厚さ、溶接部等）について、高度の技術的、専門的知識が要求されることから、市町村長等は、危険物保安技術協会に委託出来ることになっている（消防法11の3、14の3③）

なお、危険物保安技術協会は、昭和49年の三菱石油㈱水島製油所重油流出事故を契機に、大規模な屋外タンク貯蔵所に関する検査体制の未整備が指摘されたことにより、昭和51年の消防法改正により設立の根拠が置かれ（消防法16の10以下）、市町村長等からの委託を受けて公正、中立の立場から技術的な審査を行う専門的な審査機関として設立された。また、同協会は、消防法に基づく審査を行うとともに、危険物及び指定可燃物の貯蔵、取扱い又

は運搬に関する各種の技術援助、試験確認、性能評価、調査等を行っている。

(2) 危険物施設の維持管理と保安体制の整備等

　危険物施設は、政令で定める技術上の基準に適合するように維持管理をしなければならない（消防法12）。

　また、一定の危険物施設を所有する事業所は、定期点検など保安に努めるとともに、保安体制の整備（危険物保安監督者の選任、自衛消防組織の設置等）、消防が行う保安検査が義務づけられている（消防法14の3、14の3の2、14の4等）。

　更に、消防機関等は、危険物の貯蔵、取扱い、危険物施設の維持管理等について、法令の規定や基準に違反していると認めるとき、公共の安全の維持又は災害発生の防止のため緊急の必要があると認めるとき、危険物の流出その他事故が発生したときは、法令の規定や基準に従って又はこれらに適合するよう措置をすること、許可又は使用の一時停止、制限、応急措置、危険物の除去等を命じることが出来る（消防法11の5、12②、12の2、12の3、16の3、16の6等）。

(3) 少量危険物と指定可燃物

　指定数量未満の少量危険物や、わら類、石炭・木炭類等の指定可燃物その他火災危険性の大きい物品については、これらの貯蔵又は取扱いの技術上の基準、更には、貯蔵又は取り扱う場所の位置、構造、及び設備の技術上の基準を市町村条例で定め、規制することとされている[註]。

(註)　平成15年8月の三重ごみ固形燃料（RDF）発電所火災爆発事故や同9月の㈱ブリヂストン栃木工場火災は、指定可燃物等に起因するものであり、従前、指定可燃物等については、いわゆるソフト面の基準である「貯蔵及び取扱いの

技術上の基準」のみ規定され、ハード面の「位置、構造及び設備の技術上の基準」は、消防用設備等を除き特段規定されていなかった。

このため、これらの火災や事故を機に、平成16年6月消防法が改正され、ハード面の技術上の基準も条例で定め規制を行うとともに（消防法9の4②）、従前、消防法の規制対象とされていなかったごみ固形燃料（RDF）を再生資源燃料として、数量1,000kg以上の再生資源燃料を指定可燃物に追加するなど、危険物の規制に関する政令の改正（第1条の12、別表第4）が行われた。

図1―5 危険物規制の体系

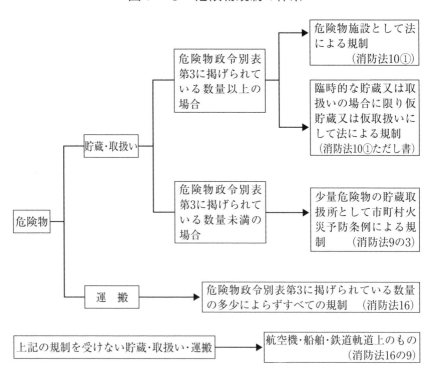

3 石油コンビナート規制

(1) 特別防災区域の指定と防災体制

　石油、高圧ガス等の大量の可燃性物質が集積し、取り扱われている石油コンビナート地域については、災害の発生及び被害の拡大を防止するため、消防法、高圧ガス保安法、労働安全衛生法、海上汚染及び海上災害の防止に関する法律等による各種規制が行われている。これに加えて、昭和49年12月の水島コンビナートの三菱石油水島製油所における重油大量流出事故等を契機とし、事業所の責務、事業所のレイアウト(註)、防災資機材等について定めた石油コンビナート等災害防止法により、特別の規制が行われ、総合的な防災体制の確立が図られている。

　この法律により、一定数量以上の石油類を大量に集積し、取り扱う区域は、特別防災区域として指定され（現在、33道府県、85地区）、関係の道府県には、石油コンビナート等防災本部（知事が本部長）を常設し、石油コンビナート等防災計画を策定し、関係機関が相互に一体となって災害の発生及び拡大防止に取り組むことになっている。

　また、特別防災区域内の特定事業者は、自衛防災組織の設置、防災資機材等の配備、防災管理者の選任及び防災規程の作成が義務づけられるとともに、各特定事業者が一体となった共同防災組織（共同して自衛防災組織の一部の業務を実施）、特別防災区域協議会（共同して災害発生防止等の自主基準の作成、防災訓練を実施）及び広域共同防災組織（2以上の特別防災区域で、共同して大容量泡放射砲等を用いて防災活動を実施）を設置し、防災体制を確立することとされている。

　自衛防災組織及び共同防災組織には、コンビナート火災に対処するため、大量に消火剤を放出し、いち早く消火することが出来るよう、3点セットと呼ばれる大型化学消防車、大型高所放水車、泡原液搬送

車とともに、油の流出に備え、油回収船等を配備しなければならないことになっている。

（註） 石油コンビナート災害の拡大を防止するためには、石油コンビナートを形成する事業所の個々の施設を単体として規制するだけでは十分でないため、事業所内の施設地区等の配置及び他の事業所等との関係（レイアウト）について、事業所全体の災害防止の観点から、基準に従った施設配置の義務づけ、即ち、レイアウト規制を行っており、事業所の新設又は施設地区等の配置の変更を行う場合には、計画の届け出と、完了後の計画に適合していることの確認が義務づけられている。

（2）災害発生時の対応

　特別防災区域で大規模な火災、事故等が発生した場合には、石油コンビナート等防災計画の定めるところにより、防災本部が中心となり、道府県、市町村、関係機関、特定事業者等が一体となって防災対応がとられる。また、消防機関や自衛防災組織による消火活動とともに、状況に応じ、緊急消防援助隊の派遣、近隣住民の避難誘導など、防災計画に基づいて応急対策がとられる。

　なお、特定事業者は、出火、石油等の漏えいなど異常現象が発生した場合には、直ちに消防機関に通報するとともに、自衛防災組織、共同防災組織及び広域共同防災組織に災害の発生又は拡大の防止のために必要な措置を行わせることが義務づけられている。更に、近年の事故等の状況や発生が懸念される大規模地震等を踏まえ、災害の拡大防止、早期鎮圧、二次災害防止等の観点から、災害時に特定事業所が消防機関等へ情報提供を行う体制の整備について防災規程に定めることが義務づけられた（平成27年4月1日施行）。

(3) 大規模石油コンビナート災害と防災体制の強化
① 十勝沖地震と大容量泡放射システムの配備

平成15年十勝沖地震（M8）により、北海道苫小牧地区の石油コンビナート等特別防災区域の特定事業所で、多数の屋外貯蔵タンクの損傷、油漏れ等の被害とともに、長周期の地震動によるタンクの液面のスロッシング（液面揺動）が生じ、浮き屋根式タンクの全面火災（従来は、リング火災を想定）が発生する大災害となった。

この災害を受け、平成16年6月に、事業者に対する防災業務の改善命令の導入、複数の特別防災区域にわたる広域共同防災組織の設置、大容量泡放射システム（従来の3点セットの3倍から10倍の泡放射が出来る。）の配備等を内容とする法律の一部改正が行われた。

② 東日本大震災等と防災体制の強化

東日本大震災において特別防災区域で大規模火災が同時多発し、特に仙台地区や京葉臨海部では、大規模な危険物火災・危険物流出事故が発生し相当な被害が生じるとともに、石油コンビナート区域を越えて被害が及んだことから、周辺住民に避難指示や避難勧告が出された。これに対処するため、地元消防機関とともに、緊急消防援助隊が消火、警戒等の活動を行い、広域共同防災組織の大容量泡放射システムが初めて出動した。また、石油等のサプライチェーンの途絶等、経済的にも大きな影響を与えた。

東日本大震災の強い揺れや大津波を受け、屋外タンクの浮き上がり、移動、タンク基礎、地盤の洗掘や、長周期地震動による浮き屋根、内部浮き蓋の損傷等を踏まえ、消防庁において、危険物施設の安全対策を始め、石油コンビナートの地震・津波対策の検討が行われているが、巨大な津波に対する対応の困難さと、一方、石油コンビナート地域には、膨大な量、数の危険物施設が集積し、その危険物は、生活、産業に不可欠なものであること等を考えると、巨大な

地震・津波に対しても、先ずは最低限、周辺の一般地域に直接的な被害、影響を及ぼさないことを基本として、石油コンビナートの災害の発生と被害の拡大防止のための更なる防災対策が求められる。

ところで、東日本大震災後においても、大規模な爆発、火災の延焼等により、当該事業所の敷地外、更には特別防災区域の外部まで影響が及ぶ石油コンビナート災害が発生している。このため、消防庁においては、上述したような石油コンビナート・化学プラント等のエネルギー・産業基盤の被災に備え、長時間かつ大容量の放水が可能な特殊災害に対応に特化した部隊であるエネルギー・産業基盤災害即応部隊（ドラゴンハイパー・コマンドユニット。第6節3（2）③緊急消防援助隊の増強（98頁）参照）を緊急消防援助隊に新設している。

●第6節 救急・救助の体制と活動

1 救急

（1）救急業務の意義

かつては、市町村の条例、規則等に基づき又は事実上の活動として、消防機関が救急業務を行っていたが、交通事故をはじめ各種災害の増加を背景に救急の要請が高まり、その根拠、内容を明確にするため、消防の行う救急業務が昭和38年に法制化されるとともに（消防法2⑨、第7章の2、施行令42、44）、救急隊員、救急車の要件、救急隊の出場基準など、救急活動を円滑に行うための救急業務実施基準などが制定された。

また、昭和38年当時、救急業務の対象は、災害又は屋外若しくは公衆の出入りする場所で生じた事故等による傷病者とされ、家庭等で生じた急病は、除外されていたが、昭和61年の消防法の改正により、屋

内で生じた事故又は生命に危険を及ぼし若しくは悪化するおそれがある症状を示す疾病による傷病者についても、医療機関等に迅速に搬送する適当な手段のない場合は、救急業務の対象に加えることとされた。

　ところで、消防は、今日、国民の高い信頼と評価を得ているが、その主たる理由は、勿論、地域に密着し、献身的に昼夜を分かたず活動している消防職・団員の存在によるものであるが、ある意味では、救急業務が、他の国にはあまり例を見ない非常に充実した形で、即ち、交通事故など屋外の事故等に限らず、屋内で急病となった場合も、また、単なる病院への搬送に止まらず、必要な応急措置も行われ、更に、これがほぼ全国において、しかも行政サービス（無料）として実施されていることが大きいといえる。

　ちなみに、消防の常備化が急速に進んだのも、前掲の図1-2（28頁）のように、昭和40年代を通じてであり、その背景には、住民要望の極めて強い救急業務の実施イコール消防の常備化が前提としてあったからである。

　このように、救急業務の進展と後述する業務の一層の高度化が、今日、少子高齢化の社会において、安全安心な生活の基礎を成すとともに、今後、益々、救急業務は重要になるといえる。

（2）救急業務の実施状況

　救急業務が法制化された昭和38年当時、救急業務は、214市町村の実施にとどまっていたが、現在（平成27年4月）は、1,689市町村が実施し、全人口の99.9％がカバーされている。

　救急業務は、災害又は事故等による傷病者を緊急の必要があり、医療機関等に搬送（応急手当てを含む。）するものであるが、救急システムの整備に伴い、救急患者の救命措置が、病院に到着してから始まるのではなく、「搬送中」更には「救急現場」から始まるべきとの考え方

が一般的になり、「救える命を救う」を合言葉に、救急隊員が応急措置や高度の救命措置を行いながら、それを病院医療につなげることが要請されるようになってきた。

このため、救急隊員は、搬送中必要があれば応急的止血処置（外傷）、酸素吸入、人工呼吸、心臓マッサージ等の必要最小限の応急措置を実施し、救急救命士の資格を有する者は、後述するように、更に、救急救命の処置を行うことが認められ、また、その助けとなる高規格救急自動車（註）の導入が進んでいる。

救急隊員は、消防学校において救急業務に関する所定の講習を受けなければならず、更に、救急救命士は、養成機関等で学び（第2節6（1）教育訓練体制の（註1）35頁参照）、国家試験に合格してはじめて救急救命士の資格を取得出来る。

通常、救急隊は、救急車1台、隊員3人以上（そのうち1名は、救急救命士を配置出来るよう推進中）により構成されている。平成27年4月現在、救急隊は全国で5,069隊設置され、6万1,010人が救急隊員として救急業務に従事している。また、救急救命士の資格を有する消防職員は、3万2,813人おり、救急救命士を配置し運用を行っている救急隊も年々増加し、全国の救急隊のうち97.8％になっている。

また、ヘリコプターによる救急も、特に離島、山村等からの救急患者の搬送や交通事故等による重症患者の専門医療機関への救急搬送、更には、大規模災害時における救急搬送等に大きな効果を発揮しており、主に消防防災ヘリ（全国で76機（第2節2（1）「市町村の消防の指導、支援」13頁参照））により都道府県、指定都市等が実施している。

平成26年中の救急隊の出動件数は、消防防災ヘリコプターによる出動（3,456件）も含め598万8,377件に達している。救急自動車による出動件数は全国で1日平均1万6,397件、約5.3秒に1回の割合で出場し、搬送人員は540万5,917人、国民の約24人に1人が搬送さ

れたことになる。なお、搬送人員のうち死亡、重症及び中等症の傷病者の割合（50.4%）と、入院加療を必要としない軽傷病者及びその他（医師の診断がない者）の割合（49.6%）はほぼ同じであり、次の（3）に述べるように不要不急な救急車の利用を抑制していく必要がある。

（註） 高規格救急自動車は、人工呼吸器等の医療機器や医療機関との連絡に必要な電話、ファクシミリ、特殊寝台等を標準装備、積載しており、心肺機能停止状態の患者に対し、救急救命士が医師の指示の下に車内で一定の医療行為を行うことが出来る。平成27年4月現在、全国で救急自動車6,184台のうち、5,769台高規格救急自動車が配置され、救急自動車全体の93％を占めるに至っている。

（3）救急需要増への対応等

　救急業務は、今日、国民のニーズに応えて大きな役割を果たし、高い評価を得ているが、一方、この10年間で救急出動件数は約19％増加し（救急隊数は7％増に止まる。）、救急搬送時間も遅延傾向にあるなど、これほど膨大な救急件数を扱うようになると、すべての救急の需要に対し、無償で対応する現行の方式には限界と弊害がある。

　今後、高齢化の進展により更に救急需要が増大することを考慮し、家庭、119番通報、救急搬送、救急外来等の社会の各段階で、傷病者の緊急度、重要度に応じた対応「社会全体で共有する緊急度判定（トリアージ）体系」の構築を進めていく必要があり、また、救急車の適正利用の普及啓発とともに、転院搬送の有料化、緊急性の低い軽度な救急事案等への民間救急サービスの育成と民間参入などを進めていく必要があると思われる(註)。

　また、全国各地で救急搬送時の受入医療機関の選定困難事案が多数発生していることから、平成21年に消防法が改正され、都道府県は「傷病者の搬送及び傷病者の受入れの実施に関する基準」の策定と、実施

基準に関する協議会を設置することが義務づけられるとともに、消防機関は、傷病者の搬送に当たり実施基準を遵守しなければならず、医療機関は、傷病者の受入れに当たり実施基準を尊重するよう努めるものとされた（消防法35条の5～35条の8）。

（註） 不要不急の軽症者の救急搬送を減らすため、近年、例えば、東京都等の一部の自治体が、消防や医師会と連携、運営している24時間体制の電話による救急相談ダイヤル#7119（相談は無料、通話料は掛かる。）が設けられている。これは、電話相談窓口（救急相談センター）で緊急性を判定し、一刻を争う場合は救急指令センターに転送、迅速な救急搬送につなげ、軽症の場合は受診出来る医療機関を紹介するものである。また、横浜市は、平成20年10月から救急条例を施行し、119番通報の内容から傷病者の状態に応じた編成の救急隊（重症度、緊急度が低い場合は、2～3名の救急隊のみ。重症度、緊急度が高い場合は、救急隊2名に加え、救命活動隊と消防隊など）を出場させている。

（4）救急救命士の処置範囲の拡大と救命講習の推進

救急救命士の制度は、欧米諸国のパラメディック制度を参考に、我が国のプレホスピタル・ケア（救急現場及び搬送途上の応急措置）の充実を図るため、平成3年に救急救命士法の制定により創設され、救急救命士は、医師の指示の下、除細動（電気ショック）、気道確保、輸液（静脈路確保）等の医療処置を行うことが認められ、心肺停止傷病者の救命効果の向上と救急業務の高度化に大きな成果をもたらしてきた。

救急隊員の応急処置の質を向上させ、また、救急救命士の処置範囲の拡大など救急業務の高度化を図っていくためには、メディカルコントロール体制[註1]を整備することが重要で、これを前提に、救急救命士は、①除細動については平成15年4月から医師の具体的指示を要せず（包括的指示下）、②気管挿管（口から気管にチューブを挿入し肺に空

図1−6　カーラーの救命曲線

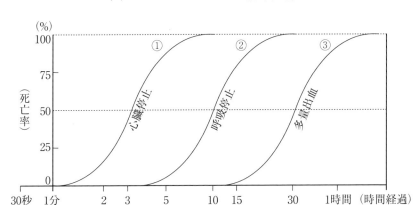

1. 心臓停止後約3分で50％死亡
2. 呼吸停止後約10分で50％死亡
3. 多量出血後約30分で50％死亡

図1−7　救命の連鎖（Chain of Survival）

大切な命を救う「**救命の連鎖**」―わたしたちにできる応急手当―

大切な命を救うために必要な行動を、
迅速に途切れることなく行う重要性を表しています。

- 早い通報　　　おちついて、はっきりと119番に通報する。
- 早い応急手当　救急車の到着前に心肺蘇生法などの応急手当を行う。
- 早い救急処置　救急救命士等の行う除細動などの高度な応急処置
- 早い医療処置　医療機関における医療処置

気を送り込む処置）については消防学校での講習、医療機関での実習を経て平成16年7月から実施出来るようになり、③薬剤投与については、平成18年4月からアドレナリン（エピネフリンとも言う。）の使用が、高度な専門性を有する所要の講習及び病院実習を経て、認められることになり、④心肺機能停止前の重度傷病者に対する静脈路確保及び輸液、血糖測定並びに低血糖発作症例へのブドウ糖溶液の投与については、平成26年4月から一定の講習を受講し、認定を受けた救急救命士に認められることになり、大きな効果が期待されている。

　ところで、救急自動車による現場到着の所要平均時間は約8.6分（平成26年）であり、また、心臓停止後約3分で50％が死亡するといわれている（カーラーの救命曲線）。

　従って、救急自動車到着前のバイスタンダー（現場に居合わせた人）による応急手当の実施は、救命効果向上の鍵を握っており、一般住民への応急手当の普及啓発と救命講習の充実等とともに、平成16年7月から、一般住民を含めた非医療従事者による自動体外式除細動器（AED（註2））の使用が可能となったことから、AEDによる除細動の内容を組み入れた救命講習の実施を積極的に進めていく必要がある。

　また、救命効果の更なる向上、中でも心肺停止傷病者の救命効果向上のためには、「救命の連鎖」、つまりバイスタンダーによる迅速な通報と応急手当、搬送時の救急救命処置、医療機関の専門的な治療の各段階で的確な措置が講じられることに加え、関係者相互の緊密な連携の下に一刻も早く次の段階へ橋渡しを行っていくことが不可欠である。

（註1）　メディカルコントロール体制とは、①救急隊が現場からいつでも迅速に医師に指示、指導・助言を要請することが出来、②実施した救急活動の医学的判断、処置の適切性について、医師による事後検証が行われるとともに、その結果が再教育に活用され、③救急救命士の資格取得後の再教育として、医

療機関において定期的に病院実習が行われる体制をいう。

(註2) 自動体外式除細動器（AED）による除細動（電気ショック）は、心臓突然死の原因である心室細動に対する救命措置で最も有効といわれており、先進の欧米の大都市に倣い、近年我が国でも心肺停止傷病者の発生頻度が高い、また、公衆が多く出入りする公共の場所を中心に設置が進んでいる。AEDは、救急隊員、消防職員、警察官は勿論、一般市民による使用も可能となっている。

2　救助

（1）救助活動と救助隊、隊員

　消防機関は、火災、交通事故、水難事故、爆発事故、自然災害、山岳遭難や労働災害等に際し、その危険を排除し、要救助者を安全な場所に救助する活動を行っている。

　消防職員、団員による平成26年中の全国の救助活動は、5万6,695件、救助人員5万7,809人である。

　救助活動を専門に実施する組織である救助隊（レスキュー隊）は、通常、救助工作車等1台に隊員5人以上で構成され、隊員は、消防職員の中から気力、体力、判断力に優れた者が選抜され、救助に関する高度な専門教育を受けている。

　また、救助隊が保有する救助器具には、油圧スプレッダー等の重量物排除用器具、油圧切断機等の切断用器具及び可燃性ガス測定器等の検知・測定用器具等があり、大規模地震災害やテロ災害の発生に備え、より高度かつ専門的な機能を有する救助器具が必要となっており、救助工作車にこれらの資機材が積載されている。

　平成27年4月現在、救助隊は、全国の729消防本部に1,427隊設置され、2万4,330人の救助隊員（1消防本部当たり2.0隊、1隊に約17人の隊員の配置）となっている。救助隊のうち、人口10万人以上の消

防常備市町村には、「救助隊の編成、装備及び配置の基準を定める省令」に基づき、特別救助隊（より専門的な教育、訓練を受け、多くの資器材を備えている。）が設置されるとともに、平成16年の新潟中越地震、17年のJR福知山線列車事故等を受け全国的な救助体制強化の必要から、平成18年4月同省令が改正され、中核市等の消防常備市町村は1以上の特別救助隊を高度救助隊に、東京消防庁及び政令市は1以上の高度救助隊を特別高度救助隊とすることとし、新たに地震警報器や画像探索機等の高度救助用器具を備えた高度救助隊及び特別高度救助隊が創設された。

（2）テロ等特殊災害対応
① 特殊災害時の救助活動

消防機関が行う救助活動は、幅広い災害、事故等に及んでいるが、いわゆるＮＢＣテロ災害[註1]が発生した場合にも救助活動が必要になるように、消防は、有毒化学物質や細菌等の生物剤、放射線等の存在する厳しい環境下においても、救助活動を行わざるを得ず、そのため隊員自身が否応なく被災することもなくはないなど[註2]、救助活動の範囲が質的にも量的にも変化し、拡大してきている。

従って、社会状況の変化に伴う多種多様な事故、災害は勿論であるが、特にテロ等特殊災害に対しても、隊員自身の安全確保を図りつつ、的確に救助活動が出来なければならない。

このため、最近において、化学災害（毒、劇物等）に係る消防活動マニュアル（平成14年3月）、生物、化学剤テロ災害に伴う消防機関が行う除染活動マニュアル（平成16年3月）、原子力施設等における消防活動対策ハンドブック（平成16年3月）などが作成されるとともに、消防学校や消防本部で計画的、専門的な教育訓練が行われている。そして、活動に当たっては、隊員自身の安全確保、原因物質

の早期特定とともに、危険区域の設定、即ち、防護措置のレベルに応じた活動区域の設定（ホットゾーン、ウォームゾーン、コールドゾーン）が、先ず必要、重要であることが認識されてきている。

更に、ＮＢＣテロ災害に対しては、その性格上、専門的な知識、対応のノウハウが不可欠であり、活動に従事する隊員の安全確保の観点からも、一層、支援体制や資機材の整備、教育訓練、対処方法の科学的、実証的な研究を進めていくとともに、警察、自衛隊、医療機関等関係機関との連携、協力の強化を図っていく必要がある。

② 特殊災害に対応する車両、資機材等の整備

特殊災害時の厳しい環境下で救助活動を行うためには、隊員自身の安全確保を図りつつ、前述の各種マニュアル等に従った的確な救助活動を支え、また可能とする装備、車両、資機材の整備、特に、ＮＢＣテロ災害の特殊性に対応した整備、充実が必要である。

このため、先ず、全隊員に防毒マスクの配備とともに、救助隊の保有する救助工作車や資機材も、画像探索機、放射線及び化学防護服、除染シャワー、生物剤検知装置等、より高度かつ専門的な機能、性能を備えたものの整備が進められている。

また、国内外でテロの発生が危惧される中で2020年東京五輪等の大規模イベントが開催予定であり、更には、大規模地震や特殊な事故に備え、消防庁では、消防組織法第50条（国有財産の無償使用）の規定に基づき、主要都市に特殊災害対応自動車、大型除染システム搭載車、化学剤検知器と、ウオーターカッター装置、大型ブロアー装置を搭載した特別高度工作車[註3]、重機、重機搬送車など、車両及び資機材の配備を進めている。

（註1） NBCテロとは，Nuclear（放射性物質）、Biological（生物剤。炭疽菌、ペスト菌、天然痘等）、Chemical（化学剤。サリン、ＶＸ、マスタード等）を

用いたテロであり、それぞれの頭文字をとって呼ばれている。

　一般に、放射性物質は、放射線による被爆が五官により感じられないまま、身体に様々な放射線障害を及ぼし、生物剤は、一定の潜伏期間があって初期症状では生物剤によるものか否かの判定が難しい上に、中には強力な伝染性を有するものがあり、化学剤は、気化して風に乗って拡散する上に、神経、呼吸障害の発生が早く、迅速な初動対処が必要であるなどとされる。

　また、生物、化学剤は、製造が容易で安価である、高い致死性の故に実際に使用しなくても強い心理的効果を与える、種類や使用状況によっては多数の死傷者が発生する等の特徴があり、一般市民をも対象にしてテロ等に使用される可能性がある。なお、生物、化学剤を使用した近年の事件には、地下鉄サリン事件、米国の9.11同時多発テロ以降の炭疽菌入りの郵便物の郵送事件がある。

　NBCテロは、同じテロでも爆弾テロとは異なり、物質の検知、防護、除染、防疫、救出、治療など、多面的な特殊対応が必要であり、爆弾テロとともに、国家レベルでの対応、取組みが必要となり、関係機関の緊密な連携が重要である。

（註2）　テロ等の特殊な災害に対応する隊員の安全確保には、特に配慮がなされなければならないが、それでも他の災害以上に予見困難な種々の危険が伴う中で活動せざるを得ないため、隊員自身が被災してしまうことがある。

　そのような事例として、前述の9.11同時多発テロ（ＮＹ世界貿易センター高層ビルテロ火災）では、ビル内で救出活動に当たった消防士343人がビル崩壊で犠牲となった。また、我が国において、①地下鉄サリン事件では、原因が何か、また、正確な現場の状況が分からないまま、多数の救急隊員等が、負傷者に付着していたサリンガスの二次汚染により受傷、②JCO臨界事故（第2章第3節5（2）原子力災害対策特別措置法の制定の（註）197頁参照）では、放射能事故とよく分からないまま、救急処置、救急搬送を行った隊員3人が被爆、③自然災害ではあるが、平成3年の雲仙普賢岳火山災害では、火砕流とは何か、また、その危険性が未だよく知られていないまま、警戒活動に当たっていた消防団員12人が火砕流に巻き込まれ犠牲となった。

(**註3**) ウオーターカッター装置は、研磨剤を含む高圧の水流により切断を行う器具で、切断時に火花が発生しないため危険物や可燃性ガスが充満した場所でも使用可能。また、大型ブロアー装置は、高性能大型排煙機で、排煙と同時に噴霧消火も可能。

3 緊急消防援助隊

（1）緊急消防援助隊の創設と役割

　震災等の大規模災害やテロ災害等の特殊災害時においては、市町村の消防だけでは救助活動等の対応が困難であり、また、消防庁は直属の消防隊を有していないことから、全国的な観点から緊急対応体制を充実強化するため、前述（第2節1（2）非常災害、緊急事態等における危機対応（10頁）参照）のように、市町村消防を補完するものとして、緊急消防援助隊が設けられている。

　この緊急消防援助隊は、阪神・淡路大震災の教訓を踏まえ、大規模災害時における全国の消防機関相互による迅速な援助体制を構築するため、消防庁の要綱に基づき平成7年6月に発足した。

　当初は消防庁長官の要請に基づき出動することになっていたが、平成15年の消防組織法の改正により、緊急消防援助隊が法律上位置づけられるとともに、国家的見地から対応すべき大規模災害、NBC災害等の発生時には長官の指示による出動のしくみが法律上創設された（組織法44、45）。

　また、緊急消防援助隊の機動力の強化を図るため、平成20年に消防組織法が改正され、災害発生市町村において既に活動している緊急消防援助隊に対する都道府県知事の出動指示権が認められるとともに、そのために必要な調整を行う消防応援活動調整本部を設けることとされた（組織法44の2、44の3）。

なお、長官の指示を受けた出動、行動により必要となる費用（旅費、手当等）は、国庫が負担し、施設整備等に要する経費に対しては国庫補助（2分の1）がなされるとともに（組織法49）、消防庁では、救助隊の装備の充実を図るため、消防組織法第50条に基づく無償使用により、主要都市に携帯型化学剤検知器や特殊災害対応自動車を、また、大規模地震や特殊な事故に備えウオーターカッター装置など、所要の資器材の配備を進めている。（前述の2（2）②特殊災害に対応する車両、資機材等の整備（93頁）参照）

（2）緊急消防援助隊の編成と出動
① 部隊編成

緊急消防援助隊の部隊は、指揮支援部隊と都道府県隊により編成され、被災地の市町村長の指揮の下に活動する。なお、総務大臣は、緊急消防援助隊の編成及び施設の整備等に関する基本計画を策定することになっている（組織法45）。

指揮支援部隊は、東京消防庁と18政令市の消防本部により編成され、ヘリコプター等で速やかに被災地に赴き、災害情報の収集に当たるとともに、緊急消防援助隊の活動が円滑に行われるよう、当該市町村長の指揮活動を支援する。都道府県隊は、都道府県内の消防本部において登録されている各部隊のうち、被災地への応援に必要な部隊をもって構成される。

② 出動と連絡調整

緊急消防援助隊の出動に関しては、迅速かつ的確な出動が出来るよう、予め出動計画が定められており、基本的には、災害発生都道府県ごとに、その隣接都道府県を中心に応援出動を行う第一次出動都道府県隊と、災害の規模により更に応援を行う出動準備都道府県隊の指定がなされている。また、大規模地震における迅速出動に関

する実施要綱が策定されるとともに、首都直下、南海トラフ地震等については、全国的規模での出動を行う必要から、それぞれのアクションプランに基づき出動し、運用がなされることになっている。

　緊急消防援助隊は、その性格上止むを得ないことであるが、各地域から参集して来る混成部隊であり、また、被災地の市町村長（又はその委任を受けた消防長）の指揮の下に活動することになるから、迅速かつ的確な情報の収集、連絡、各部隊の配置、展開をはじめとする指揮及び相互の連携が円滑に行うことが出来るよう、被災都道府県において、緊急消防援助隊調整本部を設置し、必要な連絡調整を行うことになっている。

　東日本大震災においては、緊急消防援助隊は、厳しい環境の下で88日間の長期にわたって活動を行い、その規模は、全国44都道府県から最大時出動人員7,035人、1,912隊、派遣人員総数30,463人、8,920隊（延べ3万1,166隊、約11万人が出動）に上り、その活動は高く評価された。

表1―5　緊急消防援助隊の出動実績

○発足から20年間で30回の出動

緊急消防援助隊が出動した最近の主な災害

災害名	死者・行方不明者数	活動期間	活動日数	出動延べ隊数
東日本大震災	22,010名	H23.3.11〜6.6	88日間	31,166隊
平成25年台風第26号伊豆大島土砂災害	39名	H25.10.16〜10.31	16日間	479隊
平成26年8月豪雨による広島市土砂災害	75名	H26.8.20〜9.5	17日間	694隊
御嶽山噴火災害	63名	H26.9.28〜10.15	21日間	1,049隊
平成27年9月関東・東北豪雨	8名	H27.9.10〜9.17	8日間	572隊

（出典　消防白書）

平成27年4月現在、緊急消防援助隊は、全国742消防本部から4,984隊、人員規模52,560人が登録されている。
③ 緊急消防援助隊の増強
　緊急消防援助隊の役割は、益々重要となってきており、首都直下、南海トラフ地震等に備え、大規模かつ迅速な部隊投入のための体制整備が不可欠であることから、以下に述べる統合機動部隊及びエルギー・産業基盤災害即応部隊に加え、通信支援小隊（全国に50隊）を新設するとともに、平成30年度末までの登録目標隊数を概ね6,000隊規模に増強することとされている。
　統合機動部隊は、緊急消防援助隊の初動対応をより迅速・的確にするため、大規模災害発生後、被災地に緊急・先遣的に出動し、特に緊急度の高い消火・救助・救急活動を展開するとともに、後続部隊の活動に資する情報収集・提供を行うことを任務とするもので、各都道府県に1部隊、全国で概ね50部隊を編成することとされている。

図1－8　緊急消防援助隊の部隊編成

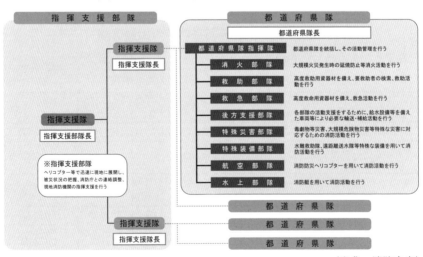

（出典　消防白書）

エネルギー・産業基盤災害即応部隊（ドラゴンハイパー・コマンドユニット）は、石油コンビナート・化学プラント等のエネルギー・産業基盤の被災に備え、新たに特殊災害の対応に特化した部隊として全国12地域で編成することとされている（第5節3（3）②東日本大震災等と防災体制の強化（83頁）参照）。

4 国際消防救助隊

海外で発生した大規模災害に際し、国際緊急援助の一翼を担うことを目的に、前述（第2節1（2）非常災害、緊急事態等における危機対応（11頁）参照）のように、国際消防救助隊^(註)が、上記の緊急消防援助隊とは

図1－9　緊急消防援助隊の基本的な出動とアクションプラン

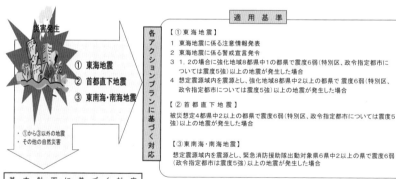

（出典　消防白書）

別体系で昭和61年に設立、消防庁に登録されている。

　国際消防救助隊は、平成27年4月現在、全国77消防本部から選抜された救助隊員599名で編成され、消防本部単位でローテーションを組み、派遣要請があれば何時でも直ちに出発出来る態勢を整えている。

　海外（主に開発途上国）で大規模災害が発生し、被災国から要請あり次第、国際緊急援助隊の派遣に関する法律（昭和62年9月公布・施行）に基づき、外務大臣の協力要請を受けて消防庁長官は、関係市町村に隊員の派遣を要請、隊員は直ちに参集、24時間以内には日本を出発し、国際緊急援助隊の救助チームの一員として、被災地に赴き、救助活動を行うことになっている。

　なお、国際消防救助隊は、世界トップレベルの救助技術を有しており、過去の派遣事例としては、平成2年のイラン地震、3年のバングラディシュサイクロン災害、9年のインドネシア森林火災等が、また、近年では、16年12月のインドネシア・スマトラ島沖の地震・津波、20年5月中国四川大地震、21年インドネシア西スマトラ州パダン沖地震災害、23年2月ニュージーランド南島地震災害があるが、これらを含め、これまで19回派遣され、いずれもその活躍により高い評価を得ている。

（註） International Rescue Team of Japan Fire-Service（略称：IRT-JF、愛称：愛ある手）

第6節 救急・救助の体制と活動　101

図1―10　国際緊急救助の概要

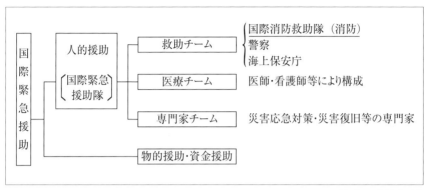

（出典　消防白書）

図1―11　国際消防救助隊の派遣までの流れ

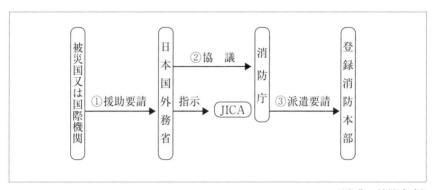

（出典　消防白書）

第2章　防　災

●第1節　国土と災害

1　災害に脆弱な国土と新たな課題

（1）災害に脆弱な国土

　我が国は、その位置、地形、気象等の自然条件から、世界の中でも台風、豪雨、豪雪、地震、津波、火山噴火等の多くの自然災害が発生し易い国土である。

　このため、毎年、梅雨前線の活動による集中豪雨と台風による暴風雨に見舞われ、地形が急峻で河川が急勾配なため、上流に降った雨が瞬時に下流部へ流出し、洪水や土砂災害が度々発生している。

　また、海洋プレートと大陸プレートの境界に位置（図2－7（157頁）参照）するとともに、環太平洋火山帯の一部に位置（図2－14（188頁）参照）していることから、世界でも有数の地震、火山国であり、世界で発生するマグニチュード6以上の地震の2割近くが日本の周辺で起き、世界の活動火山（1,551）のうち7％、110は日本に在り、時として大規模な火山噴火、地震、津波による甚大な被害を受けている。

　確かに、我が国の自然は、山紫水明と讃えられ、四季がはっきりしていて美しく変化に富み、多くの名勝、天然記念物等に恵まれ、観光地や国立公園等があって、人々を楽しませてくれるが、これも地震や火山活動等の地殻の変動により形成されたもので、常に水害、地震、火山噴火等の危険性を秘めたものであることを忘れてはならず、美しくも厳しい自然との共生を図っていく宿命にある。

（2）災害に対する新たな課題

　我が国は、前記（1）のように、元々、厳しい自然条件の下にあることから、国土保全施設の整備、災害に係る監視・予警報システムの充実、防災体制の整備、強化等が進められ、災害対応能力の向上、災害に対する脆弱性の軽減が図られて来ているが、一方で、都市化、高齢化など経済社会の変化に伴い、災害の態様が複雑化、多様化し、次に掲げるような災害に対する新たな脆弱性や課題が指摘されている（風水害について詳しくは、第3節1（1）災害の状況と課題（149頁）参照）。

　なお、世界的かつ長期的に展望すれば、今後、更なる地球規模の温暖化[註1]の進行に伴い、海面上昇が進んだり、エルニーニョ[註2]に関連した干ばつや大型台風の襲来、豪雨、洪水等が多発し、被害が一層甚大化することが懸念されている。

① 　都市化の一層の進展に伴い、河川氾濫地域、埋立て地、丘陵地等の災害に脆弱な地域にまで市街地、住宅地開発が進み、地震時の液状化とともに、近年の豪雨の増加傾向により、土砂災害や堤防決壊による大規模水害等の危険性が常に存在していること[註3]。

② 　過疎化、高齢化の進展等に伴い、耕作放棄地や除間伐等の管理が行き届かない森林が増大し、保水力の低下、大量の土砂流出等の危険性が高まっていること。

③ 　コミュニティの繋がりが弱くなる中で、災害時の高齢者や身体障害者等の確実な避難誘導、被災からの生活再建等について、地域、近隣での連携、支援の体制整備が強く求められてきていること。

④ 　高度情報システムによるネットワーク社会が形成され、災害や事故等によりネットワークの一部に生じた故障や支障が、経済や社会生活の各方面に即座に広範囲に大きな影響を及ぼしかねないこと。

⑤ 　東海、東南海、南海地震をはじめとする海溝型の大規模地震、それも東日本大震災を経験したように、連動した超巨大な地震、津波

発生の可能性が一層高まるとともに、近年、内陸型地震の発生も相次いでおり、首都直下の地震等も含め、大規模地震への備えが急務であること。

(註1) 地球温暖化とは、二酸化炭素（CO_2）、メタン等の大気中の温室効果ガスの濃度が増加し、地球全体の地上気温が高くなる現象を言う。

　地球温暖化の影響は、海面水位の上昇、猛暑干ばつ、洪水など異常気象の頻発、生態系分布（動植物、森林等）の変化など、様々な分野に及ぶことが懸念され、地球温暖化は、大きな社会問題として、二酸化炭素等の排出量規制の問題に発展している。（なお、長期的な気候変動のメカニズムが複雑なので、例えば地球温暖化により台風や大雨の発生が増加するか等、実際の災害への影響は、まだ十分解明されておらず、地球温暖化のシナリオが正しいかどうか分からないとする説もあり、今後の更なる研究の進展が期待されている。）

　地球温暖化防止に向け、1992年に国連気候変動枠組み条約が、また、1997年に先進国における温室効果ガス排出量の削減目標やこれを達成するための仕組みを定めた京都議定書が採択され、日本は、温室効果ガスの排出を基準年（1990年）比6％の削減を行うとする目標を様々な取組みの結果達成した。

　京都議定書の後継となり2020年以降の地球温暖化対策の法的拘束力をもつ新たな国際合意、枠組みは、平成27年12月第21回条約締約国会議（COP21）で採択（パリ協定）され、排出量の割合が大きい米国（京都議定書を離脱）、中国（世界最大の排出国）、インド等をはじめ発展途上国も含むすべての国が協調して取り組む歴史的な転換点となった。

　その内容は、気温上昇を産業革命前に比べ2度を十分下回り1.5度に抑える努力をし、世界全体の温室効果ガスの排出量を今世紀後半には実質的にゼロにするよう削減に取り組む、このため、途上国も含めすべての国が5年ごとに削減目標を国連に提出、目標はその都度改善し対策を進めることを義務

づけるものである。なお、目標達成の義務づけはなく、達成されない場合の罰則規定もない等実効性に問題があり、また、参加国すべてが今の削減目標を達成しても、地球の平均気温は2.7度上昇するとの国連の指摘がある。ちなみに、日本の目標は、2030年までに2013年比26％の削減である。

(註2) エルニーニョとは、南米ペルー沖の東部太平洋赤道域において、数年に一度、大規模な異常高水温現象が発生し、世界各地に異常な高温や低温、多雨や少雨など、大気と海洋に様々な異変を起こす現象を言う。なお、エルニーニョ現象と反対に、海水温が平年より低くなる現象は、ラニーニャと呼ばれる。統計的には、エルニーニョが発生した年の日本の夏は冷夏に、冬は暖冬になる傾向が見られる。

(註3) 国土交通省は、平成27年1月、日本の人口の73.7％（9,442万人）が、洪水（河川の浸水区域）、土砂災害（土石流、崖崩れ等の危険個所）、地震（震度6弱以上の地震の発生確率が30年間で25％以上の地域）、液状化、津波のいずれかで大きな被害を受ける危険地域に住んでいるとの推計を行っている。

2 自然災害の状況

　我が国は、宿命とはいえ、毎年、自然災害により多くの尊い人命や財産が失われている世界でも有数の災害多発国である。

　昭和20年代から30年代にかけては、戦争による国土の荒廃や大型台風の襲来、大規模地震の発生が相次いだことにより、毎年多数の犠牲者を出していた。中でも、昭和20年の枕崎台風、23年の福井地震は、ともに死者・行方不明者は3,700人を超え、また、昭和34年の伊勢湾台風は、死者・行方不明者が5,000人を超える未曾有の被害をもたらした。

　その後は、国土保全施設、防災体制、気象観測・予警報システム等のハード、ソフトにわたる整備充実等により、自然災害の中でも風水

害による人的被害、特に犠牲者の数は著しく減少してきたが、それでも毎年梅雨前線の影響による大雨や台風の日本列島への接近、上陸は大きな被害を発生させている。

　一方、地震や火山災害については、この四半世紀では、平成3年の雲仙岳噴火災害（死者43人）、5年の北海道南西沖地震（死者・行方不明者が230人）があり、7年の阪神・淡路大震災では6,437人という多大な人命を失う災害も発生している。平成12年の三宅島噴火では全島民が長期にわたり島外避難を余儀なくされ、16年新潟県中越地震（最大震度7）、17年福岡県西方沖地震（最大震度6弱）、20年岩手・宮城内陸地震（最大震度6強）が発生し、そして、平成23年3月11日発生した東日本大震災は、死者・行方不明者約2万人という甚大な被害を発生させるとともに、東電福島原発事故を引き起こしている。その後、平成26年には御嶽山噴火（死者行方不明者63人）等が発生している。

　地震や火山噴火は、直前に予知することは未だ困難な状況にある。加えて、これまでの半世紀は、長い時間軸の中で見れば、日本を襲う大地震や火山噴火のいわば異例と言うべき静穏期に当たっていたと考えられるが、東日本大震災に見られるように、今や巨大地震発生の切迫性が懸念されるとともに、阪神・淡路大震災や新潟県中越地震、福岡県西方沖地震などの内陸直下の大きな地震が、想定していなかった地域で相次いで発生したこと等により、我が国は、地震の活動期、大地変動の時代に入ったのではないかと懸念されるところである。これら地震や火山噴火を貴重な教訓に、次なる大規模地震の発生に対し、従来にも増して警戒を強め、災害発生への備えを十分にしていくことが必要である。

図2−1　自然災害における死者・行方不明者

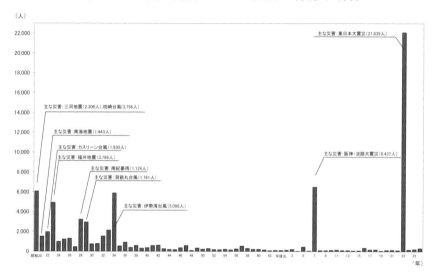

（注）平成7年の死者のうち、阪神・淡路大震災の死者について、いわゆる関連死919人を含む（兵庫県資料）
　　　平成23年の死者・行方不明者は内閣府取りまとめによる速報値
　　　（平成23年の死者・行方不明者のうち、東日本大震災については、消防庁資料
　　　（「平成23年（2011年）東北地方太平洋沖地震（東日本大震災）の被害状況」
　　　（平成27年3月1日現在）により、死者には震災関連死を含む。）
出典：昭和20年は主な災害による死者・行方不明者（理科年表による）。昭和21〜27年は日本気象災害年報、昭和28年〜37年は警察庁資料、昭和38年以降は消防庁資料をもとに内閣府作成

（平成27年版防災白書）

●第2節　災害対策の基本的な仕組み

1　災害対策基本法

（1）災害対策基本法の制定

　災害対策は、災害予防、災害応急対策、災害復旧・復興と大きく3つの内容から成るが、災害対策の実効性を上げるためには、国、地方公共団体、公共機関等の防災関係機関が緊密な連携の下に協力し、対

策の総合性、計画性を確保することが重要である。

戦後、数多くの災害に見舞われ、その都度、法律や制度の整備が進められたが、これら法律や制度の整合性がとられてなくバラバラなため、防災体制の不備、欠陥が常に指摘されていた。

このため、昭和34年の伊勢湾台風を契機に、災害対策を体系化し、総合的かつ計画的な防災行政の整備と推進を図ることを目的として、災害対策に関する基本法、一般法として、36年に災害対策基本法が制定された。その概要は（3）において述べる。

（2）大規模災害を受けての法改正

災害対策基本法は、制定後も絶えず見直し・改正が行われているが、特に平成7年の阪神・淡路大震災及び23年の東日本大震災の教訓を踏まえての改正は、重要かつ大きな改正となった。

① 阪神・淡路大震災を教訓とした改正

阪神・淡路大震災の多くの貴重な教訓を踏まえ、平成7年に2度にわたり災害対策の強化を図るため災害対策基本法の改正が行われた。

主な内容は、（ア）緊急災害対策本部の設置要件の緩和と組織の強化（災対法28の2、28の3）、（イ）緊急災害対策本部長の権限強化（同28の6）、（ウ）現地対策本部の設置（同28の3⑧）、（エ）市町村長による都道府県知事に対する自衛隊の災害派遣要請（同68の2）、（オ）自主防災組織の充実、ボランティアによる防災活動の環境整備（同5②、8②）など新たな防災上の課題への対応である。

② 東日本大震災を教訓とした改正

東日本大震災を受け、これまでの災害対策基本法では、「巨大災害」や「復興」、「減災」等の視点が必ずしも明確でないこと等から、制定から約50年経過した同法の見直し、改正が行われ、平成24年の改正（表2-1参照）では地方公共団体間の応援に係る措置の拡充等

が、25年の改正（表2-2参照）では住民の円滑・安全な避難の確保、被災者保護対策の改善等が、26年の改正では緊急車両の通行ルートを迅速に確保するための放置車両対策の強化（後述5（2）災害応急活動の（註5）132頁を参照）等が行われた。

表2-1 「第1弾」災害対策基本法の改正の概要

概要

1　大規模広域な災害に対する即応力の強化
- 災害発生時における積極的な情報の収集・伝達・共有を強化
- 地方公共団体間の応援業務等について、都道府県・国による調整規定を拡充・新設
- 地方公共団体間の応援の対象となる業務を、消防、救命・救難等の緊急性の高い応急措置から、避難所運営支援等の応急対策一般に拡大
- 地方公共団体間の相互応援等を円滑化するための平素の備えの強化平成24年6月27日公布・施行大規模広域な災害時における被災者対応の改善

2　大規模広域な災害時における被災者対応の改善
- 都道府県・国が要請等を待たず自らの判断で物資等を供給できることなど、救援物資等を被災地に確実に供給する仕組みを創設
- 市町村・都道府県の区域を越える被災住民の受入れ（広域避難）に関する調整規定を創設教訓伝承、防災教育の強化や多様な主体の参画による地域の防災力の向上

3　教訓伝承、防災教育の強化や多様な主体の参画による地域の防災力の向上
- 住民の責務として災害教訓の伝承を明記
- 各防災機関において防災教育を行うことを努力義務化する旨を規定
- 地域防災計画に多様な意見を反映できるよう、地方防災会議の委員として、自主防災組織を構成する者又は学識経験のある者を追加

残された課題（第1弾改正時にお示ししたもの）
- 自然災害による国家的な緊急事態への対処のあり方
- 避難の概念の明確化
- 被災者支援の充実
- 減災等の理念の明確化と多様な主体による防災意識の向上
- 復興の枠組みの整備
- その他災害対策法制全体の見直し

（出典　内閣府資料）

表2-2　災害対策基本法等の一部を改正する法律の概要

法律の概要

1　大規模広域な災害に対する即応力の強化等
- 災害緊急事態の布告があったときは、災害応急対策、国民生活や経済活動の維持・安定を図るための措置等の政府の方針を閣議決定し、これに基づき、内閣総理大臣の指揮監督の下、政府が一体となって対処するものとすること。
- 災害により地方公共団体の機能が著しく低下した場合、国が災害応急対策を応援し、応急措置（救助、救援活動の妨げとなる障害物の除去等特に急を要する措置）を代行する仕組みを創設すること。
- 大規模広域災害時に、臨時に避難所として使用する施設の構造など平常時の規制の適用除外措置を講ずること。　等

2　住民等の円滑かつ安全な避難の確保
- 市町村長は、学校等の一定期間滞在するための避難所と区別して、安全性等の一定の基準を満たす施設又は場所を、緊急時の避難場所としてあらかじめ指定すること。
- 市町村長は、高齢者、障害者等の災害時の避難に特に配慮を要する者について名簿を作成し、本人からの同意を得て消防、民生委員等の関係者にあらかじめ情報提供するものとするほか、名簿の作成に際し必要な個人情報を利用できることとすること。
- 的確な避難指示等のため、市町村長から助言を求められた国（地方気象台等）又は都道府県に応答義務を課すこと。
- 市町村長は、防災マップの作成等に努めること。　等

3　被災者保護対策の改善
- 市町村長は、緊急時の避難場所と区別して、被災者が一定期間滞在する避難所について、その生活環境等を確保するための一定の基準を満たす施設を、あらかじめ指定すること。
- 災害による被害の程度等に応じた適切な支援の実施を図るため、市町村長が罹災証明書を遅滞なく交付しなければならないこととすること。
- 市町村長は、被災者に対する支援状況等の情報を一元的に集約した被災者台帳を作成することができるものとするほか、台帳の作成に際し必要な個人情報を利用できることとすること。
- 災害救助法について、救助の応援に要した費用を国が一時的に立て替える仕組みを創設するとともに、同法の所管を厚生労働省から内閣府に移管すること。　等

4　平素からの防災への取組の強化
- 「減災」の考え方等、災害対策の基本理念を明確化すること。
- 災害応急対策等に関する事業者について、災害時に必要な事業活動の継続に努めることを責務とするとともに、国及び地方公共団体と民間事業者との協定締結を促進すること。

- 住民の責務に生活必需物資の備蓄等を明記するとともに、市町村の居住者等から地区防災計画を提案できることとすること。
- 国、地方公共団体とボランティアとの連携を促進すること。 等

5 その他
- 災害の定義の例示に、崖崩れ・土石流・地滑りを加えること。
- 特定非常災害法について、相続の承認又は放棄をすべき期間に関する民法の特例を設けること。 等

(出典 内閣府資料)

(3) 災害の定義と災害対策基本法の概要

災害対策基本法は、第1条に定めるように、国土並びに国民の生命、身体及び財産を災害から保護し、もって社会の秩序維持と公共の福祉の確保に資することを目的とした法律である。

災害対策基本法でいう「災害」は、第2条第1号と同法施行令第1条の規定によれば、次のア又はイにより生じる被害をいうとされ、自然災害のみならず、原因の如何にかかわらず、大規模な事故等による被害についても広く「災害」として位置づけている。

ア 暴風、豪雨、豪雪、洪水、高潮、地震、津波、噴火その他の異常な自然現象

イ 大規模な火事若しくは爆発その他その及ぼす被害の程度においてこれらに類する原因(放射性物質の放出、多数の者の遭難を伴う船舶の沈没その他の大規模な事故を含む。)

次に、災害対策基本法の概要は、以下のとおりである。

① 防災の理念、責務とその明確化

災害対策の基本理念(災対法2の2)を明記するとともに、国、都道府県、市町村等は、それぞれ防災に関する計画を作成し、それを実施し、相互に協力する等の責務がある(災対法3~5)。

特に、国は、組織及び機能の全てをあげて防災に関し万全の措置を講ずることとされ、また、基礎的な地方公共団体である市町村が主体となって防災計画を作成、実施し、都道府県及び国がこれを助け、総合調整を行うことになっている。

更に、住民自ら災害に備えるための手段を講ずるとともに、自発的な防災活動に参加するなど、防災に寄与する努力義務が定められている（災対法7②）。

② 防災の組織と総合的な防災行政の推進

防災活動の組織化、計画化を図るための特別の組織、総合調整機関として、国、都道府県、市町村にそれぞれ、中央防災会議（会長は総理大臣。全閣僚、主要な公共機関の長及び学識経験者で構成）、都道府県防災会議（会長は知事）、市町村防災会議（組織等は、都道府県防災会議の例に準じ、市町村の条例で定める。）を設置することとされている（災対法11、14、16）。

また、災害の発生又はそのおそれがある場合には、総合的かつ効果的に災害応急対策等を実施するため、都道府県又は市町村に「災害対策本部」を（災対法23）、また、大規模、非常災害発生の際には、国においても「非常又は緊急災害対策本部」を設置し（同24、28の2）、的確かつ迅速な災害応急対策の実施のための総合調整等を行うこととされている。

なお、平成13年の省庁再編により、中央防災会議が内閣の重要政策に関する会議と位置づけられ、その機能（防災基本計画の作成、防災基本方針の策定等を行うとともに、諮問に応じ防災に関する重要事項の審議等を行う。）が強化されるとともに、防災特命担当大臣の設置、防災行政の内閣府への移管等、国の防災体制も強化された。

③ 防災計画と計画的な防災行政の推進

防災に関する諸施策を計画的に着実に実施していくための総合計

画として、中央防災会議は防災基本計画を作成し（災対法34、35）、指定行政機関（国の各省庁等で総理大臣が指定）及び指定公共機関（独立行政法人、日本銀行、日本赤十字社、NHK、JR、NTT、電力会社、ガス会社等の公共機関及び公益的事業を営む法人で総理大臣が指定）は、それぞれ所管の業務に関し防災業務計画を作成する（同36、39）。

また、都道府県防災会議及び市町村防災会議は、それぞれ地域の総合的な計画として、都道府県地域防災計画、市町村地域防災計画を作成する（災対法40、42）。

④　災害対策の推進

災害対策を災害予防、災害応急対策及び災害復旧という段階に分け、それぞれの段階ごとに、各実施責任主体の果たすべき役割や権限が定められている（災対法第4章〜第6章）。

災害対策の具体的な内容は後述するが、そのうち、災害応急対策については、災害対策基本法では、市町村長の消防機関、警察官、海上保安官に対する出動命令又は要請（災対法58）、住民等に対する避難の勧告、指示（同60①）、警戒区域の設定（同63①）、応急公用負担等（土地建物等の一時使用、住民、現場にある者への従事命令等。同64、65）などの権限が、また、都道府県知事の応急措置の実施（同70）、知事の市町村長に対する指示（同72）、大規模災害時における応急措置の代行（同73）などの権限が認められている。

また、災害応急対策の責任者（指定行政機関、地方公共団体等の長等）は、被害者の保護のため、避難所の供与とその生活環境の整備、安否情報の提供等が義務付けられている（災対法5章5節）。

⑤　被災者の援護

市長村長は、被災者の援護を図るため、申請があったときは遅滞なく罹災証明書の交付をしなければならず（災対法90の2）、また、必要があると認める場合には、被災者台帳を作成し、一定の場合（本

人の同意があるとき、被災者の援護に必要な限度で内部利用又は他の地方公共団体に情報提供を行うとき等）には、台帳情報の利用、提供が出来る（災対法90の3、90の4）

図2－2　非常災害対策本部及び緊急災害対策本部の構成と役割

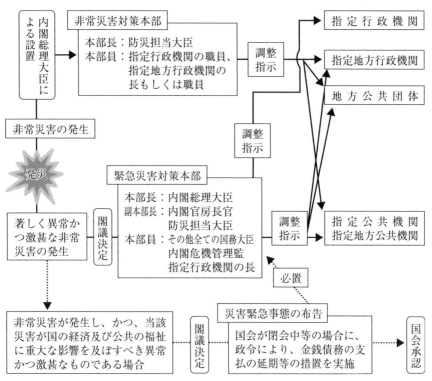

＊非常災害：大規模な災害であって都道府県の段階では十分な災害対策を講じることができないような災害

（出典　図解 日本の防災行政）

⑥　災害に対する財政金融措置

　防災に関する費用は、原則として、実施責任者が負担するが（災対法91）、災害復旧事業等に対する国の負担及び補助（同96）が、また、特に激甚な災害については、被災した地方公共団体等に対する

図2−3　非常災害時の国及び地方公共団体等の役割

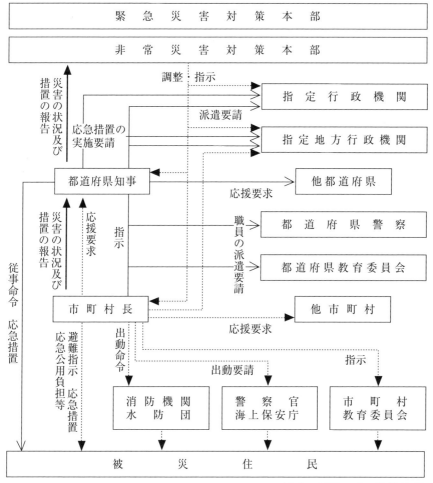

（出典　図解 日本の防災行政）

国の特別の財政援助（同97）がなされることとされている。

そして、これを受け、「激甚災害に対処するための特別の財政援助等に関する法律」（いわゆる「激甚法」）が別途制定され、災害復旧事業に対する国庫補助の嵩上げ措置や、被災した中小企業者や農林漁業者に対する支援措置が講じられている（第2節6（4）災害復旧事業145頁参照）。

⑦ 災害緊急事態に対する措置

国の経済及び社会の秩序に重大な影響を及ぼす異常かつ激甚な災害が発生し、特別の必要がある場合には、災害対策基本法第105条の規定により、内閣総理大臣は災害緊急事態の布告（20日以内に国会に付議して、その承認が必要）を発することが出来るものとされ、また、第109条の規定により、国会閉会中等でも緊急政令をもって、生活必需物資の不足や金銭債務の支払い不能等の経済秩序の混乱防止について、必要な措置をとるよう定められている。

災害緊急事態の布告は、関東大震災級の大災害時が想定されており、これまで布告されたことはなく、従ってまた、その場合にだけ設置されることになっている緊急災害対策本部も一度も設置されたことはなかったが、阪神・淡路大震災の経験、教訓を踏まえて災害対策基本法が改正され（災対法28の2①、107）、災害緊急事態の布告がなくても緊急災害対策本部の設置が出来るよう、設置要件が緩和された。なお、平成23年3月11日に発生した東日本大震災において、初めて緊急災害対策本部が設置された。

2　防災基本計画

防災基本計画は、防災に関する最も根幹的な総合計画として、各種防災計画の基本となる最上位計画であり、防災体制の確立、防災事業の促進、防災に関する科学技術の研究や、防災業務計画及び地域防災

計画において重点を置くべき事項について、基本的な方針を示している。

防災基本計画は、前述のように中央防災会議が作成し、その実施を推進することとされ、防災基本計画に基づき、指定行政機関及び指定公共機関は防災業務計画を、地方公共団体は地域防災計画をそれぞれ作成、実施する。

防災基本計画は、阪神・淡路大震災の教訓を踏まえ、内容を充実し、具体的かつ実践的な計画とするため、平成7年と9年に次のように全面的な改訂が行われるとともに、更に、原子力施設の事故を踏まえ、平成12年、14年に原子力編が修正された。

① 災害種類別に体系構成

震災対策、風水害対策、火山災害対策など、災害の種類に応じて講ずべき対策が容易に参照出来るような編構成にした。

また、事故災害についても、同様に、海上災害、航空災害、鉄道災害、道路災害、原子力災害、危険物等災害、大規模な火事災害、林野火災の8分類で、それぞれの類型ごとに具体的、実践的に定められた。

② 対応の時間的な順序を考慮して各編を構成

災害予防・事前対策、災害応急対策、災害復旧・復興という災害対策の時間的な順序に沿って、具体的な対策を記述した。

③ 災害対策の内容を「誰が」「何を」すべきか具体的に明示

国、公共機関、地方公共団体、住民など各主体の責務を明確にするとともに、それぞれが行うべき対策を出来る限り具体的に記述した。

④ 国民の防災活動を明示

家庭での水、食料の備蓄など予防、安全対策や、自主防災、ボランティア活動の促進についても記述した。

⑤ 社会、経済構造の変化を踏まえた対応

近年の都市化、高齢化、国際化、情報化等の変化に十分配慮して、常に的確な対応が図られるよう、防災対策を推進することとした。

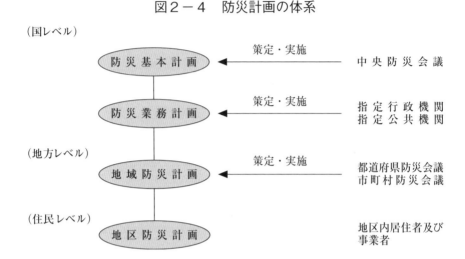

図2-4 防災計画の体系

　また、東日本大震災を受け、平成23年12月防災基本計画の修正が行われ、その内容は、「津波対策編」を新設するなど、地震・津波対策の抜本強化等である（参考—防災基本計画修正のポイント）。その後、前述の1（2）②の災害対策基本法の改正を受けて修正が行われている。

　更に、原子力災害対策については、原子力施設等の防災対策の見直しと充実強化（第3節5（4）199頁）を受け、平成27年3月に原子力防災体制の充実強化に伴う修正が行われた。

（参考）防災基本計画修正のポイント

修正の方針

○中央防災会議「東北地方太平洋沖地震を教訓とした地震・津波対策に関する専門調査会」最終報告（9/28公表）を踏まえ、提言内容の具体化を行う。

○今後も、大震災を踏まえた各種見直しの反映を含め、継続的に修正を行う。

主な内容

1．「津波災害対策編」の新設

2．東日本大震災を踏まえた地震・津波対策の抜本的強化
　①あらゆる可能性を考慮した最大クラスの地震・津波想定の実施
　②二つのレベルの想定とそれぞれの対策
　・最大クラスの津波に対する住民避難を軸とした総合的な対策
　・比較的頻度の高い津波に対する海岸保全施設等の整備
　③津波に強いまちづくり
　・浸水危険性の低い地域を居住地域とする土地利用、避難場所・避難ビル等の計画的整備 等　（津波到達時間が短い地域ではおおむね5分程度で避難が可能となるまちづくりを目指す）
　④国民への防災知識の普及
　・強い揺れを感じた場合等迷うことなく迅速かつ自主的に避難することなどの知識の普及
　・防災教育の実施，津波に関する教育プログラムの開発
　・津波ハザードマップの整備及び住民への周知 等
　⑤地震・津波に関する研究及び観測体制の充実
　⑥津波警報等の伝達及び避難体制確保
　・受け手の立場に立った津波警報等の発表
　・携帯電話等多様な手段による確実な伝達
　・具体的かつ実践的な避難計画の策定、避難支援の行動ルール化等
　⑦地震の揺れによる被害の軽減策
　・浅部地盤データの収集・データベース化等の液状化対策、天井等の落下物対策等
3．最近の災害等を踏まえた防災対策の見直しの反映
（例）・避難所等における生活環境改善や女性ニーズへの配慮
　　　・洪水等の警報、避難勧告等に係る伝達文の工夫
　　　・避難勧告等に資する土砂災害緊急情報の市町村への提供
　　　・実践的な避難計画の策定等、噴火時等の火山災害対策等

（参考）修正後の防災基本計画の構成

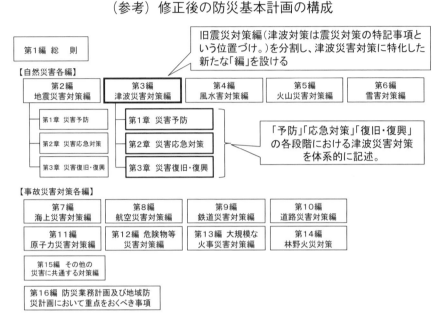

（出典　内閣府資料）

3　地域防災計画等

（1）地域防災計画とその見直し修正

　地域防災計画は、地方公共団体の防災に関し、当該団体はもとより、その地域に係る行政機関及び公共機関等の処理すべき事務又は事業について広く定め、それらの総合的運営を図る地域における防災の総合的な計画である。

　前述のように、都道府県地域防災計画は都道府県防災会議が、市町村地域防災計画は市町村防災会議が、それぞれ作成し、その実施を推進することになっており、既に全都道府県とほぼ全ての市町村で作成されている。

地域防災計画においても、防災基本計画の構成にならい、特定の災害を編立て等で作成する団体が増加しており、都道府県においては、震災対策はすべての団体が、また、原子力災害対策、風水害対策、火山災害対策、林野火災対策、雪害対策等について、地域の特性を踏まえ、多くの団体がそれぞれ編立て等により作成している。

　一方、地域防災計画は、毎年検討を加え、必要があると認めるときは修正しなければならないとされており、阪神・淡路大震災を教訓に多くの地方公共団体において見直しが行われた。

　なお、阪神・淡路大震災の直後の平成7年2月には、情報収集、伝達体制や応援体制等について緊急点検を、また、国の防災基本計画修正に伴い、同年7月には地域の実情に即した具体的かつ実践的な計画にするとともに、初動体制等緊急を要する事項について、それぞれ、消防庁からの要請を受けて、見直しが行われた。

　また、東日本大震災を受け、平成23年5月消防庁から各地方公共団体に対し、地域の実情に応じ、地域防災計画等に基づく防災体制の必要な緊急点検を行うよう要請(註)がなされており、前述のように、防災基本計画が大幅に修正されたので、各地方公共団体において、防災基本計画の修正を踏まえた地域防災計画の修正が行われた。

（註） 消防庁の要請（平成23年5月6日付通知「地域防災計画等に基づく防災体制の緊急点検の実施について」）によれば、今回の震災の主な特徴として、津波による被害が甚大であること、被災地が広大であること、中長期的な災害対応が必要とされていること等を挙げた上で、①被害想定、②市町村の災害対策本部機能の喪失等への対応、③津波に関する避難指示等の住民への伝達体制・伝達手段、④情報収集手段、⑤防災事務従事者の安全確保、⑥住民の安否情報確認、⑦中長期にわたる災害対応、⑧物資等の備蓄・輸送、⑨都道府県の区域を越えた災害時の相互応援協定の締結等、⑩住民の防災意識向上のための普及啓

発、の各事項に留意して、必要な緊急点検を行うことを求めている。

（2）実効性ある地域防災計画の策定

　地域防災計画は、災害を予防し、また、被害の軽減を図るなど、地域の防災対策を進める上で最も基本となるものである。このため、地域防災計画の作成に当たっては、防災アセスメントと被害想定を実施し、地域の災害危険性と想定される被害に対応した効果的な計画とするとともに、社会経済環境の変化等に伴い、常に計画作成の前提条件等からの見直しを行って、状況の変化に対応した適切な防災対策を構築していく必要がある。

　防災アセスメントとは、災害誘因（地震、台風、豪雨等）、災害素因（急傾斜地、軟弱地盤、危険物施設の集中地域等）、災害履歴、土地利用の変遷などを考慮して、総合的かつ科学的に地域の災害危険性を把握する作業である。

　被害想定とは、地域の種々の災害危険性や自然的、社会的環境要因等の諸条件に基づき、想定される災害に対応した人的被害、住宅等構造物被害などを算出する作業である。

　また、防災アセスメントや被害想定の成果は、集落、自治会等の単位に地区別の防災カルテとして、或いはハザードマップ（災害予測地図）として作成し、防災に関連する各種情報を地図等に分かり易く整理し、住民の自主的な防災活動や防災意識の高揚、緊急時の避難等に活用することが有効である。

　ところで、ハザードマップとは、災害が発生した場合の危険範囲や被害の予測区域とともに、避難の必要な地域、避難場所や避難のルート等の関連情報をも盛り込んだ地図のことであり、洪水、土石流、地震、津波、火山、雪崩等のハザードマップがある。なお、ハザードマップが整備済みの市町村は、それぞれの対象となる市町村に対し、洪水

97％、内水58％、津波80％、高潮18％、土砂災害82％、火山79％（平成26年3月。防災白書）である。

　従来は、ハザードマップの作成、公表は、いたずらに住民の不安を煽る、周辺の地価の下落につながる、観光にマイナスなどの住民の反対を懸念し、消極的な傾向があったが、最近は、かなり理解され、ハザードマップが積極的に作成、公表される事例が多く見られるようになってきた。

（3）地区防災計画

　地区防災計画制度は、平成25年の災害対策基本法の改正（42③、42の2）により設けられた制度であり、市町村内の一定の居住者及び事業者が自助・共助の精神に基づき、地区の特性を踏まえた当該地区内における共同して行う自主防災活動に関する計画を策定し（ボトムアップ型の計画）、地域コミュニティにおける共助による防災活動の推進を図るものである。

　地区の居住者等は、市町村防災会議に対し、地区防災計画に関する提案（計画提案）を行うことが出来、市町村防災会議はこれに対する応諾義務が課せられ、市町村地域防災計画の中に規定（位置付け）される。なお、地区の居住者等は、市町村等と連携し防災訓練等を通じ、地区防災計画の検証、見直しを行っていくことが重要である。

4　災害予防

　防災に「予防に勝る対策なし」と言われるように、災害の発生を未然に防止し、被害を軽減するためには、これまで述べてきたように、災害対策基本法に基づく諸制度の整備、防災に関する計画の策定とその推進などとともに、防災に関連する施設等の整備、国民一人ひとり

の防災意識の高揚、防災訓練の実施、更には防災に関する科学技術の研究、開発など、災害予防に係るハード、ソフトに亘る広範な施策の推進が必要である。

また、最近においては、社会や行政を取り巻く環境の変化から、災害の未然防止は勿論のこととして、災害が発生しても被害を最小限にくい止めることが出来れば、その後の被災者の救済や被災地の復興計画づくりがより容易になることを重視して、人的被害の防止を基本とした「減災」など、災害予防、防災に向けた新しい考え方や取り組みが出てきている。更に、事前防災・減災の考え方に立って、大規模自然災害から人命、社会経済の致命傷を回避し、被害から迅速に回復する強さとしなやかさを備えた国土、経済社会システムの構築を目的に、いわゆる国土強靱化法（平成25年12月議員立法）が制定されている（第4節2（2）②国土強靱化の推進（218頁）を参照）。これらについては、第4節2防災への新たな対応において述べる。

（1）国土保全事業の実施

国土保全事業は、膨大かつ長期間にわたる投資を必要とするため、長期計画を策定し、道路、港湾、治山、治水、海岸保全、急傾斜地、下水道、農地防災などの事業を計画的に、着実に進めていく必要がある。

なお、近年、国及び地方公共団体の財政状況が窮迫化していることから、国土保全施設の整備に当たり、整備手法、整備水準、投資効果等が厳しく問われるとともに、環境への配慮、環境との調和が求められている。

（2）情報・通信の整備、充実

災害の予防、応急対策を円滑に進めるためには、災害に関する情報の的確かつ迅速な収集、伝達が重要であり、防災関係機関において、

災害に係る監視や予警報のシステムの整備が進められている。

また、住民の避難勧告、指示等に必要な緊急の情報を同時、速報的に伝えることが出来る同報系の防災無線の整備と、大災害時においても通信手段が途絶することのないよう、通信ルートの多ルート化、伝達手段の多様化（地上系のほか、衛星系、移動系の無線通信施設の整備等）を行う必要がある。

気象庁では、大雨、地震、津波、高潮、大雪等の警報に加え、この警報の発表基準をはるかに超える数十年に一度の規模の豪雨等や大津波が予想され、重大な災害の危険性が著しく高まっている場合、新たに「特別警報」の発表を開始している（平成25年8月末から。特別警報が出た場合、周囲の状況や市町村の避難指示・勧告等の情報に留意し、直ちに命を守るための行動をとる必要がある。）。また、携帯の緊急連絡メールの対象が、これまで緊急地震速報（160頁参照。平成19年から）、津波警報（183頁参照。平成24年から）に限られていたが、新たにこの気象特別警報と

図2-5　特別警報イメージ

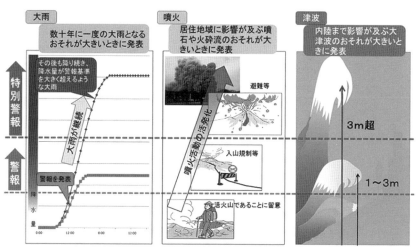

（気象庁資料）

噴火警戒レベル4又は5の火山噴火警報（表2-11（190頁）参照）を加え（平成27年11月から）、これにより特別警報がすべてメール配信され、更に、全国瞬時警報システム（J-ALERT。第3章第3節6（2）国民保護のしくみの（註1）295頁及び図3-13参照）を活用し（市区町村の防災行政無線等を自動起動）、瞬時に緊急地震速報、津波警報等を住民に伝えることができるようになっている。

なお、災害時において、ライフラインが途絶する中でラジオは重要な情報源、情報伝達手段として非常に有効であり、地方自治体は、地域における災害情報、生活情報に関し、地元ラジオ局は勿論、コミュニティFMと災害協定を締結しておくとともに、災害時に認められる「臨時災害放送局」の活用も考えておく必要がある。

（3）災害リスクの周知と防災意識の高揚

災害による被害を防止し、軽減するためには、平常時から、市町村等において、洪水や津波、高潮等による浸水想定区域、土砂災害警戒区域、土砂災害危険個所等の情報について、ハザードマップ等の作成配布、標識の設置等により災害危険個所の情報を地域住民に周知しておくことが必要である。また、個人個人が災害に対し的確に対処することが重要であり、そのため、日頃から防災訓練への参加等を通じ、防災に関する意識を高め、正しい知識を身に付けておくことが必要である。なお、このことについては、第4節1「防災意識の高揚と自主防災活動」で後述する。

5　災害応急対策

阪神・淡路大震災は、国や地方公共団体の応急対策に多くの大きな問題、課題があることを突きつけることになった。この大震災による

教訓を踏まえ、前述のように、災害対策基本法の改正をはじめ、防災基本計画の全面的な見直し、内閣の危機管理機能の強化（第3章第3節1（2）「国の危機管理体制の整備」267頁参照）、広域応援体制の整備（第1章第2節1（2）「非常災害、緊急事態等における危機対応」10頁参照）が図られた。

　一方、東日本大震災の発生を受け、想定を遥かに超えた超巨大、広域、複合災害に対する応急対応について、また、応急対応の拠点となるべき庁舎等が損壊、中核的役割を担うべき多くの職員が犠牲となる等、自治体の行政機能が著しく失われた場合の対応について、基本的な検討、見直しを行って必要な体制の整備、確立を図ることが求められている。

（1）初動体制の整備と役割

　災害が発生し、又は発生するおそれがある場合には、人命を第一に、救出、救助、救急、消火、避難等の災害応急対策を迅速かつ的確に実施しなければならない。

　災害応急対策は、それぞれの関係の行政機関等が実施責任を有していることは言を待たないが、全体的には、市町村が第一次的な責務を持ち、被害の程度により広域にわたり総合的な処理を要する事案は都道府県が、被災地方公共団体の対応能力を超えるような大規模災害は国がそれぞれの役割を果たすことになる。従って、広域的、大規模な災害については、国も都道府県も最初の段階から積極的に関わり、まさに国を挙げて対策に取り組む必要がある。

　このため、災害応急対策を適切に行うことが出来るよう、国、都道府県、市町村をはじめ各防災関係機関は、要員の非常参集、情報の収集・伝達、対策本部の立上げ、更には相互の緊密な連携、協力などの初動期の対応体制を整備、確立しておく必要がある。

また、被災地方公共団体との連絡調整、被災地の情報や支援要望の収集等を行い、国と被災地方公共団体とが共通認識に立って緊密に連携し、応急対策を迅速かつ的確に行うため、必要に応じ被災地に現地対策本部が設置される。東日本大震災の際をはじめ、近年現地対策本部の設置事例が多く、その重要性が高まっている。

（2）災害応急活動
① 災害応急活動の内容

　災害応急対策に係る具体的な活動としては、災害の態様と対応の必要性等に応じ、また、現場、第一線と対策本部とでは異なるが、災害及び被害の情報収集、整理・分析、警報の発令及び伝達、住民の避難措置等がほぼ同時並行的に行われる一方、関係機関により、被災者の救出・救助、救急、避難者の収容、ライフライン（電気、ガス、上下水道、交通、通信等）の確保、緊急輸送、食料・飲料水・生活必需品の確保、清掃・防疫、社会秩序の維持など様々な活動が行われることになる。

　このように、災害応急活動には、災害や被害の発生と拡大の防止のための様々な活動があり、上記の活動のほかにも、阪神・淡路大震災を機に必要性が認識され、新たに取り組まれているもの、又はその強化が図られているものがあり、例えば、（ア）災害時交通規制[註1]、（イ）建物の応急危険度判定[註2]、（ウ）負傷者トリアージ[註3]、（エ）災害伝言ダイヤル[註4]などであり、また、東日本大震災を機に災害対策基本法が改正（平成26年）され、放置車両対策の強化が図られた[註5]。

　また、消防、警察、自衛隊、海上保安庁の各実働機関は、普段から訓練を積み、災害の発生又はそのおそれがあるときは、直ちに出動し、危険が存在する被災現場等において、実働部隊として災害応急活動の中核を担っている。

② 広域的な支援と自衛隊の災害派遣

　被災地域内の関係機関による応急活動では不十分な場合には、全国的、広域的な支援体制がとられる。実働機関の中で、消防は市町村の単位、警察は都道府県の単位で組織されていることから、阪神・淡路大震災の教訓を踏まえ、大規模災害時における人命救助活動等をより広域的・効果的かつ迅速に実施する体制を確保するため、平成7年6月、消防は緊急消防援助隊（第1章第6節3（1）「緊急消防援助隊の創設と役割」95頁参照）を、警察は広域緊急援助隊（東日本大震災を教訓に即応部隊と一般部隊から成る警察災害派遣隊に拡充される。即応部隊は、最大1万人の人員の広域緊急援助隊の外、航空、通信、警備の4つの部隊から編成される。）を発足させている。

　自衛隊は、自衛隊法第83条の規定により、原則として都道府県知事の要請に基づき部隊を救援のため災害派遣するが、阪神・淡路大震災の教訓を踏まえ災害対策基本法が改正され、同法第68条の2の規定により、新たに市町村長の権限として、市町村長による都道府県知事に対する自衛隊の派遣要請、通信の途絶等によりこれが出来ないときの市町村長による防衛大臣等への災害状況の通知が、認められることになった。

　なお、併せて、自衛隊は、特に、緊急で知事の要請を待ついとまがないときには、要請を待たないで部隊を派遣（自主派遣）出来ることになっているが、防災業務計画の修正により、情報収集、人命救助に関する救援活動など、自主派遣出来る場合の基準が明確にされた。

　自衛隊は災害派遣のほか、大規模地震対策特別措置法第13条第2項の規定により、警戒宣言発令時には、地震災害警戒本部長（内閣総理大臣）の要請に基づき地震防災派遣が、更に、原子力災害対策特別措置法第16条の規定により、原子力緊急事態宣言時には、原子力災害対策本部長（内閣総理大臣）の要請に基づき原子力災害派

遣がなされることになっている。
　また、大規模な災害、事故等に際しては、多くの傷病者が発生するとともに、状況によっては病院が被災することもあり、被災地内で十分な医療の確保が困難となることから、専門的な訓練を受けた医師、看護師等で構成され、災害等の発生直後から現場に急行し、活動出来る機動性を持った災害派遣医療チーム（DMAT Disaster Medical Assistace Team）が設置されている。DMATの活動内容は、災害急性期（概ね48時間）に現場での消防、自衛隊等の活動と連携

図2－6　自衛隊の災害派遣の流れ

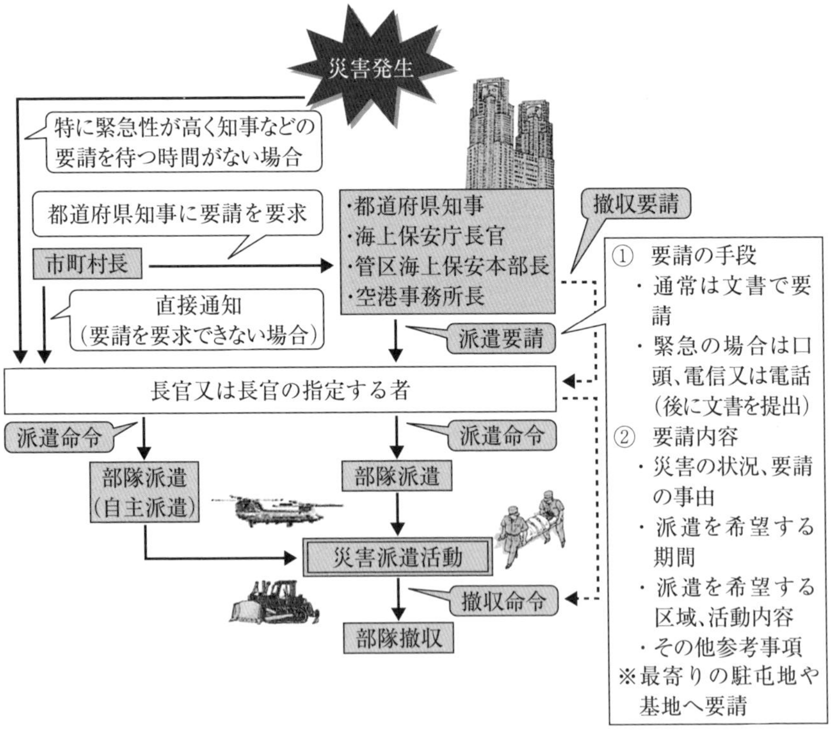

災害発生

特に緊急性が高く知事などの要請を待つ時間がない場合

都道府県知事に要請を要求

市町村長

直接通知（要請を要求できない場合）

・都道府県知事
・海上保安庁長官
・管区海上保安本部長
・空港事務所長

派遣要請

撤収要請

長官又は長官の指定する者

派遣命令

部隊派遣（自主派遣）

派遣命令

部隊派遣

災害派遣活動

撤収命令

部隊撤収

① 要請の手段
・通常は文書で要請
・緊急の場合は口頭、電信又は電話（後に文書を提出）
② 要請内容
・災害の状況、要請の事由
・派遣を希望する期間
・派遣を希望する区域、活動内容
・その他参考事項
※最寄りの駐屯地や基地へ要請

（出典　防衛白書）

して救命医療活動を行うとともに、負傷者のトリアージを行い、また、病院支援、傷病者の域内及び被災地域外の病院への広域搬送等を行う。平成17年4月日本DMATが設置され、26年には約9000名の隊員が登録されている。

(註1)　大規模災害時においては、道路が大渋滞し、災害応急対策用の車両の通行にも大きな支障となることから、平成7年6月災害対策基本法が改正され、緊急の必要があるときは、都道府県公安委員会は、区間だけでなく、区域を指定して交通規制（エリア規制）を実施し、緊急通行車両以外の車両の通行を禁止し、又は制限出来ることとされた（災対法76）。

　　なお、緊急通行車両のうち、災害応急対策に必要な人員、物資を緊急輸送するための車両は、知事等の証票、証明書の交付を受ける必要がある。また、通行禁止区域等において、支障となる車両等について、警察官（警察官がその場に居ない場合には、消防吏員及び災害派遣を命じられた部隊の自衛官）は、車両等の占有者等に対し、移動等の措置を命じ、又は自らその措置を講じることが出来る（災対法76の3）。

(註2)　応急危険度判定とは、地震や土砂災害等により被害を受けた建築物について、余震等による倒壊や落下の危険性を災害後速やかに調査し、その結果に基づいて、立ち入ることやそのまま居住、使用することが安全かなどを、①危険（赤）、②要注意（黄色）、③安全（緑）の3区分により危険度の判定を行うものである。判定は、事前に登録され訓練を受けた応急危険度判定士が行い、玄関等に赤、黄、緑の3種のポスターのいずれかを貼る。

　　なお、応急危険度判定士は、建築士の資格を持つボランティアであり、判定結果はあくまで勧告で法的拘束力はなく、また、この制度は、米国のロマプリータ地震（1989年）で初めて実施された。

(註3)　災害時には、多数の負傷者が発生すること等から、広域的な医療の確保、支援対策をはじめとする災害時医療の在り方が重要な問題となるが、負傷者トリ

アージはその一つである。

　トリアージとは、元々は仏語で識別という意味であるが、災害時においては、救命が困難な少数の重症患者よりも救命の可能性の高いより多くの患者に対し、限られた治療を行う必要があり、このため、災害現場において、救出された負傷者について、その重傷度と緊急度をとっさに判断し、多数の負傷者の中から搬送又は治療の優先順位を決める、即ち、トリアージを行う必要がある。

　具体的な優先順位は、一般的に、①救命のため直ちに処置が必要な重症者(赤色)、②少し処置が遅れても生命に関係しない中等症の者（黄色）、③とりあえず生命に危険はなく、自力歩行が可能で、外来医療で十分対応可能な軽症者（緑色）、④死亡又は生存の可能性のない者（黒色）の順であり、トリアージの終わった患者には、その結果が分かるように、緊急度の高い順に赤、黄、緑、黒の識別可能なタグを手足につける。

　また、トリアージは、全体の被災状況や周辺の医療機関の対応能力を考慮して行うとともに、緊急度は時間経過等により変化するので、医療機関に搬送した段階で救急医等により再トリアージが行われる必要がある。

（註4）　大規模災害が発生すると、安否確認や家族と連絡を取るためなどにより、通常の何倍もの電話が殺到し、電話がつながりにくくなるとともに、公共機関、防災機関等の重要通信を確保するため、一般電話の通信規制もなされる。

　このため、災害時に利用者が安否等の情報を登録し、一般の電話等から容易に安否確認の連絡を取ることが出来る災害用伝言ダイヤル（いわゆるボイスメール：171番）のサービスをNTT等が提供することになった。なお、iモード災害用伝言板サービス（書き込み式）も平成16年から始まっている。

（註5）　大規模災害時においては、直ちに道路啓開を進め、緊急車両の通行ルートを確保する必要があり、災害応急措置として放置車両、立ち往生車両対策が重要である。

　災害対策基本法第64条第2項前段に定める被災した「工作物等の除去その他必要な措置」の規定により、除去は可能となるが、この際、損壊させた場合、

その行為が違法となるか、また、補償が必要となるかの問題がある。

このため、東日本大震災や平成26年2月の大雪災害を受け、災対法が改正され（平成26年11月）、第76条の6において、緊急車両の通行ルート確保のための放置車両、立ち往生車両対策（災害応急措置）の規定が創設された。道路管理者は、区間を指定して、①緊急車両の妨げとなる車両の運転者等に対し移動を命令、②運転者等が不在時等は、道路管理者自ら車両を移動、を実施するとともに、他人の土地の一時使用等が認められた。また、その際、止むを得ない限度での破損を容認し、併せて通常生ずべき損失に対する損失補償規定が整備され、迅速な対応、強制移動が可能となった（災対法82）。

（3）避難措置

① 避難勧告、指示、警戒区域の設定

市町村長は、災害が発生し、又はそのおそれがある場合において、人の生命、身体を災害から保護し、その他災害の拡大を阻止するため特に必要があると認めるときは、避難のための立退きを勧告し、急を要するときは指示することが出来（災対法60①）、また、更に危険が差し迫っていると認めるときは、警戒区域を設定し、災害応急対策従事者以外の者の立入りの制限、禁止、退去を命じることが出来る（同63①）。

この住民等の避難措置に関する市町村長に付与された権限は、住民の自主的な避難と相まって、災害応急対策を適切に行っていく上で極めて重要なものであり、市町村の地域防災計画においても、避難勧告、指示の発令基準、伝達経路及びその実施責任者、地区ごとの避難場所、避難路等の避難計画を定めておく必要がある。

避難勧告は、人的被害の発生する可能性が明らかに高まった状況で発令し、住民がこれを尊重することを期待して避難を勧め、又は促す行為であり、避難指示（命令）は、被害の危険が目前に迫って

いる場合又は人的被害が発生した状況で発せられ、避難勧告よりも拘束力が強く、避難を指示、命令するものであるが、これに従わない者に対する直接強制は認められず、住民に対し強制力を持つものではない。これに対し、警戒区域の設定は、人命、身体に対する危険が急迫している場合に、立入りの制限、禁止、退去を強制力（違反に対し罰則。災対法116②）を伴う措置として認められている。

② 避難勧告等の具体的な判断、伝達

避難勧告、指示、更には警戒区域の設定に当たっては、人命尊重を最優先に、時機を失することなく、また、それが住民に迅速、確実に伝達されるよう行う必要がある。

このため、国においては、避難勧告等の判断・伝達マニュアル作成ガイドラインを策定し、周知を図るとともに、平成25年10月の伊豆大島土砂災害、26年8月の広島市土砂災害の教訓等を踏まえ、避難勧告等の判断基準を分かり易くするとともに、空振りをおそれず早目に発令すること等を基本とし、表2－3に示すように、ガイドラインの点検、変更を行っている[註1]。

③ 避難行動要支援者に対する支援

高齢者や障害者の中には、災害時独力では避難が困難で支援を必要な人もいることから、国においては、平成18年に「災害時要援護者の避難支援ガイドライン」を策定し、市町村に周知してきているが、東日本大震災の教訓を踏まえ、平成25年の災害対策基本法の改正により、避難行動要支援者名簿の作成が市町村に義務づけられるとともに（災対法49の10）、平常時及び災害発生時において、消防機関・民生委員等の避難支援者に情報提供を行う（災対法49の11）ための制度が設けられた。また、前述のガイドラインを全面的に改定し、避難行動要支援者の名簿の作成、活用等に係る事項をまとめ、「避難行動支援に関する取組指針」が策定されている。

④　避難の長期化と避難措置の解除

　災害も、住民の避難も大規模で長期化した場合には、当該地方公共団体の力をもって対応することは難しく、安全性の判断等に関する専門的なアドバイス、情報提供はもとより、避難住民の生活や地域経済の安定、更には規制解除の時期、方法等について、人的、財政的な面を含めた都道府県及び国の全面的なバックアップが必要不可欠である^(註2、註3)。

（註1）　住民の避難については、従来から、①避難勧告等が適切なタイミングで発令されていない、②住民への迅速、的確な伝達が出来ていない、③避難勧告等があっても住民が実際に避難しない等の問題が指摘されていた。

　このため、国においては、平成17年に「避難勧告等の判断・伝達マニュアル作成ガイドライン」を策定し、地方公共団体に対し、特に、①については、水害、土砂災害、高潮災害、津波災害等に市町村長等が適切に対応できるよう、地域の実態に応じた具体的な発令基準の策定を促している。

　また、これまでの避難勧告、避難指示に加え、避難準備（災害時要援護者避難）情報を創設し、危険性が比較的少ない段階でこれを発令し、一般人は避難準備に入る一方、避難に時間がかかる高齢者や障害者など要援護者は、この段階で避難を始めること、また、避難勧告等の判断、伝達マニュアルを作成すること、プライバシーの確保に配慮しつつ、福祉部局と防災部局が連携、要援護者情報を共有し、災害時の避難支援プランを作成することなどの取組みを要請している。

　更に、平成25年伊豆大島の土砂災害、26年広島市の土砂災害を踏まえ、26年及び27年に前記マニュアルが改定され、避難勧告等の判断基準を可能な限り定量的に分かり易い指標で示すこと、避難所への避難（立ち退き避難）だけでなく家屋内に留まって安全を確保すること（屋内安全確保）も避難行動の一つであること、避難準備情報発令の段階から住民の自発的な避難開始

を推奨し、この段階から避難所を開設し始めること等を定めている。

(註2) 避難勧告、指示、警戒区域の設定は、当然、危険がなくなり、安全が確保されれば直ちに解除することになるが、群発地震や大きな余震、地滑り等が続く場合は別として、一般的に、地震や風水害のように、どちらかと言えば一過性の災害で、危険状態の解消が比較的短期間で済み、しかもその判断が容易な場合は良いとして、問題となるのは、特に、火山噴火災害のように、火山活動が長期化し、危険状態の解消の見通しが立たず、住民の避難も長期化する場合である。

このような場合、住民の生活は勿論、広く社会経済活動に大きな制約、影響が及ぶ上、特に、警戒区域の設定を行っている場合には、避難を強制し続けることと長期避難を余儀なくされる住民の生活とのはざまで、行政としても極めて難しい対応が求められる。災害の発生とそれに伴う住民の避難に行政上の責任がある訳ではないから、行政として補償に応じることは出来ないが、住民の生活の維持、再建に対する様々な支援や地域経済の浮揚等のため可能な限りの対策を講じていく必要がある。

規制の解除については、科学的な安全宣言が出せる場合は問題がなく、その段階に至っていないがある程度の安全確保が出来、規制の解除を行う場合には、一般的には、災害に係る危険の予知可能性と回避可能性の総合判断が基本となる。行政としては、先ず、これに関する専門家の意見を十分参考にし、状況によっては、対象地域や時間等を限定して段階的に行うとともに、併せて、監視体制の強化、緊急避難態勢の確保策等を講じ、安全確保に最大限の配慮を行っていくことが必要である。

(註3) 過去に住民の避難が長期化した例としては、有珠山、伊豆大島、雲仙普賢岳、三宅島、口永良部島（平成27年12月に約7ヵ月にわたる避難指示が解除）など火山災害に多く見られるが、これらの中で、雲仙普賢岳火山災害では、大規模な火砕流及び土石流に対処するため警戒区域の設定が全国で初めて行われた。

また、東京都三宅村は、平成12年8月三宅島噴火が起こり、昭和61年

表2−3 避難勧告等の判断・伝達マニュアル作成ガイドライン

主な経緯

平成17年3月　旧ガイドライン策定	
平成17年9月　土砂災害警戒情報の運用開始	平成25年6月　災害対策基本法の改正
平成18年9月　指定河川洪水予報の見直し	（住民の円滑かつ安全な避難の確保に関する事項等）
平成23年3月　東日本大震災発生	平成25年8月　特別警報の運用開始

新たな制度やこれまでの災害の教訓を踏まえて改定

主な変更点

「避難」に関する考え方をあらためて整理
○「避難」は、災害から命を守るための行動であることをあらためて定義した
○従来の避難所への避難だけでなく、家屋内に留まって安全を確保することも「避難行動」の一つとした
　→「立ち退き避難」と「屋内安全確保」
○災害種別毎に、命を脅かす危険性がある事象、立ち退き避難が必要な区域の考え方を示した
○市町村が発令する避難勧告等は、空振りをおそれず、早めに出すことを基本とした
　→避難が必要な状況が夜間・早朝となる場合に「避難準備情報」を発令

避難勧告等の判断基準をわかりやすく設定
○避難勧告等の判断基準を可能な限り定量的かつわかりやすい指標で示し、判断のために参照する情報を具体的に示した

【避難勧告の判断基準の設定例】　　　　【参照する情報】
水害…はん濫危険水位に到達等　　　　気象情報…防災情報提供システム（気象庁）
土砂災害…土砂災害警戒情報の発表等　　河川の水位等…川の防災情報（国土交通省）
高潮災害…高潮警報の発表　　　　　　　　　　　　　　　　　　　　　　　等
（津波災害は警報等が出れば全て避難指示）
○避難勧告等の発令基準の設定や防災体制に入った段階での防災気象情報の分析について、助言を求める相手を明確にした
　→管区・地方気象台、国土交通省河川事務所等、都道府県の県土整備事務所等

市町村の防災体制の考え方を例示
○市町村の防災体制の移行段階に関する基本的な考え方の例を示した
【防災気象情報と防災体制の例（土砂災害の場合）】
　大雨注意報…連絡要員を配置し、気象状況を見守る体制
　大雨警報…首長等が登庁し、避難勧告の発令が判断できる体制
　土砂災害警戒情報…防災対応の全職員が登庁　等

住民が避難行動を認識してもらう仕組を提案
○住民は、自宅等にどの災害のリスクがあり、避難勧告等が発令された場合にどのような避難行動をすべきかについて、あらかじめ認識してもらうための仕組みを提案した
　→災害・避難カード（建物毎に避難が必要となる災害と避難方法を記しておくカード）

（平成27年版防災白書）

の伊豆大島噴火災害の場合と同様、平成12年9月全島民の島外避難を余儀なくされていたが、三宅島噴火による島民の長期避難が精神的、経済的に限界となる中で、17年2月1日、4年5ケ月ぶりに避難指示を解除し、住民の帰島を認めることになった。

　三宅島では、依然、火山ガスの噴出が続き、通常の安全な生活レベルとまでは言い切れないことから、避難解除に先立って、国及び都の支援の下に、火山ガス観測点の設置、緊急避難施設の整備など可能な限りの安全対策を講じる一方、「三宅村火山ガスに対する安全確保に関する条例」を制定し、村民一人ひとりが火山ガスを十分認識して自らの安全を確保することが必要と、自己責任の原則を定めるとともに、二酸化硫黄濃度が安全基準に達していないと認められる区域（段階別に立入り禁止区域、危険区域、高濃度地区）への立入り規制を行い、無許可で立ち入り村長の退去指示に従わない者には過料を課し、また、村民は安全上常にガスマスクを携帯することとされた。（なお、平成23年4月から19才以上の者に限って全集落で居住が可能となり、更に、27年6月噴火警戒レベル2から1への引下げ、同9月すべての居住制限区域の解除が行われた。）

　この三宅島の長期避難解除の方法、考え方、そして村民等の自己責任の原則を定め、また、村長の退去指示に従わない者に対し過料を課する等の条例は、まさに画期的なものであり、今後、防災行政において、リスクコミュニケーション、即ち行政と住民との関係（情報の共有、信頼関係の構築）等を考えていく上で参考になるものと言える。

（4）被災者救助

① 災害救助法、災害弔慰金等の支給に関する法律

　災害に際しての被災者に対する応急的、一時的な救助は、災害救助法に基づき、日本赤十字社その他の団体及び国民の協力[註]の下に、国の責務において、また、具体的な救助業務は同法に基づき、都道府

県及びその委任により市町村長が実施することになる。

　救助の種類は、（ア）避難所の設置、応急仮設住宅の供与、（イ）炊き出し等の食品及び飲料水の提供、（ウ）被服、寝具その他生活必需品の提供、（エ）医療、（オ）埋葬、死体の捜索処理、（カ）その他となっている。

　災害救助法は、市町村の区域を単位とし、被害が一定の程度（全壊世帯数が市町村で10世帯以上、又は都道府県で100世帯以上である場合等。施行令第1条）に達した場合に適用され、災害救助に要する費用は、先ず都道府県が支弁し、国は、救助に要した費用と都道府県の普通税収入額に応じた一定額（救助費用の5割から9割）を負担することになっている。

　なお、災害の規模、態様は千差万別であるので、災害救助法では、特別基準がしばしば適用され、「緊急やむを得ない場合は、取り敢えず電話により申請し、事後速やかに文書をもって処理する」（大規模災害における応急救助の指針　平成9年厚生省）こととされており、各自治体は、一般基準に縛られることなく、状況に応じ必要な対策を検討、実施していくとともに、救助の長期化が見込まれる場合等には、延長を図る必要がある。

　また、災害弔慰金の支給等に関する法律により、災害により死亡した者の遺族に対し災害弔慰金（最高500万円）及び精神又は身体に著しい傷害を受けた者に対し災害見舞金（最高500万円）が支給され、また、災害により被害を受けた世帯の世帯主に対し災害援護資金が貸し付けられる。

　ところで、被災者の救助、支援については、必ずしも災害応急対策と災害復旧・復興の段階に明確に区分されるとは限らず、継続して行う必要があるものも多く、特に、大規模な災害、被害の発生に至ると、東日本大震災、阪神・淡路大震災、三宅島火山噴火、新潟県中越地震等に見られるように、被災者の避難も相当長期化し、住宅をはじめ、生活の

維持、再建が大きな課題となるが、これについては、次項6（3）生活再建と被災者生活再建支援法143頁を参照のこと。

② 避難所における生活環境の整備

避難所は、避難した住民等を災害の危険性がなくなるまでの必要な期間滞在させ、又は災害により自宅に戻れなくなった住民等を一定期間滞在させ、避難生活をする施設（学校、公民館等）で、市長村長が指定する（災対法49の7）。

なお、避難所と類似した用語の「避難場所」は、災害の危険が切迫した状況の下で、緊急に避難する際の一時的な避難先であって、市長村長は、一定の基準を満たす施設又は場所を指定緊急避難場所として指定しなければならない（災対法49の4）。

ところで、東日本大震災においてみられた住民の避難に係る様々な問題を踏まえ、平成25年の災害対策基本法の改正により、避難所（一般の避難所では支障を来す介護の必要な高齢者や障害者等に対しケアが行われ、バリアフリー化がなされた福祉避難所を含む。）における食糧、医療、医薬品その他の生活関連物資の配布及び保健医療サービスの提供その他避難所に滞在する被災者の生活環境の整備等に関する努力義務規定が設けられたことを受け、市町村向けにこの取り組みに関する指針が策定されている。

（註） 被災者支援に係る国民の協力の形としては、各人の仕事やボランティア活動（第4節1（3）「災害時のボランティア活動」214頁を参照）、義捐金の提供等を通じて行うことになる。

ところで、義捐金について必ずしも明確な定義がある訳ではなく、一般に、善意の寄付であってその使途が、被災者に対する見舞い、生活支援であるものが義捐金、地方自治体が行う災害復旧、復興事業であるものが寄付金、災害ボ

ランティア、NPO の活動支援であるものが支援金と言われている（実際上は、必ずしも明確には区別されていない。）。日本赤十字社や中央共同募金会等が窓口となって受け入れた義捐金は、都道府県に設置される義捐金配分委員会に渡され、同委員会で配分方法等を決め、被災者に届けられる。

　なお、日本赤十字社等への義捐金、地方自治体への寄付金は、寄付金控除の対象になり、また、被災者支援活動を行う認定 NPO 法人が募集する国税局長の確認を受けた寄付金も、寄付金控除の対象となる。

6　災害復旧・復興

　災害による被害、影響は、住民生活や地域の経済・社会の各般に及ぶことになり、災害応急対応と相まって、被災者の生活再建、被災公共施設の復旧、被災地域、まちの一日も早い復旧・復興を図っていく必要がある。

　被災者の生活再建、被災施設の復旧、被災地域、まちの復旧・復興については、様々な制度に基づき各種の施策、事業が実施されることになり、主要なものは以下に掲げるものであるが、その全体を詳細に理解することは、現実問題として、実務担当者でも必ずしも容易なことではない。このため、復興対策マニュアル（内閣府防災担当。平成22年12月）が、施策別、時系列別、部署別対応表とともに作成されている。

　また、東日本大震災の教訓を踏まえ、今後発生が懸念される首都直下地震や南海トラフ巨大地震に備え、予め復興の枠組みや土地利用の特例等を定めた、大規模災害からの復興に関する法律が平成 25 年に制定されている。

（1）罹災証明

　被災者に対する各種の公的支援（税の減免、義捐金配布等）や民間の

保険金の支払い等の前提として、被災した事実を証明することが必要となる。このため、従来、法令上の特段の規定がなく、被災証明に関し定めた防災基本計画を受け、市町村長は事実上罹災証明書の発行を行っていたが、平成25年に災害対策基本法が改正され、市町村長は、被災者から申請があったときは、遅滞なく住家の被害を調査し、被害の程度を証明する書面（罹災証明書）を交付しなければならないとされた（災対法90の2）。

　なお、家屋被害に係る罹災証明は、税の減免、保険金の支払い等の基礎となるため、外観目視による調査で済ますことなく、実地に適切な調査を行う必要があり、被害認定における全壊、半壊等の区分を明確にするとともに、地震や火山噴火災害の場合は、被災原因によっては、保険金の支給の有無、額が異なる場合があるから、被災原因の特定には留意する必要がある。

（2）被災者の居住（場所）の確保

　災害により住宅の被害を受けた被災者にとって、住むべき住宅の確保は、生活の再建を図る上で極めて重要な問題である。

　自宅が全壊又は半壊等した被災者は、先ず避難所等に緊急避難（一時的に避難所から二次避難所としての旅館、ホテルに移ることもある。）をし、次に居住性の問題等から、出来る限り早期に応急仮設住宅（いわゆるみなし仮設の民間賃貸住宅の借上げを含む。）や既存公的住宅の空き室に一時的に移り住み、その後、自宅の再建、災害公営住宅への入居等により、必要な住宅を確保することになる。

　なお、被災者の住宅確保が円滑に進められるよう、応急仮設住宅に係る建設候補地の選定、関係団体との協定の締結等の事前準備や応急仮設住宅の供与方法、仕様等の検討を行い、備えをしておく必要がある。

（3）生活再建と被災者生活再建支援法
① 被災者の生活再建

　大規模な災害により甚大な被害が発生した場合には、人心の安定のためにも、また、被災から力強く立ち上がっていくためにも、被災者の生活再建や地域、市街地の復興を迅速かつ円滑に推進する必要がある。

　被災者の生活再建、生業支援については、一般的には、災害救助法に基づく応急的、一時的な救助（現物支給）が行われた後は、被災者自身が共済保険制度（地震保険、農林水産関係の共済等）に加入していることも含め、被災者の「自助努力」を基本とし、これを支援する観点から、税の減免、電気、電話、ガス等各種公共料金の減免、災害援護資金の貸付や政府関係金融機関及び地方公共団体の災害向け低利融資が実施されることになる。

　なお、被災中小企業者、農林漁業者の支援のため、激甚災害の場合には、中小企業信用保険法による災害関係保証の特例（付保限度額、保険料率、てん補率）、いわゆる天災融資法による貸付の特例（貸付限度額、償還期間）などが認められている。

② 被災者生活再建支援法

　被災者の生活再建に対する考え方の原則が、前述の①のとおり「自助努力」が基本であっても、現実には、住宅が全壊する等、生活基盤に著しい被害を受けた者の中には、経済力が弱く、或いは高齢で自活能力が乏しい等の理由により生活再建が困難な者も存在している。

　これら被災者に対する生活支援について、私有財産制度の下では、個人財産に対する直接的な公金の支出（個人補償）は困難との国の考え方から、災害により死亡した遺族等に対する災害弔慰金及び災害障害見舞金（最高500万円）の支給以外、従前は特別の制度はなく、

従って、雲仙普賢岳噴火災害や北海道南西沖地震、阪神・淡路大震災など大規模な災害の場合に、義捐金を財源とし、或いは、これとともに地方公共団体が独自に自ら基金を設置する等して、きめ細かな上乗せの生活支援が行われてきた。

　しかし、個別の被災した地方公共団体による対応では種々困難があるため、全国知事会等から災害相互支援基金の設置構想が提案され、これを受けて、自然災害で、災害救助法の適用基準に該当する災害等を対象とし、平成10年に都道府県が相互扶助により拠出した基金を活用して支援金を支給（国が2分の1補助）する「被災者生活再建支援法」が制定された（家財道具購入等に必要な経費として最大100万円の支援金を支給）。

　その後、居住安定支援の観点から制度の拡充を図るため、平成16年に一部改正され、災害時に家屋が全・半壊し、解体や大規模補修を必要とした世帯（賃貸住宅入居者を含む）に対し、解体撤去費、ローン利子、家賃等の居住関係費を幅広く支援対象とし、全壊世帯の場合は最大300万円が支給されることになった[註]。

　また、東日本大震災の支援金については、巨額にのぼることから、法律改正により国の補助が50％から80％に引き上げられている。

（註） 国においては、更に、平成16年の集中豪雨災害の実態等を踏まえ、住家の被害認定に関し、床へ土砂が流入し実質的に住めない家屋等も対象にするなど、法の弾力的な運用を行うこととしたが、一部の地方公共団体は、災害や地域の実情を考慮し、更に、法の支給要件に該当しないケースについても、例えば、床上浸水等の場合や、住宅の再建、改修費等も支給対象とするなど、対象範囲の拡大、収入制限の緩和、支給金額の上乗せなど、独自の住宅支援対策を講じている。
　　　　 また、東日本大震災の関係では、被災の状況等に鑑み、手続きの迅速化と運用の改善が図られている。例えば、被害の認定に関し、状況により航空写真等

を活用して全壊と、津波浸水区域で１階天井まで浸水した区域の住宅はすべて全壊と、それぞれ判断して差し支えない簡便な方法を認めるとともに、倒壊した住宅は罹災証明書がなくても写真の添付で申請が可能等としている。また、液状化による住宅被害の認定に関し、基礎、床一体となった傾斜による判定及び住宅の基礎等の潜り込みによる判定が追加されている。

（４）災害復旧事業

　災害により道路、鉄道、電力、ガス、電話、上下水道等のライフラインが被害を受けた場合には、それぞれの施設の管理者が復旧の責任を有している。ライフラインの早期復旧は、被災者の生活再建及び被災地域の経済復旧、復興の最も基本である。

　河川、道路、農林水産施設、学校等の公共施設等の被害については、公共の福祉の確保や農林業の維持を図る観点から、一定の要件に該当する復旧事業には、国が経費の相当額を負担又は補助する制度が設けられており、また、出来る限り迅速な復旧が望まれることから、原則として、直轄事業は２ヶ年、補助事業は３ヶ年で事業を完了させることとしている。

　災害復旧事業の対象は、自然災害によるものであって、一般的な火災など人為的なものによる災害は除かれる。また、復旧は、原形復旧、それが困難な場合は、従前の効用に復することが原則であるが、災害復旧事業のみでは再度災害の防止に十分でない場合には、例外的に、一定計画の下に必要最小限の事業と合併し又は別途調整を図りつつ実施する改良事業（災害関連事業）が制度化されている。

　激甚災害については、前述のように、いわゆる「激甚法」に基づき、公共的な災害復旧事業について国からの特別財政援助がなされる。なお、激甚災害は、中央防災会議に諮った上で、個別の災害ごとに措置の内容とともに、政令で指定される。また、激甚災害は、本来、被害

規模が著しくかつ被害地域が広範囲にわたる災害（通称「本激」と言う。）を対象としているが、災害の態様によっては、全国的にはそれ程の被害ではないが、極めて局地的に大規模な被害となる場合があるので、このような局地激甚災害（通称「局激」と言う。）についても、激甚災害の指定が受けることが出来るようになっている。

　また、災害復旧事業を実施するため大きな財政負担を負う被災地方公共団体については、災害関係の地方債発行が認められるほか、普通交付税の繰上げ交付、災害に伴う特別の財政需要に対する特別交付税措置など、財政運営に支障が生じることのないよう配慮がなされることになっている。

（5）災害復興

　地域の災害からの復興は、そこに居住する住民の生活再建をはじめ、生活基盤となる各種インフラの復旧や地域経済の活性化等広範多岐にわたる総合的なものであるが、これらの中で、地域、市街地の復興については、土地区画整理事業、市街地再開発事業等が実施される。更に、防災上の理由から住宅を集団で移転する場合には、防災集団移転促進事業（一定要件の下に、自治体が行う移転先での新たな土地取得、用地造成等に対し国庫補助等があり、個人負担が大幅に軽減される[註1]。）等が行われることになる。

　ところで、阪神・淡路大震災の地震の正式名称は、「平成7年兵庫県南部地震」であるが、被害規模が大きいことに加え、爾後の復旧、復興施策の推進を考慮し、災害名を「阪神・淡路大震災」と呼称することが閣議了解されるとともに、各種特別措置を緊急に実施するため制定された法律の名称にもこれが使われている。

　このことは、大規模な災害、被害の発生になればなる程、単なる災害復旧にとどまらず、災害復興という、将来を見据えた総合的、全体的な考え方を持って対策に当たる必要があることを示している[註2]。

東日本大震災においても、地震の正式名称は「平成23年東北地方太平洋沖地震」であるが、阪神・淡路大震災の場合と同様に、復旧復興施策の推進に当たり、災害名を「東日本大震災」と呼称することとされた（閣議了解）。また、被災の状況等に鑑み、政府として積極的に復興を推進するため、阪神・淡路大震災の際の各種特別対策、措置に加え、復興基本法の制定、復興庁の設置、更には復興特区制度の創設など、復興に係る特別の枠組みと体制づくりが行われている（第3節2（4）②震災への対応、③復興事業の推進（166頁～167頁）参照）。

（註1）　東日本大震災については、被災者の負担軽減、自治体の財政負担の軽減のため、特例として、集団移転に係る戸数要件の緩和（10戸以上→5戸以上）、住宅建設費等及び住宅用地取得造成費の各限度額の引上げ、公益的施設の用地取得造成費の補助対象化、復興交付金及び震災復興特別交付税による地方負担の解消等が認められている。

（註2）　阪神・淡路大震災においては、①住宅対策については、応急仮設住宅にとどまらず、恒久住宅（復興住宅）、公的賃貸住宅の確保、供給　②被災者の生活再建支援については、既存の社会保障、福祉の制度に加え、又は補完するため、阪神・淡路大震災復興基金による各種のきめ細かな支援事業　③経済、産業の対策については、当面の講ずべき対策とともに、雇用の確保と安定を図り、地域を活性化していくための産業復興　④市街地整備については、被災地の早期かつ秩序ある復興を行うため、「被災市街地復興特別措置法」の制定と、地元の人々の協力、話し合いによるまちづくり、などの施策が強力に推進された。

（6）大規模災害からの復興に関する法律

　阪神・淡路大震災や東日本大震災に見られるように、被害が極めて巨大なものとなれば、災害からの復旧、復興も通常予定された制度や仕組みで対応することは、困難であるばかりでなく、混乱した状況の

表2－4　大規模災害からの復興に関する法律の概要

法律の概要

1　復興に関する組織等
- 復興対策本部の設置
　内閣総理大臣は、大規模災害が発生した場合において、復興を推進するために特別の必要があると認めるときは、内閣府に復興対策本部を設置することができるものとすること。
- 復興基本方針の策定
　政府は、当該災害からの復興のための施策に関する基本的な方針を定めるものとすること。

2　復興計画の作成等
- 大規模災害を受けた市町村が、土地利用の再編などによる円滑かつ迅速な復興を図るため、政府の復興基本方針等に即して、復興計画を作成できるものとすること。
- 大規模災害を受けた都道府県が、復興基本方針に即して、都道府県復興方針を定めることができるものとすること。

3　復興計画等における特別の措置
- 復興計画に関する協議会を設けて、そこでの協議等を経た復興計画を公表することで、土地利用基本計画の変更等をワンストップで処理できるものとすること。
- 復興計画に記載された復興整備事業について、許認可等を緩和する特例を設けること。
- 復興の拠点となる市街地を整備するため一団地の復興拠点、市街地形成施設に関する都市計画を設けること。
- 大規模災害を受けた市町村等からの要請により都道府県等が都市計画の決定等を代行できるものとすること。等

4　災害復旧事業に係る工事の国等による代行
- 大規模災害による被害を受けた地方公共団体を補完するため要請に基づいて、漁港、道路、海岸保全施設、河川等の災害復旧事業について国等が代行できるものとすること。

5　その他
- 国は、大規模災害が発生した場合、特別の必要があると認めるときは、別に法律で定めるところにより、復興のための財政上の措置等を速やかに講ずるものとすること。　等

(出典　内閣府資料)

中でも一刻も早い対応が必要となる。

　このため、東日本大震災の教訓と課題を踏まえ、あらかじめ大規模災害が発生した場合の法的な復興の枠組みを用意しておくため、「大規模災害からの復興に関する法律」が制定された（平成25年）。その内容は、東日本大震災において取られた特別の対応、措置を基本に、①復興対策本部の設置、復興基本方針の策定、②復興計画の作成等、③復興計画における特別の措置、④災害復旧事業に係る工事の国等による代行、⑤その他である（参考─表2−4）。

●第3節　各種災害への対応

1　風水害、土砂災害等

（1）災害の状況と課題

　我が国は、国土の約10％の想定氾濫区域（洪水が氾濫する可能性のある区域）に人口の2分の1、資産の4分の3が集中するとともに、都市の大部分は、洪水時の河川水位より低い位置にあり、頻繁に台風や集中豪雨、高潮等に見舞われ、多くの人的、物的被害が生じている。

　それでも、かつて昭和50年代までは、毎年多数の死者行方不明者を出していたが、それ以降はこれら災害による犠牲者の数は、著しく減少してきた。

　風水害による犠牲者が大きく減少してきたのは、台風や集中豪雨等について、気象衛星やアメダスシステム（降水量や風速等の自動観測を行う地域観測気象システム）を使った観測網の整備により、気象を予測することが可能になったこと、また、雨量及び河川の水位について、遠隔地で自動観測されたデータを無線送信し観測するテレメータシステムによる観測が行われ、洪水予報等に役立てられるようになったこと

等をはじめとして、ソフト、ハードにわたる各般の対策がとられてきたことの効果が大きいと言える。

ところで、人的な犠牲者は、確かに少なくなってきたとは言えるが、しかし、毎年のように、我が国の広い地域で大きな被害が発生しており、また、災害一般に関わる問題や課題は前述（第1節1（2）災害に対する新たな課題（103頁）参照）したが、風水害等については、これらに加えて、次に掲げるような問題や課題も生じてきており、これらに対する対応が重要になっている。

① 気象観測も局地的、ゲリラ的な集中豪雨や豪雪に対しては、現状では未だ、予測の地域的、時間的な精度等において必ずしも十分ではないこと。

② がけ崩れ、地滑り、土石流といった土砂災害により、多くの人的な被害が発生しているが、その原因となる急傾斜地崩壊危険区域、地滑り防止区域等の土砂災害危険箇所が極めて膨大な数（全国的に約53万箇所）にのぼること。また、その中で土砂災害警戒区域に指定されているのは、約35万箇所に止まること。

③ 都市部を襲う短時間の集中強雨により、大量の水が市街地に溢れて冠水、洪水を引き起こし、それが更に地下室、地下街への浸水、ライフラインの破損等により被害の甚大化、都市機能の麻痺という新たな状況（都市型水害）を生じさせていること。なお、近年、この短時間強雨の発生頻度が増加傾向にあることが、懸念される。

④ 避難の勧告、指示、伝達、そして、これに基づく実際の住民の避難が、行政の側では、状況の把握が遅れたり、命令の発動に躊躇があったりして、一方、住民の側では、未だ大したことはない、自分は大丈夫という勝手な思い込み（正常化の偏見。第3章第2節3（3）先手先手の対応（256頁）参照）など、危機意識の問題があり、必ずしも適切に行われているとは言えないこと。

（2）大規模水害対策とソフト面の対応

　人的犠牲者の数が減少したとはいえ、風水害等により、毎年我が国の広い地域で大きな被害が発生している。このため、引き続き、風水害等による被害の軽減に向けて、国土保全施設等のハード面の着実な整備とともに、観測体制や防災気象情報の有効な提供、ハザードマップの作成、避難誘導体制の整備等のソフト面の対策を推進していくことが重要である。

　国土保全施設の整備には、堤防の築造、河道掘削、遊水地、調整地の整備、既存ダムの再開発等があり、計画的に推進して行く必要があるが、これら施設の整備には、多額の費用と長期間を要することから、先ずは、後述するように（第4節2（3）「減災、人的被害の防止を基本とした防災対策」219頁）、減災、人的被害の防止を基本としたソフト面の対策を並行して、進める必要がある。

　具体的には、①情報収集、伝達体制の整備に関して、防災行政無線（同報系など）の整備、②避難体制の整備に関して、迅速かつ的確な避難の勧告、指示と、そのための発令基準の明確化（例えば連続降雨量、時間雨量、河川水位がそれぞれ一定の値を超えるなど）、避難勧告、指示に先立っての避難準備の呼び掛け、いわゆる災害時要援護者に対する行政はもとより、地域全体で避難誘導、安否確認が出来る体制の確立（第2節5（3）避難措置の（註1）135頁参照）、③地域住民への防災、危険に関わる情報の周知と防災意識の高揚等に関して、災害危険箇所の把握とハザードマップの作成・公表（第2節3（2）「実効性ある地域防災計画の策定」122頁及び4（3）「災害リスクの周知と防災意識の高揚」126頁参照）など、地域の実情を踏まえ、各般の施策を講じていく必要がある。

　ところで、首都地域は、政治、行政、経済機能が集積しており、利根川や荒川等の大河川の洪水氾濫、広範囲に広がったゼロメートル地帯への高潮氾濫が発生した場合には、甚大かつ広域的な被害が想定さ

れる。このため、中央防災会議では大規模水害対策に関する専門調査会を設置、検討が行われ、地形や氾濫形態を類型区分し、これら大規模な水害が発生した場合の複数の浸水想定や被害想定（利根川首都圏広域氾濫の場合、被害は、最大で死者約2,600人、孤立者約110万人、浸水面積530k㎡、浸水域人口230万人、床上浸水68万世帯）を平成20年に公表するとともに、「首都圏大規模水害対策大綱」を策定し、迅速な避難行動を促すための対策等を進めている。

（3）土砂災害対策及び都市型水害等への対応

① 土砂災害対策

　土石流、地滑り、崖崩れなどの土砂災害については、昭和63年に中央防災会議で決定された「土砂災害対策推進要綱」に基づき、土砂災害危険箇所の周知徹底をはじめ総合的、効率的な対策を関係省庁、地方公共団体が一体となって進めてきているが、毎年多くの土砂災害が発生し、犠牲者を出している。

　土砂災害危険箇所（土石流、地滑り、急傾斜地の崩壊が発生する恐れがある危険渓流、危険個所。全国に約52万5千箇所）は、各種の法律により区域指定がなされ、崩壊等防止工事のほか、土砂災害を誘発、助長する行為の制限等の措置がとられるが、区域指定は、私権の制限を伴うこと等から必ずしも十分には進んでいない状況にある。

　このため、平成12年に「土砂災害警戒区域等における土砂災害防止対策の推進に関する法律」（土砂災害防止法）が制定され、都道府県は基礎調査を行って、関係市町村長の意見を聴いて、土砂災害警戒区域の指定をすることが出来、指定（約35万箇所）がなされると、市町村は、地域防災計画において、警戒避難体制、災害時要援護者関連施設への情報伝達等について定めるとともに、避難場所等を住民に周知するためハザードマップの作成、住民への配布が義務づけら

れる。また、関係市町村長の意見を聴いて、知事は、より土砂災害の危険性の高い特別警戒区域に指定すると、一定の開発行為の制限、建築物に対する移転勧告等を行うことが出来ることになっている。

しかし、土砂災害警戒区域等の指定や基礎調査がなされていない地域が多く、また、住民に土砂災害の危険性が十分伝わっていないこと等の課題を踏まえ、平成26年8月に広島県で発生した土砂災害（74人の犠牲者）を受け、土砂災害防止法が改正（平成27年1月施行）され、土砂災害警戒区域等の指定を促進させるため、都道府県に対し基礎調査の結果の公表が義務づけられるとともに、基礎調査が適正に行われていない場合には国土交通大臣は是正の要求を行い、また、円滑な避難勧告等の発令に資するため、都道府県知事は、土砂災害警戒情報を市町村へ通知、一般へ周知することが義務づけられる等の対策強化が図られた。

ところで、平成16年の新潟県中越地震や20年の岩手・宮城内陸地震の際には、多数の天然ダム（河道閉塞）が形成され、大規模な土砂災害の発生が懸念されたが、このような場合にも、制度上は、市町村が、住民に対し避難指示を行う役割を担っているが、実際には容易なことではない。

このため、平成23年5月土砂災害防止法が一部改正され、天然ダム、火山噴火に伴う土石流や地滑りによる大規模な土砂災害が急迫している場合、特に高度な専門的知識及び技術が必要な場合は国が、その他の場合は都道府県が緊急調査を行い、被害の想定される区域と時期に関する情報（土砂災害緊急情報）を関係市町村に通知するとともに、一般に周知することになった。これにより、市町村長が、災害対策基本法に基づく住民への避難指示の判断を適切に行うことが、出来るようになった。

平成23年9月の台風第12号における大雨では、三重、奈良、和

歌山の各県を中心に大規模な土砂崩れ、土石流が発生し、多数の死者・行方不明者を出す被害となった。また、奈良県、和歌山県では、大雨に伴う山腹崩壊等により複数の河道閉塞が形成されたため、土砂災害防止法に基づく緊急調査が国により実施され、関係自治体に避難勧告の判断を支援するための情報の提供がなされ、警戒区域の設定等により、住民の地区外への避難が行われた。

② 都市型水害等への対応

依然として後を絶たない中小河川の洪水被害や都市型水害に対処していくため、平成13年6月に水防法が改正されて、平成26年3月現在、(ア) 水防法に基づく洪水予報河川の指定拡充 (417河川。国直轄河川に加え、都道府県管理河川も対象)、(イ) 国及び都道府県知事による浸水想定区域の指定 (1,931河川) 及び公表と洪水ハザードマップの作成、公表 (1,272市町村)、(ウ) 円滑かつ迅速な避難の確保 (市町村は、浸水想定区域ごとに浸水予報の伝達方法、避難場所を定め、住民に周知させる。) などの対策が進められている。

更に、「特定都市河川浸水被害対策法」が平成15年6月に制定され、都市部における浸水被害対策を総合的に推進するため、河川管理者による雨水貯留浸透施設の設置、都市洪水想定区域又は浸水想定区域の指定等のほか、地下街等の所有者又は管理者が浸水時の避難等に関する計画の作成、公表が進められている。

(4) 高潮対策

高潮とは、台風や発達した低気圧に伴って、海岸で海面が異常に高くなる現象であり、気圧低下により或いは強風で海水が海岸に吹き寄せられ、海面が上昇して発生する。特に、満潮時、大潮の時と重なると、潮位が異常に上昇し、高潮により海水が堤防を越え、場合によっては堤防を破堤し、背後地への浸水被害を引き起こす。

高潮の危険な所は、一般に、標高ゼロメートル地帯、湾奥部、河口部等であり、台風に伴う強風が台風の進路に向かって時計の反対回りに吹き込むことから、湾口が南側に面している東京湾、伊勢湾、大阪湾、有明海等は高潮の起こりやすい条件を備えている地域である。昭和34年の伊勢湾台風（死者・行方不明者約5,100人、家屋全壊、流出約44,000戸、半壊約113,000戸等の甚大な被害が発生）では、特に、高潮による被害が大きかった。

　高潮に備え、防潮堤、離岸堤、護岸等の施設整備が進められているが、その整備には、構造的にも財政的にも種々、制約や限界（計画値以上の高潮の発生、老朽化、整備に長期間が必要等）があり、従って、これのみに頼ることは出来ず、台風に関する気象情報や高潮注意報、警報に注意するとともに、市町村長の避難勧告、指示に基づき、高台等への迅速、的確な避難を行うことが重要である。なお、避難に当たっては、高潮の起きるようなときは、多くの場合、大きな台風が襲来している時であり、がけ崩れ、地すべり等の災害が起きやすくなっていることに注意が必要である。

（5）雪害対策

　我が国は、冬季には、日本海側で多量の降雪、積雪となり、雪崩、屋根の雪下ろし中の転落事故や降積雪による都市機能、交通の障害といった雪害が発生している。特に、北陸地方を中心にドカ雪型の異常豪雪となった「昭和38年豪雪」（死者・行方不明者231人）をはじめ、56年及び59年の東北、北陸地方を中心とした豪雪（死者・行方不明者が56年は152人、59年は131人）、「平成18年豪雪」（気象庁による「昭和38年豪雪」以来の命名。死者・行方不明者152人）等は、多数の人的被害とともに、生活、産業活動面に広域的、甚大な被害をもたらした。更に平成26年3月には、関東甲信越地方を中心に記録的な大雪に見舞わ

れ、車両の立ち往生等による道路の通行止め等が相次ぎ、甚大な被害が生じた（最大6,000世帯が孤立等。なお、この豪雪が教訓、契機となり、前述（第2節5（2）災害応急活動の（註5）132頁を参照）のように災対法が改正され、放置車両の除去に関する規定が設けられた。）。

　雪崩対策については、集落を保全対象とした雪崩対策事業の実施、危険箇所の住民への周知徹底、警戒避難体制の強化、適正な土地利用への誘導等が進められている。

　また、「積雪寒冷特別地域における道路交通安全確保に関する特別措置法」に基づき、幹線道路の交通確保のための除雪事業の推進等が行われている。なお、除排雪経費が著しく多額にのぼる地方公共団体には、特別交付税措置がなされる。

　降雪量の多い地域で、産業振興、民生の安定向上のために総合的な対策を必要とする地域は、「豪雪地帯対策特別措置法」に基づき豪雪地帯に指定され（平成27年4月現在、全域指定が10道県、一部地域の指定が14府県の532市町村が指定。国土面積の約51％、全人口の約15％の約2千万人が生活）、そのうち、特に積雪量が多く、積雪により住民生活に著しい支障が生じるおそれのある地域は特別豪雪地帯に指定され（15道県の201市町村）、交通通信の確保、農林業、生活環境施設等の整備など、各種の豪雪地帯対策が講じられている。なお、特別豪雪地帯について、基幹的市町村道整備の道府県代行、公立小中学校等分校校舎等の国庫負担割合の嵩上げが認められている。

2　地震災害

（1）海溝型地震と内陸直下型地震

　地震は、様々な原因で発生するが、大きな被害をもたらす地震としては、我が国が海洋プレートと大陸プレートの境界に位置しているた

図2-7　世界のマグニチュード6以上の震源分布とプレート境界

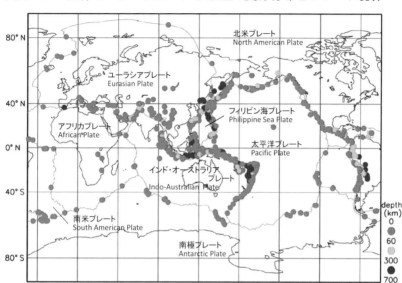

（注）2005年～2014年
（出典：アメリカ地質調査所の震源データをもとに気象庁作成）

図2-8　日本列島とその周辺のプレート

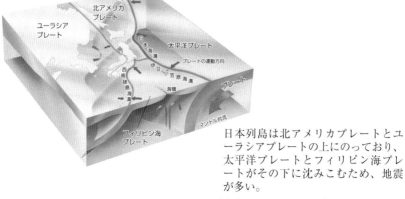

日本列島は北アメリカプレートとユーラシアプレートの上にのっており、太平洋プレートとフィリピン海プレートがその下に沈みこむため、地震が多い。

（出典　Newton 2000年10月号40頁）

め、プレートの衝突・沈み込みにより発生するプレート境界型（海溝型）の巨大地震（数十年から百年単位の周期で起き、地震規模がマグニチュード[註1]8を超える。）と、プレート内部の内陸の活断層が動いて発生するプレート内地震（直下型、内陸型。千年単位の周期で起き、マグニチュード7程度）とに大きく大別される。なお、内陸型地震の例としては、安政江戸地震（1855年）、濃尾地震（1891年）、福井地震（1948年）、兵庫県南部地震（阪神・淡路大震災1995年）等がある。

　地震による被害としては、強い揺れによる建物等の倒壊、火災発生、丘陵地での地滑りや地盤崩壊、液状化、ライフラインの機能障害などが、そしてまた、四方を海に囲まれ、海岸線は入江などにより複雑なため、地震による津波が発生することがあり、これらにより、人的、物的に大きな被害が生じている（過去の主な被害地震については、巻末資料2、324頁参照）[註2]。

（註1）　マグニチュード（M）とは、地震の規模を示す尺度である。マグニチュードと地震のエネルギーには一定の関係があり、マグニチュードが0.2増えると地震のエネルギーは2倍になり、1増えると32倍（2の5乗）、2増えると約1,000倍（2の10乗）になる。なお、一般に、M7以上を大地震、M8以上を巨大地震と呼ぶことがあり、また、M8以上の地震は100年に1度、M7以上は10年に1度、M6以上は1年に1度の頻度で発生すると言われている。

　　　　一方、震度とは、ある場所で計測震度計により観測された地動の強弱、揺れをいう。震度は、0から7（5及び6に強、弱の2区分がある。）まで10段階あり、震度5で亀裂が走る建物が発生、震度6以上で倒壊する建物が発生することがある（震度階級については、巻末資料1、323頁に掲載）。

（註2）　東日本大震災に至るまでの過去に発生した大きな地震災害の例を幾つか簡単に振り返ってみると、先ず、大正12年（1923年）の関東大震災では、地震による建物の倒壊、火災、津波、山崩れ等が各地で発生。死者が14万人、

東京、横浜は大火災に見舞われ、死者の約9割が火災の犠牲となった。

昭和39年の新潟地震では、地盤の液状化による建物等の倒壊、石油タンクの炎上（鎮火まで2週間）などがあり、石油タンクの耐震基準の強化など、各般の防災対策が講じられる契機になった。

昭和53年の宮城県沖地震では、周辺の丘陵地を開発した新興住宅地で多くの被害が発生、その後、昭和56年の建築基準法の改正、新耐震基準の制定等につながった。なお、新耐震基準については、第4節2（3）減災、人的被害の防止を基本とした防災対策の（註1）222頁参照。

昭和58年の日本海中部地震及び平成5年の北海道南西沖地震では、地震発生直後に大津波が押し寄せ、日本海中部地震では死者104人（うち13人は山間部から遠足に来ていた小学生）、北海道南西沖地震では死者230人と、多数の犠牲者が出た。

平成7年の阪神・淡路大震災は、我が国近代都市が初めて体験した直下の地震で、6,436人の死者（行方不明者3人含む。）の発生（そのうち8割以上が建物の倒壊等による圧死）、同時多発火災、交通網の寸断、ライフラインの機能停止等、未曾有の大惨事となった。これを反省、教訓にその後、全国を対象に緊急事業5ケ年計画により地震防災施設等の整備促進を目的とした「地震防災対策特別措置法」が制定されるとともに、個別の震災対策は勿論、広く災害対策、更には、危機管理、災害に強いまちづくり等のため、様々な取り組みが今日まで行われてきている。

平成16年の新潟県中越地震では、交通網の寸断、ライフラインの機能停止により多数の孤立集落が発生し、中山間地域の孤立対策が課題となるとともに、大きな余震が続き、多数の住民の避難が余儀なくされた。

（2）地震の観測と予知

地震に対し適切に対処し被害の防止、軽減を図っていくためには、地震発生の情報を少しでも早く伝え、避難等の応急対応につなげるこ

とが重要であり、また、地震の事前予知、予測が望まれるところである。
① 地震の観測
　地震活動を常時監視し、地震の発生を迅速に伝えるため、気象庁、市町村等の関係機関により全国各地に地震計や震度計が設置され、これらのデータは気象庁に集約され、現在、気象庁から、最大震度５弱以上が予測される場合には緊急地震速報が、さらに発生後２分程度で震度３以上の地域の震度が、５分程度で震源の位置、地震の規模、大きな揺れを観測した市町村の震度が発表されている。
② 地震の予知、予測
　地震予知とは、地震の発生場所、発生時期、規模の３つを地震発生前に予測することであるが、イタリアのラクイラ地震（2009年４月[註]）での地震予知情報を巡る問題や東日本大震災の予見が出来なかったことを受け、日本地震学会では、地震予知の用語の見直しを行い、警報につながる確度が高いものを「地震予知」、確率で表現され日常的に公表可能なものを「地震予測」と定義することにした。現在、プレート境界型の大規模な地震であれば、地震の発生場所や規模は、過去の地震履歴、空白域の存在、活断層の調査等から、かなり正確に予測出来るようになったと言えるが、それでも一番肝心な何時起きるかという具体的な時期については、直前の予知が可能と考えられているのは、いつ起きてもおかしくないとされる東海地震だけである。東海地震を除けば、他は、数十年から百年単位の予測にとどまっている。
　更に、プレート内の地震は、一般に地震の発生間隔が長く、規則性がないため、過去の地震履歴や活断層の調査等が行われているが、未だ予知と言える段階には程遠い状況にあり、また、国内の活断層は、分かっているものだけでも、２千以上存在するとされる。ちなみに、兵庫県南部地震は、発生前に出されていた確率は、30年以

内に0.02%～8%であったと言われ、新潟県中越地震、福岡県西方沖地震は、発生当時、活断層の存在そのものがよく知られておらず、このように、活断層型地震予知の現実の難しさ、厳しさが分かる。

なお、地震調査研究推進本部は、平成28年1月末までに主要な活断層と海溝型地震について、将来の地震発生の可能性の評価を行い、公表している（巻末資料3（325頁）及び資料4（326頁）参照）。

（註） イタリア中部の都市ラクイラで2008年秋から群発地震が発生し市民の不安が高まる中で、地中のラドンガスの異常を見付けた民間の科学者が大地震の危険性をネットで警告し、更に住民の動揺が広がったため、政府の防災担当部局は、地震学者で構成する防災委員会を現地で開催し、「大地震に結びつく可能性は低い」と記者会見で事実上の安全宣言を出した（2009年3月31日）。

しかし、その6日後、M6.3の地震が発生し（309人死亡）、避難せずに犠牲となった者の遺族が、防災担当部局の幹部と地震学者を告発した。2012年11月地方裁判所で学者らに禁固6年の実刑判決（過失致死罪）が出され、控訴審では、2014年11月事前警告については科学者に刑事責任は問えないとして、科学者6人に対し逆転無罪判決が出された（なお、遺族は、最高裁へ上告の方針との新聞報道）。

（3）大規模地震対策の概要と発生が懸念される大規模地震

21世紀前半の発生が確実視されている大規模地震は、以下に述べる東海地震、南海トラフの巨大地震、首都直下地震、日本海溝・千島海溝周辺海溝型地震等である。

これら近い将来の発生が懸念される地震については、東海地震の直前予知を前提とした警戒避難態勢等を定めた大規模地震対策特別措置法をはじめ、観測・測量体制の整備、防災施設の整備、津波からの円滑な避難計画等を定め、それぞれの大規模地震の名称（南海トラフ、首都直下、

日本海溝・千島海溝周辺海溝型)を冠した特別措置法が制定されており、各関係法令に基づき、対策を講ずべき地域の指定、行政機関や民間事業者等による防災対策の推進に係る基本計画の策定等が行われている(註)。

また、中央防災会議において、大規模地震対策のマスタープランである「大規模地震防災・減災対策大綱」(既存の東海、東南海・南海、首都直下、日本海溝・千島海溝周辺海溝型、中部圏・近畿圏直下の各地震対策大綱を統合。平成26年3月策定)とともに、被害想定に基づく減災目標とその達成のための具体目標を定めた「地震防災戦略」、災害発生時に関係機関の取

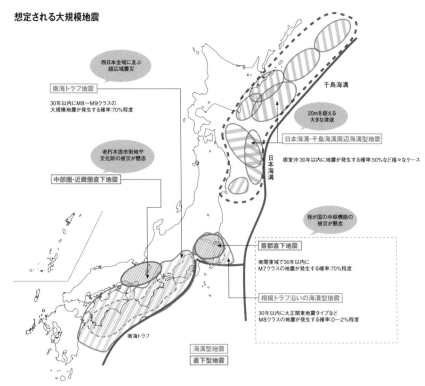

図2-9　想定される大規模地震

内閣府（日本の災害対策）

るべき行動を示した「応急対策に係る具体計画」が策定されている。
　ところで、地震は全国何処でも起きる可能性があり、国においては、（5）以下に記述する大規模地震対策の推進とともに、総合的な地震防災対策を強化するため、平成7年に地震防災対策特別措置法が制定されており、都道府県において作成される地震防災緊急5カ年計画に基づき、避難地、避難路、消防用施設、緊急輸送路、社会福祉施設・公立小中学校等の耐震化及び老朽住宅密集市街地対策等の事業が実施されてきている。
　また、国においては、災害対応の各段階（準備、初動、応急、復旧）において地方公共団体が実施すべき対応を、「地方都市等における地震対応のガイドライン」（平成25年8月）としてまとめている。

（註）　中部圏・近畿圏には多くの活断層があり、次の南海トラフ沿いの大規模地震の発生に向け、地震活動が活発化する可能性が高い活動期に入ったと考えられるとの指摘もあり、大規模な地震が発生した場合の被害は、甚大かつ広範なものとなる可能性がある。
　このため、中央防災会議においては、中部圏・近畿圏直下地震対策として、上町断層帯をはじめ13のタイプの地震について被害想定を行い、これら直下地震に対応するため、平成21年、膨大な被害への対応、木造住宅密集市街地の防災対策、文化遺産の被害軽減等を主な項目とする「中部圏・近畿圏直下地震対策大綱」が策定された。（なお、大規模地震防災・減災対策大綱が平成26年3月に策定されたことに伴い、これに統合）。

（4）東日本大震災
① 　地震と被害の概要
　平成23年3月11日、我が国観測史上最大のM9.0の海溝型地震（名称―平成23年（2011年）東北地方太平洋沖地震。最大震度7）が発生し

表2-5　大規模地震対策の概要

項目	内容	東海地震 地震防災対策強化地域 8都県 157市町村	南海トラフ地震 地震防災対策推進地域 29都府県 707市町村	首都直下地震 緊急対策区域 10都県 310市区町村	日本海溝・千島海溝周辺海溝型地震 地震防災対策推進地域 5道県 117市町村	中部圏・近畿圏直下地震
被害想定	想定地震	東海	南海トラフ	都心南部直下	宮城県沖	上町断層
	死者数（人）	約9,200	約323,000	約23,000	約290	約42,000
	全壊建物数（棟）	約460,000	約2,386,000	約610,000	約21,000	約970,000
	経済的被害（円） （直接・間接被害の合計）	約37兆	約215兆	約95兆	約1.3兆	約74兆
基本法令	・地震予知に資する観測・測量体制の強化 ・直前予知を前提とした警戒避難態勢	大規模地震対策特別措置法（S53）				
	・観測・測量体制の整備努力 ・防災施設の整備、津波からの円滑な避難計画等		南海トラフ地震に係る地震防災対策の推進に関する特別措置法（H25）	首都直下地震対策特別措置法（H25）	日本海溝・千島海溝周辺海溝型地震に係る地震防災対策の推進に関する特別措置法（H16）	
	・避難地、避難路、消防用施設等の整備推進のための国庫補助率嵩上等	地震防災対策強化地域における地震対策緊急整備事業に係る国の財政上の特別措置に関する法律（S55）				
		地震防災対策特別措置法（H7）				
大綱	・大規模地震への防災・減災対策として具体的な施策や今後検討事項となる施策をまとめたもの ・中央防災会議が決定する	大規模地震防災・減災対策大綱　H26.3策定				
基本計画	・各基本法令に基づき作成 ・強化（推進）地域、緊急対策区域の行政機関、民間事業者等が定める応急（対策）計画の基本となるべき事項等を定めたもの ・中央防災会議が決定する （緊急対策推進基本計画は閣議決定）	地震防災基本計画 S55.4策定	推進基本計画 H26.3策定	緊急対策推進基本計画 H26.3策定 H27.3変更	推進基本計画 H18.3策定	－
応急対処方針	・大規模地震・津波災害が発生した際に、政府が実施する災害応急対策活動を示すとともに、関係機関の役割について記載したもの（個々の地震毎に別途具体計画を策定する） ・中央防災会議が決定する	大規模地震・津波災害応急対策対処方針　H26.3策定				

出典　消防白書（H27年版）

第3節 各種災害への対応 165

表2－6 大規模地震防災・減災対策大綱の概要

大規模地震防災・減災対策大綱の概要

東海地震対策大綱 （平成15年12月）	東南海・南海地震対策大綱 （平成15年5月）	首都直下地震対策大綱 （平成17年9月） （平成20年1月修正）	日本海溝・千島海溝周辺海溝型 地震対策大綱 （平成18年2月）	中部圏・近畿圏直下地震 対策大綱 （平成21年4月）

南海トラフ巨大地震対策検討WG
「南海トラフ巨大地震対策について」（最終報告）平成25年5月

これまで策定してきた地震対策大綱を統合
（上記大綱は廃止）

首都直下地震対策検討WG
「首都直下地震の被害想定と対策について」（最終報告） 平成25年12月

大規模地震防災・減災対策大綱（中央防災会議決定）

今後発生するおそれのある大規模地震への対策の減災対策として、
今後の課題として検討すべき施策、個別の具体的な施策を継続的に取りまとめたもの

1．事前防災
(1) 建築物の耐震化等
　①建築物等の耐震化に関する工程表の策定、年度目標
　　①住宅等その他建築物の耐震化の促進
　　②学校施設等の耐震化の促進及び利用
　③公共建築物等の耐震化の促進
　④コンピュータ内の開口部等の安全確保
(2) 火災対策
　①出火防止、初期消火対策の推進、延焼防止対策
　②危険物保管施設等の安全対策
　③情報通信設備の多重化・多元化、予防対策
　④物流・流通業等の安全確保
(3) 津波対策
　①津波に強いまちづくりの推進
　②避難体制の整備、緊急対応

2．災害発生時の効果的な災害応急対策への備え
(1) 災害対応体制整備
　①救助等の防災拠点、緊急輸送物資の円滑化、備蓄対策、応急給水活動
　②非常災害時等への対応
　③原子力施設等への対応
　④緊急輸送のための交通確保、有害物質等の漏洩対策
　⑤医療対策
　⑥EMISを用いた災害医療情報収集体制の充実
　⑦消防力の充実強化
　⑧避難場所の整備、基礎
　⑨交通防災訓練、緊急避難活動、緊急避難活動の体制の充実
　⑩広域防災拠点、緊急物資輸送ネットワークの整備
　⑪仮設トイレ、災害時対応型仮設住宅等の整備

(4) 土砂災害・火山災害への対応
　①ライフライン及びインフラ施設の確保
　②企業活動の維持
　③交通基盤の安全確保
　④地域のための安全な交通確保
　⑤広域連携のための交通基盤等
(5) 長期対策の強化
　①液状化対策
　②石油コンビナート施設等の防災対策
(6) リスクコミュニケーションの充実
(7) 防災教育・防災訓練の充実
(8) ボランティアとの連携

(7) 自然災害への対応
　①迅速な情報収集・通信体制の確保
　②災害時の情報・救急・医療等の対応体制整備
　③災害時の個別医療、救急救命活動
　④ハイブリッドにおける安全確保及び停電対策、バリアフリー化
(15) 防災対策の充実
　①ライフラインにおける防災対策
　②社会秩序の維持
　　①警察の体制整備と治安対策
　　②各種犯罪取締り
　　③水際取締り・密入国の取締り

3．各種災害における混乱の防止
(1) 施設等交通機関の安全確保
　①交通施設の耐震化等の推進、代替化
　②地域の建設業者の確保、放射線被ばくの軽減
　③民間企業の事業継続性の確保
　　①事業継続計画に基づく対策を実行し、それを改善
　　②データのためのバックアップの推進と整備
　　③地方公共団体の業務継続性の強化
(4) 防災の場合の実施する被災すべての業者に、必要な人員、資機材の手配等

4．被災地内外の地域的課題への対応
(1) 地下街、高層ビル、ターミナル駅等の安全確保
(2) ゼロメートル地帯の安全確保
(3) 石油コンビナート地震及び津波の被害の防止
(4) 広域交通網の確保
(5) 立地可能性の高い企業等への対応
(6) 沿岸部における経済活動、物流への対応
(7) 積雪寒冷地特有の問題への対応
(8) 冬期観光客等への対応
(9) 文化財対策
(10) 2020年オリンピック・パラリンピック東京大会に向けた対応
(11) 外国人が安全な避難のための多言語による情報発信

**5．特に考慮すべき二次災害、複合災害、
過酷な事象への対応**
・地震災害後に他の自然災害が複合的に発生する場合を想定し、対策を検討
・巨大地震災害となった場合の広域・甚大な被害分析が必要であることに向けた検討

6．本格復旧・復興
(1) 復興に向けての総合的な検討
(2) 被災者等の生活再建等への支援
(3) 経済の復興

7．対策の効果的な推進
・各種大綱の策定、非難計画に定期的なフォローアップを行う

出典 内閣府資料

た。そのエネルギーは、大正12年の関東大地震（M7.9）の約45倍、平成7年兵庫県南部地震（M7.3）の約1,450倍であり、震源域は南北500km、東西200kmの広範囲に及び、地震に伴い巨大な津波が襲来し、東北地方の太平洋沿岸地域を中心に広範囲に甚大な被害が発生した。なお、最大震度6強をはじめとする余震が多く発生するとともに、余震域の外側の長野県北部等でも震度6強の地震が発生している。

平成24年3月時点で、人的被害は死者16,278人、行方不明者2,994人、負傷者6,179人、住家被害は全壊129,198棟、半壊254,238棟となっており、また、津波に起因しての火災も、大規模な市街地火災284件、危険物施設の被害（火災、流出、破損）3,341施設の外、石油コンビナートの火災や石油流出も発生している。

地震、津波の発生により、避難指示、勧告等が発令され、避難所に避難した者の数は、最大（3月15日）557,015人にのぼった。また、被害額約16.9兆円と推計されている。

更に、地震、津波に伴い、極めて深刻な東電福島原発事故（後述の5（3）197頁参照）が発生するとともに、各地で地盤の液状化被害や交通機関の不通による帰宅困難者が発生、また、電力供給の不足から「計画停電」の実施が行われた。

② 震災への対応

政府においては、地震、津波の発生後、直ちに災害対策基本法に基づき、同法制定以来初めて緊急災害対策本部（本部長総理大臣）を設置するとともに、3月12日宮城県に政府現地対策本部を設置した。なお、地震と津波により発生した福島原発事故に対応するため、3月11日総理大臣は、原子力災害対策特別措置法制定以来初めて原子力緊急事態宣言を発令、原子力災害対策本部及び現地対策本部を設置した。

東日本大震災は、超巨大、広域、複合災害であり、また、被災地

域の多くは財政力の弱い市町村で、中には壊滅的被害を受けた自治体もあり、救助活動、行方不明者の捜索、避難者の支援、被災して行政機能が不十分な自治体に対する広域応援、更には膨大な量（通常の約26年分）に上るガレキの処理等、様々な対応の容易でない問題、課題が生じた(註1)。

このため、官民の協力、協働の下に国を挙げて懸命の、また、前例のない多くの特別の対応がなされて来ているが、政府の意思決定と対応の遅れ、具体的な支援が中々被災者の元に届かない等の問題が指摘された。なお、復旧、復興について、東日本大震災復興基本法の施行及び復興対策本部の設置はそれぞれ平成23年6月24日と同28日、復興基本方針の決定は7月29日、東日本大震災復興特別区域法の成立は12月7日、復興庁の設置は24年2月10日、また、早期復旧に必要な補正予算の成立は、第1次平成23年5月2日、第2次7月25日、第3次11月21日等となっている。

また、東日本大震災を受け、中央防災会議に「東北地方太平洋沖地震を教訓とした地震・津波対策に関する専門調査会が設置され、検討結果を踏まえ、前述のように防災基本計画の修正（第2節2防災基本計画の「参考―防災基本計画修正のポイント」118頁参照）が行われるとともに、消防庁から、地方公共団体の防災体制の緊急点検の実施について通知（第2節3（1）地域防災計画とその見直し修正の註、(121頁) 参照）が出されている。

③　復興事業の推進

政府においては、復興基本方針において、復興期間を10年、事業規模を国、地方を合わせて少なくとも23兆円と見積もり、当初5年間は集中期間と位置づけ19兆円（平成27年度予算段階で26.3兆円程度に拡大）を投入することとし、また、復興需要を賄うための一時的つなぎとして復興債を発行し、その償還のため国民も応分の負

担を行うべく所得税（25年間税額に2.1％上乗せ）、住民税（10年間1,000円引上げ）、法人税（3年間税額の10％の課税。なお、1年間前倒して廃止）の復興増税を行うこととした。

なお、東日本大震災の復興に要する事業規模の大きさと併せて、震災を教訓に全国的に緊急に実施する必要がある防災、減災のための緊急震災対策事業が、上述の事業規模の中に盛り込まれ、予算化されていることが、関係者以外にあまり認識されてなく、後に復興予算の流用、転用といった誤解や不適切な事例もあり、一部に批判を招いたが、本来は、これは、いわば事業費枠、予算枠の先取りの意味があるとともに、復興事業が、切迫性の高まっている大規模地震対策の実施に支障がないよう配慮したものと思われ、画期的なものといえる。

更に、復興特別区域法により、各種規制、手続きの特例や税財政金融上の支援を行うこととし、また、集団移転、土地区画整理、災害公営住宅の整備等については、復興交付金制度、復興特別交付税制度を設け、地方負担ゼロで自治体が主体的、自主的に事業を推進出来るようにしている。

このような復興に対する政府の基本的な考え方、施策、措置は、対応の遅さの憾みはあるものの、これまで全く例のない、かなり思い切った内容のあるものと評価されてよく、引き続き、自治体、地域と緊密な連携の下に、事業の推進が図られることが期待される[註2]。

（註1） 被災自治体の中には、庁舎等が損壊、多くの職員が被災する一方、残った職員が膨大な災害対応業務を抱え、機能不全となるところも多く、これに対し、全国の自治体から、被災住民の広域的避難の受入れは勿論、専門経験を有する職員の派遣等、種々様々な行政支援が行われた。

その形態は、相互応援協定に基づくものや、総務省や知事会、市長会等の

仲介によるもの等の外、関西の府県等で構成する関西広域連合は、各府県ごとに被災県に対する支援の責任分担を決め、効率的な支援を行っている。これは、中国四川大地震の際に、内陸部の被災した都市を沿岸部の都市が支援を行った対口（タイコー）支援を彷彿させる面もあるが、自治体相互の支援の仕組みとして注目される。なお、中国では、元々、パートナーシップを組んで、豊かな沿岸部が貧しい内陸部を継続的に支援する仕組み（対口支援、ペアリング支援）があり、互いに競い合うことで成果が上がる副次的な効果もあると言われている。

(註2) 集中復興期間後の後期復興期間（28年度―32年度）の復興事業について、国は、再増税せず主に歳出削減や税の自然増収で賄い、高台移転等の基幹事業は全額国庫負担を維持する一方、地域振興策等の全国共通の課題へ対応する事業は、自治体に一部負担（地方負担の5％＝各事業費の1～3％）を求める考えとされる。

なお、新たなフレーム（23年度～32年度の復興期間）の全体事業費は32兆円程度とされる。

（5）東海地震対策

東海地震については、地震の直前予知がなされたときに「警戒宣言」を合図にして、関係者協力して一斉に地震防災活動をとることとし[註1]、俗に言われるように予知の「空振り」があっても「見逃し」はしないことを前提にして、昭和53年に、世界にも未だ例がない「大規模地震対策特別措置法」が制定された。また、昭和55年に地震防災対策強化地域における地震対策緊急整備事業に係る国の財政上の特別措置に関する法律（いわゆる地震財特法）が制定された。

そして、平成22年4月現在、大規模地震対策特別措置法に基づき、静岡県をはじめ8都県160市町村（平成14年4月、新たな想定震源域及び地震動、津波発生地域等を検討した結果、地域が拡大されている。）が地震防災

対策強化地域（震度6弱以上又は高さ3m以上の津波が20分以内で来襲するおそれがある等の地域）に指定されている。また、避難地や避難路等の地震防災施設の整備、警戒宣言発令時の応急対策に関する地震防災強化計画の策定等とともに、観測を強化し地震予知に万全を期している(註2)。

また、平成15年3月に中央防災会議に「東海地震に係る被害想定」(註3)が報告、公表され、同年5月、中央防災会議は、東海地震全体のマスタープランとして「東海地震対策大綱（大規模地震防災・減災対策大綱に統合。平成26年3月）」を決定した。これらを踏まえた関係機関による的確な対応を推進して行く必要があるが、「大綱」の主な内容は、①被害軽減のため、地震ハザードマップの作成、耐震診断、耐震補強の実施など緊急耐震化対策の実施、②住民、企業、NPO等の主体的な参加、連携による地域における災害対応力の強化、③警戒宣言前からの的確な対応、④災害発生時における救助、救急、医療、消火、輸送の活動等の広域的防災体制の確立である。

(註1)　警戒宣言が発令されると、地震防災強化計画等に基づき、強化地域や震度5以上の揺れが想定される隣接地域では、地震による特に人的被害を軽減するため、危険地域の住民の避難、交通規制や学校の臨時休校等の措置がとられ、日常生活や経済活動が制限されることになる。

強化地域について、一例を挙げると、①鉄道は、在来線、新幹線とも最寄りの駅まで徐行運転し、停止　②道路は、強化地域への車の進入禁止、速度規制（一般道は時速20km、高速道は40km）、緊急輸送路の交通規制、③学校は、閉校、児童生徒は、直ちに帰宅するか、保護者に引き渡し　④デパート、スーパー等は通常の営業等を中止、などである。

なお、最近では、社会的、経済的に大きい影響を考慮し、一律的な規制を行うことなく、震災対策の進展等を勘案し、また、生活必需品の確保、生活機能の維持の観点から、耐震性等安全が確保されている病院、店舗等につい

ては、出来る限り業務を継続するようにとの考え方に変わってきている。

(註2) 平成15年7月、東海地震に係る気象庁からの情報発表の仕方の見直しがなされた。それは、東海地震の観測、監視能力が向上し、プレスリップ（前兆的なすべり現象）に沿った現象が観測されている場合には、最近の科学的知見を踏まえ、「警戒宣言」よりも前に今後の推移について説明可能な段階が設定出来るとの考えから、これまで防災関係機関の準備行動のきっかけとして位置づけられていた「判定会召集連絡報」を廃止し、これに替え、東海地震の前兆現象が高まったと認められた場合に「東海地震注意情報」を発表することにしたものである。

政府は、この情報を基に準備行動開始の意思決定と公表を行い、また、地方公共団体や防災関係機関においても、日常の社会生活や経済活動の維持、継続に配慮しつつ、警戒宣言時の地震防災応急対策の円滑な実施のための準

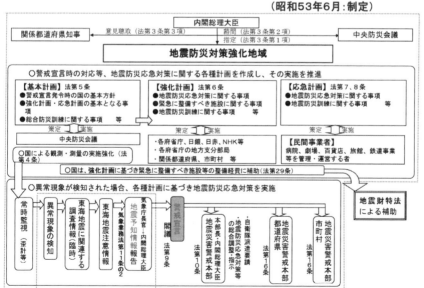

図2-10　大規模地震対策特別措置法

（昭和53年6月：制定）

防災白書（平成26年版）

備的行為を行うことになる。

　なお、東海地震注意情報発表後は、これまでと同様、総理大臣が地震防災応急対策を実施する必要があると認めるときは、閣議にかけて「警戒宣言」が出されることになる。

(註3)　被害想定の主な内容は、複数のケースで異なるが、そのうち、最大は、死者約9,200人、建物全壊、焼失約46万棟、経済被害37兆円、地震発生1週間後の避難者190万人等である。なお、地震予知情報がある場合は、それぞれ2,300人、29万棟、31兆円に減少する。

　また、警戒宣言時の1日当たりの経済的影響額は、警戒避難体制への移行、強化地域内の産業活動の停止等に伴い、波及額(関係する地域や業種への波及)を含め、1,700億円とされている。

(6) 南海トラフ地震対策

① 被害想定と南海トラフ地震対策特別措置法

　駿河湾から遠州灘、熊野灘、四国沖を経て日向灘に至る南海トラフ沿いの地域では、100年～150年の周期で大規模地震が繰り返し発生しており、既に東海地震の領域は発生から160年経過し、切迫性が指摘され、また、東南海・南海地震は、前回地震から既に60年以上経過し、今世紀前半にも大規模地震の発生が懸念されている。

　このため、従来、地震発生の切迫性等の違いから、東海地震、東南海・南海地震としてそれぞれ計画を策定し、個別に対策が進められてきたが、東日本大震災の教訓を踏まえ、今後の想定地震・津波の考え方として、「あらゆる可能性を考慮した最大クラスの巨大地震・津波」を想定することとされ、これにより、南海トラフで発生する最大クラスの巨大地震の地震動、津波高の推計がなされ、平成25年5月被害想定と対策の方向性を内容とする最終報告書がとりまとめられた。

被害想定では、死者は最大で約323千人、このうち津波による死者が230千人にも及び、資産等の被害は約170兆円、生産・サービス低下の影響は約45兆円と想定されるが、事前に対策を講じること等により、大幅に被害を減じることができるとされている。

　被害想定の公表を受けて、最大の課題である津波避難対策をはじめハード・ソフトの両面から総合的な地震防災対策の推進を図るため、平成25年11月法律の改正（東南海・南海地震に係る地震防災対策の推進に関する特別措置法→南海トラフ地震に係る地震防災対策の推進に関する特別措置法（以下「南海トラフ地震対策特別法」という。）が行われ、対象地震が南海トラフ地震に拡大されるとともに、津波避難対策を充実、強化するための財政上の特別措置等が追加された。

② 地震防災対策推進地域及び津波避難対策特別強化地域
　平成26年3月南海トラフ地震対策特別法に基づき、地震防災対

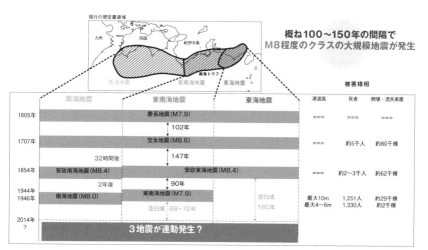

図2-11　南海トラフ沿いで発生する大規模な地震

内閣府（日本の災害対策）

策を推進すべき地域として、南海トラフ地震防災対策推進地域（1都2府26県707市町村）が、また、推進地域のうち、津波避難対策を特別に強化する地域を、地震津波避難対策特別強化地域（1都13県139市町村）として指定(註)された。

③　地震防災対策推進基本計画

　平成26年3月南海トラフ地震対策特別法に基づき、南海トラフ地震防災対策推進基本計画が中央防災会議において決定された。基本計画では、基本的な方針として、極めて広域にわたり強い揺れと巨大な津波が発生する等の地震の特徴を踏まえ、国、地方公共団体、事業者、住民等が連携し、計画的かつ速やかにハードとソフトを組み合わせた総合的な防災対策を推進することとし、また、この方針を踏まえ、今後10年間で達成すべき減災目標を、死者数を概ね8割以上、建物被害を概ね5割以上減少させることとし、建築物の耐震化・不燃化や津波ハザードマップの作成、地域コミュニティの防災力の向上といった目標を達成するための具体的な施策をその目標及び達成期間とともに示している（第4節2（4）成果重視の防災行政に向けて（224頁）を参照」）。

④　応急対策活動計画

　平成27年3月南海トラフ地震における具体的な応急対策活動に関する計画が、中央防災会議幹事会で決定され、被害想定に基づき、国が実施する災害応急対策に係る緊急輸送ルート、救助・救急、消火活動等、医療活動、物資調達、燃料供給及び防災拠点に関する活動内容を具体的に定めたものである。

(註)　被害想定を行う上で設定した地震モデル（11ケース）について、それぞれの地震が発生した場合、南海トラフ地震防災対策推進地域は、①震度6弱以上となる地域、②津波高3m以上で海岸堤防が低い地域、③広域防災体制の一体

第3節 各種災害への対応

表2-7 南海トラフ地震防災対策推進基本計画の概要

第1章 南海トラフ地震防災対策推進基本計画の円滑かつ迅速な推進の達成に関する基本的な方針

予断を持たずに最悪の事態を念頭において、国、地方公共団体、民間事業者、地域住民等、様々な主体が連携をとって、計画的かつ速やかに以下1～9の防災対策を推進することが重要で被害の軽減を図ることが重要

第2章 南海トラフ地震防災対策の推進に関する基本的方針

南海トラフ地震の特徴を踏まえ、国、地方公共団体、民間事業者、地域住民等、様々な主体が連携をとって、計画的かつ速やかに以下1～9の防災対策を推進

【南海トラフ地震の特徴】
① 1～2分にわたり巨大な揺れ・津波が発生
② 津波の到達時間が極めて短い地域が存在
③ 時間差をおいて複数の地震が発生する可能性
④ 1～3分からその後数十分間広範かつ長く
⑤ 想定される最大規模の地震となった場合、被害の範囲は広域的かつ甚大で定まった想定地震とできない大規模災害の被害が発生

第3章 南海トラフ地震防災対策推進の基本的な施策

第2章の基本的方針を踏まえて、以下1～7の施策を実施。併せて、各施策に係る具体的目標及びその達成期間を設定

【減災目標（今後10年間）】
想定される死者数 約33万2千人 から 概ね8割以上減少
想定される全壊棟数 約250万棟 から 概ね5割以上減少

1. 地震対策
 ① 建築物の耐震化 ② 火災対策 ③ 土砂災害・地盤災害・液状化対策 ④ ライフライン・インフラ等の耐震化等
2. 津波対策
 ① 津波に強い地域構造の構築 ② 安全で安心な避難の確保
3. 総合的な防災体制
 ① 防災訓練・防災教育の充実 ② ボランティアとの連携 ③ 総合的な防災力の向上 ④ 長周期地震動対策
4. 災害発生時の対応に係る活動の備え
 ① 救急救助応急対策 ② 救助・救急・消火活動 ③ 医療対策
 ④ 緊急輸送のための交通の確保 ⑤ 水・食料、生活必需品等の物資
 ⑥ 燃料の供給確保の対策 ⑦ ライフライン・インフラの復旧対策
 ⑧ 帰宅困難者への対策 ⑨ 災害情報の提供
 ⑨ 社会経済の安定 ⑩ 民間企業の事業継続性の確保 ⑪ 広域連携・支援体制の確立
5. 被災地以外の地域への備え
 災害廃棄物の処理 道路復旧の迅速化 避難生活の対策
6. 多様な災害発生の防止
 高圧ガス、石油、ターミナル駅等の安全確保 高潮、地下街、百貨店、ゼロメートル地帯の安全確保 孤立可能性の高い集落等の防災対策
7. 様々な地域的課題への対応
 安全確保 沿岸地域における海岸事業・物流への支障の防止及び復旧体制の強化 文化財の防災対策

第4章 南海トラフ地震が発生した場合の災害応急対策の実施に関する基本的方針

発災直後、南海トラフ地震の特徴を踏まえ、以下1～12に留意して災害応急対策を推進

1. 迅速な被害情報の把握
2. 津波からの緊急避難等への対応
3. 原子力事業所等への対応
4. 救助・救急、緊急輸送のための交通の確保
5. 津波災害時の医療
6. 膨大な避難者等への医療活動
7. 物資の絶対的不足への対応
8. 膨大な避難者等への対応
9. 国内外への適切な情報提供
10. 施設・設備の二次被害対策
11. ライフライン・インフラの復旧対策
12. 広域応援体制の確立

第5章 南海トラフ地震防災対策推進計画の基本となるべき事項

指定行政機関及び指定公共機関等が定する業務計画及び地方公共団体において、関係者間での情報伝達、津波避難ビル等避難施設、避難経路等整備するべき避難路等について定め、具体的な目標及びその達成期間を定める

1. 地震防災上緊急に整備すべき施設等に関する事項
（建築物、構造物の耐震化、津波避難施設、避難経路等）
2. 津波からの防護、円滑な避難の確保及び救助に関する事項
（1）津波からの防護（津波堤、水門等の管理、自動化、補強等の推進並びに定める）
（2）円滑な避難の確保（地域の取組）地域情報伝達、避難行動の確保、関係機関のとりくみ、避難施設等（消防機関による救助・救援活動等体制を定める）
（3）迅速な救助
3. 関係者との連携協力の確保に関する事項
（資機材、人員等の応援手配、物資の備蓄・調達、居住者等の協力・参加等体制）
4. 防災訓練に関する事項
（地震防災上必要な教育及び広報に関する事項）
5. 地震防災上必要な教育及び広報に関する事項
（地震・津波災害時における円滑な避難、情報の確保、広域応援を含む）
6. 津波避難対策緊急事業計画に関する基本となるべき事項
（津波浸水想定区域において定める津波避難対策緊急事業計画の推進に関する基本的な方針及び目標・達成期間を定める）

第6章 推進地域内の円滑な防災対策の確保、事業者等が定める対策計画に記載すべき事項

1. 対策計画を作成して津波災害を防ぐ関係施設管理者、事業者等が定める対策計画に記載すべき事項
 標高30cm以上の浸水が想定される区域に立地する病院、劇場、百貨店等多数の者が出入りする施設を管理・運営する者
 石油等の製造、貯蔵、処理又は取扱いを行う施設を管理・運営する者
 一般乗客の運送を行う鉄道事業者
 社会福祉施設を管理・運営する者
 水道、電気、ガス、通信及び放送事業関係者 等
2. 津波避難の円滑な連絡の確保に関する事項
3. 防災訓練に関する事項
4. 地震防災上必要な教育及び広報に関する事項

出典 内閣府資料（H27年版防災白書）

性の確保、過去の被災履歴への配慮の観点から指定が望ましい地域、また、地震津波避難対策特別強化地域は、①津波により30cm以上の浸水が地震発生から30分以内に生じる地域、②特別強化地域の候補市町村に挟まれた沿岸市町村、③同一府県内における津波避難対策の一体性の確保の観点から指定が望ましい地域、のいずれかに該当する地域である。

（7）日本海溝・千島海溝周辺海溝型地震対策

　千葉県東方沖から三陸沖にかけての日本海溝、三陸沖から十勝沖を経て択捉島沖にかけての千島海溝周辺では、これまで大津波を伴うM7からM8クラスの大規模地震（明治三陸地震津波、宮城県沖地震等）が数多く発生している。

　このため、平成16年に「日本海溝・千島海溝周辺海溝型地震に係る地震防災対策の推進に関する特別措置法」が議員立法により制定されるとともに、18年に地震防災対策推進地域の指定（平成26年4月現在1道4県117市町村）、推進基本計画の策定等が、更に、大規模地震防災・減災対策大綱及び大規模地震・津波災害応急対策対処方針（従前の地震対策大綱、応急対策活動要領が、他の大規模地震対策とともに一つに統合されたもの。平成26年3月策定）に基づき、地震防災対策の強化が図られている。

（8）首都直下地震対策
① 被害想定等

　南関東地域は、人口、諸機能の集積が著しく、大規模な地震が発生した場合には、被害が甚大かつ広範なものとなるおそれがある。相模トラフ沿いではプレート境界で発生する海溝型の大規模地震（M8クラス）が200～400年の間隔で発生し、直近の大正関東地震から90年経過していること、また、元禄関東地震タイプの地震も

しくは最大クラスの地震は2000年〜3000年の間隔で発生し、直近のものは約300年前の元禄関東地震によるものであることから、防災、減災対策の対象とする地震は、これらの海溝型大規模地震の間に発生する切迫性の高いM7クラスの首都直下地震とされている。

なお、地震調査研究推進本部の地震調査委員会によると、南関東でのM7程度の地震が今後30年以内に起きる確率は、70％程度とされる。また、直下の地震は、予知が非常に難しく、また、想定される震源域を1つに特定出来ないこと等がその特徴とされる。

このため、これまで中央防災会議で決定された「首都直下地震対策大綱」（平成17年9月）、「首都直下地震の地震防災戦略」（平成18年4月）等を基に各種施策が推進されてきたが、東日本大震災の教訓を踏まえ、平成25年11月首都直下地震対策特別措置法が制定（議員立法）され、また、中央防災会議首都直下地震対策検討ワーキンググループにより、被害想定と対策の方向性を内容とする報告書が平成25年12月とりまとめられた。

報告書では、M7クラス、19パターンの地震のうち、被害が最も大きく首都中枢機能への影響が大きいと考えられる都心南部直下地震（M7.3を想定）が発生した場合、最大で死者約23千人、要救助者約72千人、全壊・焼失家屋約61万棟にも及び、資産等の被害は47兆円、生産・サービス低下の影響は約48兆円と想定されている。

② 首都直下地震対策特別措置法

首都直下地震対策特別措置法の制定に伴い、平成26年3月、首都中枢機能の維持及び滞在者等の安全確保を図るべき地区（首都中枢機能維持基盤整備地区。千代田区、中央区、港区及び新宿区）が指定されるとともに、首都直下地震緊急対策区域（震度6弱以上の地域、津波高3m以上で海岸堤防が低い地域、広域防災体制の一体性確保や過去の被災履歴等から指定が望ましい地域。平成27年3月現在1都9県309市町村）が指定され、

併せて、緊急対策推進基本計画及び政府業務継続計画(註)が作成された。地方公共団体においても、特別措置法に基づき必要な計画を策定し、国、関係機関、事業者、住民等が一体となって首都直下地震対策の推進を図ることとされている。

緊急対策推進基本計画では、首都中枢機能の継続性の確保が必要不可欠であること、被害は甚大であるものの、予防対策・応急対策で被害を大きく減少させることが可能であり、計画的・戦略的に対策を実施することが必要としている。

対策の基本的な考え方は、(ア) 首都中枢機関の業務継続体制の構築とそれを支えるライフライン及びインフラの維持、(イ) あらゆる対策の大前提としての耐震化と火災対策、深刻な道路交通麻痺対策、膨大な数の避難者と帰宅困難者対策等、(ウ) 社会のあらゆる構成員が連携した自助、共助、公助による対策の推進、(エ) 2020年のオリンピック・パラリンピックに向けた対応等が示されている。

また、同計画には、平成27年3月閣議決定により、期限を定めた定量的な減災目標を設定するとともに、当該目標を達成するための施策について、具体的には、平成27年度から今後10年間で、想定される最大の死者数を約23千人から概ね半減、最大の建築全壊・焼失棟数を約61万棟から概ね半減させ、このため、住宅の耐震化、感電ブレーカー等の設置促進を図るなどが盛り込まれている（第4節2(4)成果重視の防災行政に向けて（224頁）参照）。

③ 避難者、帰宅困難者対策

従来から指摘されている多くの課題がある中で、新たに首都直下地震時において、膨大な数の避難者と、交通機関が不通となって帰宅出来ない約650万人と見込まれるいわゆる帰宅困難者対策が、緊急の課題となっている（なお、東日本大震災においても、首都圏全体で推計515万人の帰宅困難者が発生した。）。

避難者対策として、公的施設・民間施設の避難所への活用、広域的な避難体制の整備、民間賃貸住宅の応急住宅への活用等が、また、帰宅困難者対策として、発災直後の一斉帰宅による混乱等を防ぐため、翌日帰宅・時差帰宅の促進、駅周辺の混乱防止対策等が、更に両方に共通するものとして、飲料水やトイレ等の提供、混雑情報等の収集及び提供、企業や学校施設の避難者、帰宅困難者への対応等を推進して行く必要がある。このため、東京都においては、震災直後はむやみに移動しない、帰宅抑制を原則として、駅、デパート等も一時滞在施設として指定、利用者の保護を求めるとともに、企業等に対し、３日分の飲料水、食糧、毛布等の備蓄を義務づける条例を制定している。

図２－12　相模トラフ沿い地震発生履歴

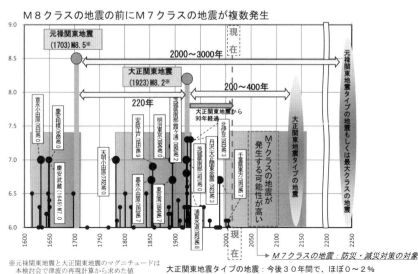

出典　内閣府資料（平成27年版防災白書）

表2−8　首都直下地震緊急対策推進基本計画の概要

1. 緊急対策区域における緊急対策の継続的な確保は必要不可欠
○ 緊急対策中枢機能の障害は災害応急対策に大きな支障を来すおそれ ・首都中枢機能を支えるライフライン及びインフラの維持 ・首都中枢機能を支えるライフライン及びインフラの維持 加えて、我が国全体の国民生活や経済活動にも支障が生じるおそれ

2. 緊急対策区域における緊急対策の円滑かつ迅速な推進の意義に関する事項	○予防対策・応急対策で被害を大きく減少させることが可能 ・耐震化等で全壊棟数・死者数が約9割減、 感震ブレーカー等の設置等や初期消火成功率の 向上等で焼失棟数・死者数が9割以上減	予防対策・応急対策の 計画的・戦略的な実施
(1) 首都中枢機能の確保 ・首都中枢機能の業務継続体制の構築 ・首都中枢機能を支えるライフライン及びインフラの維持 (2) 膨大な人的・物的被害への対応 ・あらゆる対策の大前提としての耐震化と火災対策、深夜対策と道路交通麻痺対策等 ・膨大な数の避難者・帰宅困難者	(3) 地方公共団体への支援等 ・国は、調査研究成果を始めとする各種情報の提供、助言等を実施 (4) 企業のあらゆる対策に関しての自助（共助）による対策の推進 ・社会全体での首都直下地震対策の推進 (5) 2020年オリンピック・パラリンピック東京大会に向けた対応 ・外国人観光客の避難誘導対策や安心して大会に参加・観戦できるよう取組強化	

3. 首都直下地震が発生した場合における首都中枢機能の維持に関する事項
(1) 首都中枢機能の維持を図るための諸施策に関する基本的な事項 ・首都中枢機能及び首都直下地震等に関し、政治中枢（国会、中央省庁）、首都行政、経済中枢（日本銀行、中央銀行等）等、それぞれ機能目標を設定 ・首都中枢機能の機能低下を最小限にとどめるため、執務環境の確保に必要な資源の確保について緊急対策実施計画に定める。 ・政府全体としての業務継続体制の整備：非常時優先業務の実施に必要な資源の確保に係る基本体制、執務環境の確保について緊急対策実施計画に定める。 ・金融経済活動機能の継続性への備え
(2) 首都中枢機能の全都的な機能を維持することが困難となった場合における当該中枢機能の一時的な代替等に関する基本的な事項 ・政府代替拠点の検討、代替庁舎の確保等
(3) ライフライン及びインフラの維持に係る施策に関する基本的な事項 ・ライフライン及び情報通信インフラの機能低下を最小限化と早期復旧体制の整備等
(4) 緊急輸送を確保するために必要な道路、港湾その他の施設の維持に係る施策に関する基本的な事項 ・施設の耐震化や早期の道路啓開、復旧体制の整備等
(5) その他 ・各主体が実務検討計画を作成・見直し

4. 5. 6. 法に基づく各種計画に係る事項
4. 首都中枢機能維持基盤整備等地区の指定及び 基盤整備計画の認定等 ・首都中枢機能維持基盤整備等地区の指定のあり方 ・地方公共団体が作成する緊急状況に応じた被災対策等を勘案した緊急整備等計画の認定
5. 地方緊急対策実施計画の認定等 ・都県知事が作成する地方緊急対策方策実施計画及び災害応急対策等、災害 ・記載すべき事項、住民の意向等への対応
6. 特定緊急対策事業推進計画の認定等 ・地方公共団体が作成する特定緊急対策事業推進 計画の認定基準

7. 緊急対策区域における緊急対策の円滑かつ迅速な推進に関し政府が講ずべき措置
(1) 首都直下地震応急対策活動の啓発活動 (2) 膨大な人的・物的被害への対応 ①計画的かつ具体的予防策の推進 ・出火防止対策、発災時の速やかな初期消火、延焼被害の抑制的対策等 ・ライフライン（電気・ガス・上下水道・通信等）の耐震化、発災時の速やかな機能回復 ・燃料の供給確保 ・交通インフラ（河川、海岸堤防等）の耐震化 ・その他（集客施設・原子力事業所・石油コンビナート地区の安全規制等）	②津波対策 ③円滑かつ迅速な災害応急対策、災害復旧・復興への推進 ・災害応急対策体制の整備 ・市街地火災への対応 ・膨大な数の避難者・被災者 ・広域連携による応急対策の推進 ・物資の輸送対応困難 ・的確な情報の発信、発信 ・多様な発生事態への対応	(2) 災害対策基本法に規定する防災計画との関係 ④各個人の防災対策等啓発活動 ・適切な避難行動、直面の利用抑制等、備蓄等 ⑤企業活動等への関与 ・事業継続計画の作成、地域貢献等 (3) 2020年オリンピック・パラリンピック東京大会に 向けた対応 ・膨大な数の外国人観光客の避難誘導等 (4) 長期的被害影響への中長期の影響等の ・高層建築物の影響等への検討

8. その他
(1) 計画の効果的な推進　→3. 参照　別途応急対策の具体的な計画を作成

出典　内閣府資料　（H27年版防災白書）

(註) 政府業務継続計画は、首都直下地震が発生した場合、政府として業務を円滑に継続するために必要な執行体制、執務環境を定めており、具体的には、地震発生時、管理事務を担当する職員を含め職員が速やかに中央省庁の庁舎に参集し、外部からの補給なしで1週間常駐して交代で非常時優先業務が円滑に実施できるようにするもので、これを各省庁の業務継続計画に定め、また、非常時優先業務の精査を行い、実効性あるものにしていくこととされている。

3 津波災害

(1) 津波の特性

我が国は、周囲を海に囲まれ、過去には、明治三陸地震津波（明治29年）、昭和三陸地震津波（昭和8年）、日本海中部地震（昭和58年）、北海道南西沖地震（平成5年）等により、大きな津波被害が発生しており、世界の中でも代表的な津波国であり、tunamiという単語は国際語になっている。なお、消防庁において、津波避難に係る標準的図記号として、「津波注意」、「津波避難場所」、「津波避難ビル」の3種の図記号を決定（平成17年度）しているが、これらの記号は、平成20年7月に国際規格化（ISO化）、21年3月JIS（日本工業規格）されている（参考 図2－13）。

図2－13 ISOにより国際標準化が決定した「津波に関する統一標識」の図記号（ISO20712-1:2008）

津波注意

津波避難場所

津波避難ビル

津波は、海底での火山噴火や地すべりに伴い発生する津波も稀にあるが(註)、多くは大地震により起きる。津波の規模は、通常地震の規模に比例するが、震源の深さや地震の起こり方等にも影響され、津波の押し寄せる速さは、外洋では時速700〜800km、海岸近くの浅い所でも70km程度に達すると言われている。また、陸地近くで発生した地震による津波は、短時間のうちに到達する一方、昭和35年のチリ地震津波のように、南米チリ沖で発生した地震による津波が、地震から約22時間経って三陸地方を襲い、大被害をもたらした例もある。

　なお、津波の高さについては、海岸の波打ち際での津波の高さ（波高）と陸上で到達した地点の高さ（遡上高）とがあるが、一般に、津波の高さが20cm（津波注意報が出される高さ）を超えると流速が0.3m／秒を超えて体が浮き同時に横方向に押され、50cmでも船舶や木材が漂流しその直撃を受け、また、木造家屋は1mを超えると部分破壊、2mで全面破壊される例が多くなると言われている。まさに津波は、波長が数kmから数百kmと長く連なった巨大な海水の塊となって襲って来るもので、一切の物を破壊し、また、引く時は、ガレキとなった漂流物を海中に引き込んでしまうものである。

　また、湾、海底の地形により津波が増幅され、場所によりかなり高くなること、第1波よりも後続の波の方が高くなることもあることに、更に、地震の揺れの後必ずしも引き波があってから津波（押し波）が来るとは限らないことに注意する必要がある。

（註）　海底での火山噴火ではないが、1792年の雲仙岳噴火災害においては、眉山崩壊、火山泥流により有明海に噴火津波が発生、泥流と大津波で死者約15,000人の被害が生じ、我が国有史以来の最大噴火災害となった。なお、津波による死者は対岸に多く発生したことから、俗に「島原大変、肥後迷惑」と言われた。

（2）津波対策
① 津波警報等と迅速な避難

　地震に伴う津波の発生が予想されるときは、気象庁から津波予報が発表される。津波予報には、津波注意報と津波警報とがあり、更に津波警報には、大津波と津波とがある(註)。

　気象庁では、現在、地震発生からおよそ3分以内を目標に津波警報又は津波注意報を発表しているが、平成5年の北海道南西沖地震では、震源域に近かった奥尻島では警報とほぼ同時か或いはそれより早く津波が来襲しており、また、南海トラフ地震でも、早い所では2〜3分で津波が来襲すると言われており、従って、地震による大きな揺れを感じたら、ラジオ、テレビの地震情報を待つことなく、直ちに行動に移り、高台等に避難する必要がある。

　更に気象庁では、震源近くで地震波（P波、初期微動）をキャッチ

表2-9　我が国の津波被害の歴史（明治以降）

発生年月日	災害名（マグニチュード）	死者・行方不明者（人）
1896年（明治29）	明治三陸地震津波（8.5）	約22,000
1933年（昭和8）	昭和三陸地震津波（8.1）	3,064
1944年（昭和19）	東南海地震（7.9）	※1,223
1946年（昭和21）	南海地震（8.0）	※1,443
1960年（昭和35）	チリ地震津波（9.5）	※142
1968年（昭和43）	1968年十勝沖地震（7.9）	52
1983年（昭和58）	昭和58年日本海中部地震（7.7）	※104
1993年（平成5）	平成5年北海道南西沖地震（7.8）	※230
2011年（平成23）	東日本大震災（9.0）	※22,010

※津波以外の原因による死者・行方不明者を含む。　　　　（出典　防災白書）

し、震源や規模、予想される揺れの強さ（震度）等を自動計算し、震度5弱以上を予想した場合に、地震による強い揺れ（S波、主要動）が起きる前に緊急地震速報（警報）を発表し、テレビ、ラジオ、携帯電話、防災行政無線等を使って、直ちに地震の発生を知らせることとし、平成19年10月から提供開始されている。これを活用し、列車やエレベータを直ちに止めて危険を回避したり、人々の避難行動につなげ、被害の未然防止、軽減が図られることが期待されるが、現在は未だ、予想震度の誤差等により、発表が遅れたり、発表が出来ない場合がある。

　津波対策は、海岸堤防（防潮堤）、防潮水門等の整備とともに、先ず、避難することが基本であり、大規模な地震が発生した場合には、沿岸地域では大津波の発生が予想されることから、地方公共団体は、過去の地震の記録や海岸線の地形、地理的条件等を踏まえ、津波予想危険区域を定め、これを地域防災計画に記載し、避難路、避難場所（津波避難ビル、タワー等を含む。）の整備、迅速な警報等の情報伝達、避難誘導など、津波対策を積極的に進めて行く必要がある。

② 東日本大震災を踏まえた対応

　東日本大震災の惨禍を二度と繰り返すことのないよう、津波対策を更に総合的かつ効果的に推進することを目的とし、「津波対策の推進に関する法律」が平成23年6月制定された。その主な内容は、観測体制の強化、調査研究の推進、被害予測、防災対策の実施等について、国、地方公共団体、事業者等の努力義務を定めるとともに、11月5日を「津波防災の日」と定めるものである。なお、国連総会において「津波防災の日」を国際デー「世界津波の日」とする決議案を全会一致で採択し、平成28年から毎年11月5日には世界中で津波防災の啓発活動が展開される。

　また、津波に強いまちづくりを進めるため、平成23年12月「津

波防災地域づくりに関する法律」が制定された。主な内容は、国土交通大臣が定める基本指針に沿って、都道府県知事が想定される浸水区域と津波の高さを設定、公表するとともに、津波警戒区域と一定の開発行為、建築を制限する特別警戒区域の指定が出来ることとし、市町村は、津波対策とまちづくりを一体的に進める推進計画を作成し、土地区画整理事業の特例、津波避難ビルの容積率の緩和等により事業の推進を図るものである。なお、東日本大震災の被災市町村は、東日本大震災復興特別区域法（平成23年12月制定）に沿って復興整備計画を作れば、同計画の対象区域に津波防災地域づくりに関する法律の特例措置を適用することとしている（計画を重複して作る必要はない。）。

更に、第2節2「防災基本計画」116頁で述べたように、平成23年12月防災基本計画の修正が行われ、「津波対策編」が新設され、津波に強いまちづくり、国民への防災知識の普及、津波警報等の伝達及び避難体制の確保等とともに、過去数百年間に発生した地震、津波を前提としたこれまでの想定方法を見直し、最大規模の津波と比較的頻度の高い津波の二つのレベルの想定により、それぞれの対策を実施することとし、前者の最大クラスの津波に対しては、住民の避難を軸とした総合的な対策を、後者の比較的頻度の高い津波に対しては、海岸保全施設等の整備を行うこととしている。

なお、南海トラフでは、巨大な地震・津波の発生が懸念されるところであり、先ず迅速な避難の確保を前提にした適切な地震津波対策の推進が求められる（前述の2（6）南海トラフ地震対策172頁を参照。南海トラフ地震津波避難対策特別地域の中には、最悪の場合、高知県くろしお町のように地震発生後5分程度で最大20mの津波襲来が想定される地域もある。）。

（註） 東日本大震災では、気象庁は地震発生から3分後に津波警報を発令したが、現在は未だM8超の巨大地震の場合はその正確な規模が即座には推定出来ないため、地震規模（実際はM9.0）を当初M7.9と過少評価し、津波の予想高さを低く発表したため、住民の避難の遅れにつながったのではないかと指摘されたことから、津波警報の発表方法を見直すこととした。

　新たな発表基準では、予想される津波の高さによる区分を簡素化（8段階→5段階）するとともに、大地震の発生時には、警報の第1報は、最大規模の津波予想に基づき巨大（大津波警報）、高い（津波警報）と表現し、津波の数値を示しての予想高は第2報以下で発表している（平成24年中から運用開始。表2-10を参照）。

表2-10　津波警報の発表基準

□内は新基準　　　　カッコ内は予想範囲

被害想定	巨大地震発生時	発表（m）	警報分類	予想高（m）
壊滅的	巨大	10超	大津波警報	10以上
				8
甚大		10（5〜10）		6
				4
		5（3〜5）		3
標高の低い所で発生	高い	3（1〜3）	津波警報	2
				1
海岸付近で発生	−	1（0.2〜1）	津波注意報	0.5

（報道記事より転載）

4　火山災害対策

（1）火山災害の状況

　我が国は、環太平洋火山帯に位置し、世界の活火山の約1割に該当

する110の活火山が存在し^(註)、火山活動による大きな被害を受けている。そのうち、47の火山が24時間連続監視体制がとられる常時観測火山で、更に、30の火山（平成27年8月現在）については、噴火警報と併せて後述する5段階に区分した噴火警戒レベルが設定されている。

　火山災害の態様は、溶岩の流出をはじめ、噴石、降灰、火砕流、土石流、泥流、山崩れ、ガスの流出など多岐にわたっている。

　過去に遡れば富士山、浅間山、桜島等の歴史的な大規模噴火により甚大な被害が発生しており、また、記憶に新しい昭和60年以降に限ってみても、全島民の島外避難となった伊豆大島噴火（昭和61年11月）、火砕流の発生により多数の犠牲者が出た雲仙普賢岳噴火（平成3年6月）、事前の避難が功を奏した有珠山噴火（12年3月）、有毒なガスの放出が続くため4年以上にわたり全島民の島外への避難が余儀なくされた三宅島噴火（12年6月から。第2節5（3）避難措置の（註3）136頁参照）などが、更に、近年では、新燃岳噴火（23年）、多数の登山者が犠牲になった御嶽山噴火（26年9月）、全住民の島外避難が続いた口永良部島噴火（27年5月。12月一部地域を除き避難解除）が発生している。

（註）　平成15年1月火山噴火予知連絡会は、活火山の定義を従来の「約2000年以内に噴火した記録が有る火山又は現在噴気活動が活発な火山」から、その活動歴を「過去1万年以内に噴火した記録がある火山」に改めた。平成27年3月現在、海底火山12、北方領土11を含め、日本の火山は110となっている。

（2）火山の監視と火山情報

　火山は、個々の火山ごとに活動や周辺の状況が異なり、また、火山現象は多様である上に、明瞭な前兆現象がないまま突如噴火する場合もある。このため、火山災害に対し、人的被害を防ぐためには、何と言っても迅速、的確な避難を行うことが基本であり、火山周辺に設置

した地震や地殻変動を観測する機器により監視を行い、異常が認められれば、火山情報が気象庁から発表されるとともに、これは直ちに各防災関係機関に、更に関係住民に伝達される。

火山情報については、従前は、火山活動に異常が発生し、注意が必要なときに随時発表される「臨時火山情報」と、生命、身体に関わる火山活動が発生、又はそのおそれがある場合に発表される「緊急火山情報」などがあったが、避難勧告の発令等の具体的な防災対策との関連が必ずしも明確でなく、また、火山活動の状況と避難行動の開始時期等をリンクさせた具体的な避難計画が策定されていないという指摘がなされていた。

このため、噴火活動の危険性とともに、火口から居住地域までの距

図2-14 世界の火山の分布状況

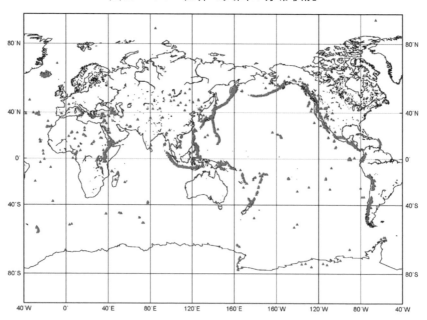

出典　気象庁資料（防災白書）

離等を考慮し、避難準備、避難、入山規制等の「警戒が必要な範囲」と防災機関や住民等の噴火時に「とるべき防災対応」との関係を5段階に区分した噴火警戒レベル（火山毎に地元の火山防災協議会で検討し作成され、市町村等の地域防災計画に定められる。火山活動の規模を示す指標ではない。）を導入、火山情報の改善を図ることとし、気象庁は、気象業務法を改正し、平成19年12月から、全国の火山を対象に、噴火警報及び噴火情報として発表することとした（平成27年9月現在、47の常時観測火山のうち31火山で運用）。噴火警報は、速やかに都道府県等の関係機関や報道機関に伝達され、これらの機関を通じ一般住民に伝達される。

また、平成26年9月の御嶽山の噴火災害（噴火警戒レベルが1で、い

図2-15　常時観測47火山のハザードマップや
　　　　　噴火警戒レベルの整備状況（平成27年3月現在）

内閣府（日本の災害対策）

表2－11　噴火警戒レベルとキーワード、とるべき防災対応

種別	名称	対象範囲	レベルとキーワード	説明		
				火山活動の状況	住民等の行動	登山者・入山者への対応
特別警報	噴火警報（居住地域）又は噴火警報	居住地域及びそれより火口側	レベル5　避難	居住地域に重大な被害を及ぼす噴火が発生、あるいは切迫している状態にある。	危険な居住地域からの避難等が必要（状況に応じて対象地域や方法等を判断）。	
			レベル4　避難準備	居住地域に重大な被害を及ぼす噴火が発生すると予想される（可能性が高まってきている）。	警戒が必要な居住地域での避難の準備、災害時要援護者の避難等が必要（状況に応じて対象地域を判断）。	
警報	噴火警報（火口周辺）又は火口周辺警報	火口から居住地域近くまで	レベル3　入山規制	居住地域の近くまで重大な影響を及ぼす（この範囲に入った場合には生命に危険が及ぶ）噴火が発生、あるいは発生すると予想される。	通常の生活（今後の火山活動の推移に注意。入山規制）。状況に応じて災害時要援護者の避難準備等。	登山禁止・入山規制等、危険な地域への立入規制等（状況に応じて規制範囲を判断）。
		火口周辺	レベル2　火口周辺規制	火口周辺に影響を及ぼす（この範囲に入った場合には生命に危険が及ぶ）噴火が発生、あるいは発生すると予想される。	通常の生活。	火口周辺への立入規制等（状況に応じて火口周辺の規制範囲を判断）。
予報	噴火予報	火口内等	レベル1　活火山であることに留意	火山活動は静穏。火山の状態によって、火口内で火山灰の噴出等が見られる（この範囲に入った場合には生命に危険が及ぶ）。		特になし（状況に応じて火口内への立入規制等）。

注1：住民等の主な行動と登山者・入山者への対応には、代表的なものを記載
注2：避難・避難準備や入山規制の対象地域は、火山ごとに火山防災協議会での共同検討を通じて地域防災計画等に定められています。ただし、火山活動の状況によっては、具体的な対象地域はあらかじめ定められた地域とは異なることがあります。
注3：表で記載している「火口」は、噴火が想定されている火口あるいは火口が出現しうる領域（想定火口域）を意味します。あらかじめ噴火場所（地域）を特定できない伊豆東部火山群等では「地震活動域」を想定火口域として対応します。
注4：火山別の噴火警戒レベルのリーフレットには、「大きな噴石、火砕流、融雪型火山泥流等が居住地域まで到達するような大きな噴火が切迫または発生」（噴火警戒レベル5の場合）等、レベルごとの想定される現象の例を示しています。

（気象庁ホームページより）

わば突如噴火）を踏まえ、噴火が発生した事実を迅速、端的かつ的確に伝え、登山者等が命を守るための行動をとれるよう、27年8月から常時観測を行っている火山について、「噴火速報」の発表を開始している。

（3）活動火山対策特別措置法と地域防災計画等
① 活動火山対策特別措置法
　火山の噴火等により著しい被害を受け、又は受けるおそれのある地域については、避難施設や防災営農施設の整備、降灰除去事業の実施など、総合的な対策により住民の生活の安全を守るため、桜島

の火山活動の活発化等に伴い、昭和48年7月に制定された「活動火山対策特別措置法」（活火山法）に基づいて各種の対策が講じられており、現在、桜島、阿蘇山、有珠山、伊豆大島、十勝岳、雲仙岳、三宅島及び霧島山の周辺地域において、農林漁業等の被害防止、降灰除去対策が実施されている。

　また、活火山法は、御嶽山噴火の教訓、火山防災対策の特殊性等を踏まえ、平成27年7月一部改正され、関係機関が連携し噴火警戒レベルの設定、これに沿った避難体制の構築等（避難対象地域の設定・拡大、縮小・解除）の協議、助言を行う火山防災協議会（都道府県、市町村、気象台、砂防部局、火山専門家等で構成）を都道府県・市町村が設置（義務）すること等を定め、火山地域の関係者が一体となった警戒避難体制の整備を行うこととされた。

② 活動火山対策と地域防災計画

　火山の周辺にある地方公共団体は、それぞれの火山の特性、地理的条件を考慮し、地域防災計画の中に火山災害対策を位置づけ、これに基づいて、火山情報の伝達、避難施設（避難壕、退避舎等）の整備、避難対策、防災訓練等の火山災害対策を講じている。

　更に、火山についてのハザードマップ（第2節3（2）実効性ある地域防災計画の策定122頁参照）を作成、地域住民等に配布し、平常時から防災情報の積極的な提供、防災意識の高揚を図っており、全国の37火山でハザードマップに避難所等防災情報を記載した火山防災マップが作成されている。平成12年の有珠山噴火災害では、噴火の2日前に初めて緊急火山情報が発表されたこと（噴火の予知）に加え、住民に事前に火山防災マップが配布されていたため、多数の住民（16,000人）が早期に的確に避難し、死傷者がなかった。

（4）富士山の火山防災対策

　1707年の宝永噴火後300年以上噴火をしていない富士山は、今、直ちに噴火等活発な火山活動の懸念があるわけではないが、活火山であり、仮に大規模な噴火をした場合には、過去の例からして、首都圏にも及ぶ広域で甚大な被害が発生するおそれがあるため、国、地方公共団体とも十分な防災対策を講じておく必要がある。

　このため、静岡、山梨、神奈川3県において、仮に噴火した場合に想定される被害や防災対策を踏まえた富士山火山防災マップと広域防災計画の作成が行われている。また、平成26年2月には、1707年の宝永噴火と同規模の噴火を想定し、30cm以上の降灰の影響を考慮した避難対象者を3県で47万人（30cm未満は、自宅等屋内退避）、溶岩流による避難対象者を山梨、静岡の両県で最大約75万人と推計した広域避難計画をまとめている。

　宝永噴火と同規模の噴火があった場合の直接、間接の被害想定額は、2兆5千億円とされており（平成16年6月富士山ハザードマップ検討委員会報告書）、また、宝永噴火の際には、噴火の49日前に宝永地震が発生していることから、南海トラフの巨大地震との連動の可能性がないとは言えず、複合災害も念頭に置いた防災対策を考えていく必要がある。

　なお、広く関東平野に及ぶ噴火に伴う降灰の影響は、鉄道や航空機のエンジン故障や信号誤作動、火力発電所の吸気フィルターの目詰まり等を引き起こす可能性もあり、懸念される。

5　原子力災害

（1）原子力災害の特殊性と原子力の安全規制

　原子力は、我が国のエネルギーの約3分の1を支える極めて重要な役割を占めている。一方、原子力施設[註1]は、巨大な科学技術を基

に建設、運転管理されていることから、原子力施設で一旦大きな事故が起きると、対応策が容易でなく、大きな被害が出るおそれがある。

また、放射線による被曝は五官で感じられず、このため、原子力施設から放射性物質が放出された場合(註2)には、被曝を出来る限り低減するため、状況に応じ屋内退避、避難が必要になるし、大気中の放射性物質が農作物、牧草等に沈着して、放射性物質の体内への取込みによる内部被曝線量を低減するため、飲料水、野菜、牛乳等の飲食物の摂取制限措置がとられるなど、原子力防災特有な対策が必要になる。

原子力施設については、異常発生防止のため、余裕のある安全設計(地震対策等)、フェイルセーフ(安全側へ作動。第3章第2節1(1)予防の(註)242頁を参照)及びインターロック(誤作動防止)の多重防護の考え方に基づいて設置されており(註3)、その上で、事業者が予防、応急対策について大きな責務を有することは勿論であるが、その特殊性に鑑み、従来から災害対策基本法に基づいて、国、地方公共団体等において、防災計画を策定する等の対策、措置が講じられてきた。

また、核物質防護に関しては、原子力施設に対するテロ攻撃等から防護するため、脅威の早期検知・通報、侵入者等の枢要区画への到達阻止・遅延、侵害排除を基本として、区画管理(管理区域、保全区域、周辺監視区域)、防護(機械装置)、警備(警備会社等)の強化を行うとともに、更に、国民保護法が制定された平成16年以降、警察部隊(特殊急襲部隊SATが到着するまでの間、侵入者に対する遅延・阻止を行う原子力関連施設警戒隊)の設置、常駐、海上保安庁巡視船の巡回警備がなされている。

なお、平成22年及び24年の核セキュリティサミットの合意や23年のIAEA(国際原子力機関)の勧告、また、東日本大震災の発生を受け、政府においては、内部脅威対策の強化(事業者によるツーマンルールの徹底、核枢要施設へのアクセス管理強化、個人の信頼性確認制度の導入)等、

テロの未然防止対策の更なる強化に取り組んでいる。

(註1)　原子核分裂の過程において高エネルギーを出す核燃料物質及びその原料である核原料物質が取り扱われる原子力施設には、原子炉施設（発電用原子炉＝原発及び試験研究用原子炉）、加工施設、再処理施設、使用済み燃料貯蔵施設、廃棄物管理施設及び廃棄物埋設施設等があり、いわゆる原子炉等規制法により、厳重な管理が行われている。

　なお、核燃料物質等に該当しないその他の放射線を出す物質は、放射性同位元素として「放射性同位元素等による放射線障害防止に関する法律」により必要な規制がなされている。

(註2)　放出された放射線物質は、空気と混ざって放射性プルーム（放射性雲）となり、風下に流れながら広がる。放射性プルームや地表面に沈着した放射性物質から直接放射線を受ける「外部被ばく」と、呼吸により空気中の放射性物質を吸い込んだり、放射性物質を含んだ飲食物を取り込むことにより、体の内部から放射線を受ける「内部被ばく」が懸念される。

(註3)　原子力発電所等の安全を確保するため、IAEA等で作成される国際基準に基づき、電気事業法及び原子炉等規制法により、①設置、設計段階での許認可、②建設、運転に際しての検査、③運転段階における保安（Safety）と核物質防護（Security）について、多重防護の考え方で安全措置が講じられている。

　保安に関しては、異常の発生防止（余裕のある安全設計等）、異常の拡大及び事故への発展の防止、周辺環境への放射性物質の放出防止を基本として、異常が発生しても、①止める（制御棒の挿入による緊急停止）、②冷やす（非常用炉心冷却装置等）、③閉じ込める（5層構造の容器、鋼鉄製の原子炉格納容器）、④過酷事故の抑制と緩和（海水の利用等による冷却の確保、格納容器フィルタベント等）により安全確保を図ることになっている。

(2）原子力災害対策特別措置法の制定

　平成11年9月茨城県東海村のJCOウラン加工施設において発生した臨界事故(註)は、事故を起こした会社（JCO）はもとより、原子力行政において、臨界事故に対する認識及び初動対応をはじめとする危機管理対応に種々問題があったため、従事者の重篤な放射線被曝、我が国初の周辺住民の屋内退避及び避難等の防護対策の実施など大きな衝撃をもたらし、原子力安全、防災対策の抜本的な強化の必要性を顕在化させた。

　国においては、このJCOウラン加工施設の臨界事故を踏まえ、原子力災害対策の抜本的強化を図るため、平成11年12月に「原子力災害対策特別措置法」（以下「原災法」という。）の制定、いわゆる原子炉等規制法の改正など法令等の整備が行われた。

　原災法の内容は、原子力事業者による応急処置の実施は当然として、①初期対応の迅速化のため、原子力事業者からの異常事態の通報の義務づけ及び内閣総理大臣の「原子力緊急事態宣言」の発出、内閣総理大臣を本部長とする原子力災害対策本部及び国の現地対策本部の設置、②国、地方公共団体等の連携強化のため、オフサイトセンターの指定及び原子力災害合同対策協議会の設置、③国の体制強化のため、原子力防災専門官を原子力事業所が所在する地域に配置、④原子力事業者の防災対策上の責任の明確化（原子力防災組織の設置、災害応急措置の実施等）などである。

　原災法の制定等を踏まえ、防災基本計画及び地域防災計画の原子力防災対策編の修正、見直しが行われるなど、原子力防災対策の充実が図られてきたが、平成23年3月の東京電力福島原子力発電所事故（以下「東電福島原発事故」という。）を未然に防ぐことも深刻な事態の回避もできず、甚大な被害と影響を生じさせ、後述するように、原子力防災対策の実効性や原発事故対応に係る様々な問題が明白になった。

なお、オフサイトセンターとは、原子力災害が発生した場合に、国、地方公共団体等の関係者が、一堂に会して情報を共有し、相互に協力して応急措置を実施するための緊急事態応急対策拠点施設のことで、全国21箇所に整備されている。

オフサイトセンターでは、具体的には、①基本的な応急対策として、災害発生又は拡大防止のための対策や周辺住民がとるべき避難、屋内退避等の基本方針の検討、協議、調整、②応急対策のための情報の集約、評価、発信として、事故施設等の情報や環境放射線モニタリング（緊急時迅速放射能影響予測システム SPEEDI による予測を含む。）に関する情報の収集、評価等を行う。政府原子力災害対策本部は、このオフサイトセンター内に設置される現地対策本部と緊密に連携しながら、緊急

表2－12　国際原子力事象評価尺度（INES）

分類	レベル	基準1:所外への影響	基準2:所内への影響	基準3:深層防護の劣化	参考事例（INESの公式評価でないものが含まれている）
事故	7（深刻な事故）	放射性物質の重大な外部放出〔ヨウ素131等価で数万テラベクレル相当以上の放射性物質の外部放出〕			チェルノブイリ事故（1986年）
事故	6（大事故）	放射性物質のかなりの外部放出〔ヨウ素131等価で数千から数万テラベクレル相当の放射性物質の外部放出〕			
事故	5（所外へのリスクを伴う事故）	放射性物質の限られた外部放出〔ヨウ素131等価で数百から数千テラベクレル相当の放射性物質の外部放出〕	原子炉の炉心の重大な損傷		スリーマイルアイランド事故（1979年）
事故	4（所外への大きなリスクを伴わない事故）	放射性物質の少量の外部放出〔公衆の個人の数ミリシーベルト程度の被ばく〕	原子炉の炉心のかなりの損傷／従業員の致死量被ばく		JCO臨界事故（1999年）
異常な事象	3（重大な異常事象）	放射性物質の極めて少量の外部放出〔公衆の個人の十分の数ミリシーベルト程度の被ばく〕	所内の重大な放射性物質による汚染／急性の放射線障害を生じる従業員の被ばく	深層防護の喪失	
異常な事象	2（異常事象）		所内のかなりの放射性物質による汚染／法定の年間線量限度を超える従業員の被ばく	深層防護のかなりの劣化	美浜発電所2号機蒸気発生器伝熱管損傷（1991年）
異常な事象	1（逸脱）			運転制限範囲からの逸脱	もんじゅナトリウム漏えい（1995年）
尺度以下	0（尺度以下）	安全上重要ではない事象		0+ 安全に影響を与え得る事象　0- 安全に影響を与えない事象	
評価対象外		安全に関係しない事象			

シーベルト(Sv)は、放射線が人体に与える影響を表わす単位。（ミリは1,000分の1）
ベクレル(Bq)は、放射性物質の量を表わす単位。（テラは10^{12}＝1兆）

（出典　2008原子力・エネルギー図面集）

事態対応に当たることになっている。

(註) 平成11年9月30日、茨城県東海村の㈱JCOにおいて、濃縮ウラン溶液を均一化する作業中、保安規定等に違反して作業者が、使用目的の異なる沈殿槽に臨界量以上のウラン溶液を注入したことにより、臨界事故が発生した。

臨界状態は約20時間継続し、周辺に放射能が放出され続けたが、この間、関係者に危機意識が欠け、事故時の通報連絡、応急対応等にも種々問題があり、この事故により、大量に被曝した作業員2人が死亡するとともに、従業員、救急隊員、周辺住民など319人（うち周辺住民130人）が、一般人の年間実効線量当量限度である1ミリシーベルトを超える放射線を浴びた。なお、臨界状態とは、核分裂で中性子が放出される核分裂反応が連続的に続く状態を言う。

（3）東電福島原発事故
① 深刻な事故の発生と原子力緊急事態宣言

平成23年3月11日東京電力福島第1原子力発電所（以下「福島第1原発」という。）は、地震により外部電源が喪失し、更に、津波により非常用ディーゼル発電機が停止し、全交流電源喪失となり、原災法第10条通報（全交流電源停止）を、次いで第15条通報（非常用炉心冷却装置注水不能）を政府に行い、これを受け、総理大臣は、原子力緊急事態宣言を発するとともに、原子力災害対策本部（本部長は総理大臣）及び原子力災害現地対策本部が設置された。

その後、原子炉圧力容器への注水が出来ない状態が一定時間継続し、炉心の核燃料が露出、溶融、原子炉建屋で水素爆発が発生し、大量の放射性物質が環境に放出される等の重大な原発事故に至り、直ちに広範囲に及ぶ多数の住民の避難が必要という事態となった。

この原発事故は、国際原子力事象評価尺度（INES）のレベル7（深刻な事故）に該当し、チェルノブイリの原発事故（レベル7）以来の

大事故となり、突如長期避難を余儀なくされた住民はもとより、地域社会、自治体をはじめ各方面に経済的、社会的に深刻な被害と影響を与えている。

また、特に、炉心溶融等の過酷事故（シビアアクシデント）に対する事前の備えが十分でなかったことは勿論、炉心を冷やす海水注入や圧力容器内の圧力を下げるベントの実施等の過酷事故に対する対応が、後手後手に回り事故をより重大にしたこと、更に、事実関係や事故内容についての公表の遅れ、不正確、誤った発表等について、厳しい批判がなされた。

なお、福島第一原発から5km離れたオフサイトセンターは、前述のように極めて重要な役割を担っているにも関わらず、地震発生直後停電、非常用発電機も作動せず、通信手段や重要施設が使用出来ない上に、事故後放射線の上昇等により、本来の機能を果たし得なかった。

② 収束に向けた取組みと住民の避難

収束に向けた取組みと住民の避難については、以下、消防白書（平成23年版22p）から引用すると、国、地方公共団体及び事業者は、原子力対策本部において策定した事態収束に向けた道筋に従って、それぞれの責任と役割に基づき、原子炉内の燃料の冷却等の作業や放射性物質の拡散防止、また、避難区域に係る取組み、原子力被災者への支援など、様々な取り組みを行っている。

住民の避難の関係については、3月11日福島県知事は住民の避難指示を行い、また、11日から15日にかけて総理大臣（原子力災害対策本部長）は、原発周辺の市町村長等に対し、住民の避難や屋内退避の指示を行うよう段階的に指示をした。4月21日以降は、警戒区域の設定、計画的避難区域、緊急時避難準備区域及び特定避難勧奨地点の設定や解除等がなされている[註]。なお、警戒区域及び

計画的避難区域については、原子力災害対策本部で決定した「避難区域等の見直しに関する考え方（平成23年8月9日）を踏まえ、原発事故の収束に向け一定の工程が完了した時点で区域見直しについて検討を行うが、除染や生活環境の復旧に向けた取組みは先行して行うこととされた。

（註） 警戒区域は、原災法第28条第2項において読み替えて適用される災害対策基本法第63条第1項の規定に基づく区域である。

計画的避難区域は、事故発生から1年の期間内に積算線量が20mSvに達するおそれがあるため、住民等に概ね1か月を目途に別の場所に避難を求める区域である。

緊急時避難準備区域は、住民が常に緊急的に屋内退避や自力での避難が出来るよう求められる区域である。

特定避難勧奨地点は、事故発生後1年間の積算線量が20mSvを超えると推定される特定の地点であり、この地点の住居に対し、政府は避難等に関する支援を行うとともに、当該地区のモニタリングを継続的に行っている。

なお、原子炉が冷却停止状態にあることに鑑み、平成24年4月区域の見直しが行われ、現在は、避難指示解除準備区域（年間積算線量が20mSv以下。区域の中への立入り、一時帰宅（宿泊は禁止）、店舗等の事業や営農は可能）、居住制限区域（同20mSv超のおそれがある。一時帰宅や復旧のための立入りは可能）、帰還困難区域（同50mSvを超え5年間経っても20mSvを下回らないおそれがある。引き続き避難の徹底）に再編成されている。

（4）原子力施設等の防災対策の見直しと充実強化

① 概要

先ず、緊急を要することとして、今回の原発事故を踏まえ、国の指示に基づき各原子力発電所においては、ストレステスト（原発の

設備が安全基準をどの程度上回っているか、余裕があるかを調べる評価作業。耐性検査）を行うとともに、非常用電源、原子炉冷却機能の多重化や防潮堤、防潮壁の設置、嵩上げなど、津波対策等の強化に取り組んでいる。

また、（3）①で述べたように、極めて深刻な事態の発生と対応に対する厳しい批判等を踏まえ、政府及び国会等において、それぞれ事故調査、検証のための委員会が設置され、調査が行われた[註1]。

次いで、国においては、原子力施設等の防災対策の見直しを進め、原子力行政組織の見直しとともに、（ア）これまで事業者の「自主的取組み」と位置付けてきた事故発生時の対策（アクシデントマネジ

図2－16　全面緊急事態に至るまでの危機管理体制の移行

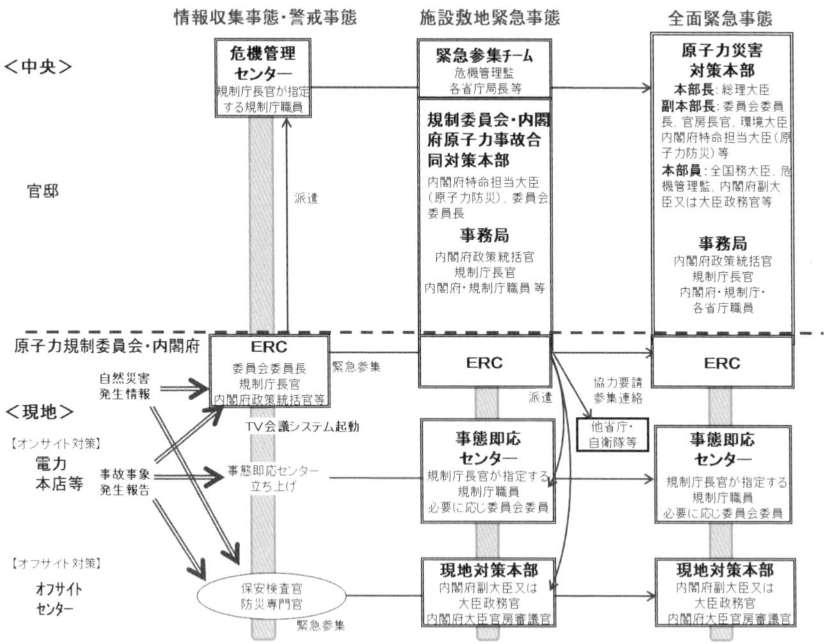

（原子力災害対策マニュアル）

メント）を法令による規制対象にする、（イ）高経年化炉対策としての「40年運転制限制」の導入（運転開始した日以後30年を超えるものは、10年ごとに重要な機器及び構造物劣化に関する技術的な評価を行い、評価に基づき長期保守管理方針の策定が事業者に義務づけられる。）、（ウ）オフサイトセンターを対策の司令塔になる事務拠点と前線基地になる実働拠点に二分し、原発から離れた場所に設置する、（エ）EPZ（防災対策を重点的に充実すべき地域の範囲）の拡大（半径8km～10km→後述のUPZ 30km）、（オ）内部被ばくを防ぐ安定ヨウ素剤を各家庭に事前に配布する等、関係法令の改正、防災基本計画、防災指針、地域防災計画の見直し、改定等を行った。

図2-17 応急対策業務の移行について

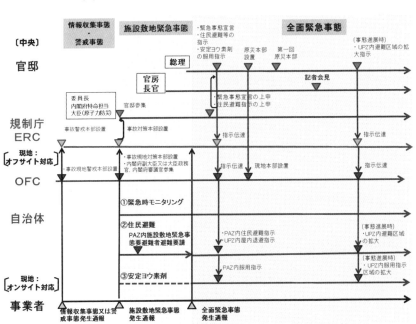

（原子力災害対策マニュアル）

② 原子力安全規制の一元化

　従前、国による原子力発電所の許認可、検査は、経産省原子力安全保安院が行うとともに、各種規制に伴う業務が他行政機関に分散し、これらを内閣府に置かれた原子力安全委員会が監視、監査する役割を担うことで、ダブルチェックの体制がとられる一方、経産省資源エネルギー庁が原子力の利用の推進を図ってきた。

　しかし、原子力の規制、監督と利用促進が一緒に経産省で所管することの問題と併せ、今回の原発事故は、これらが結果的に責任の所在を曖昧にしている等、種々の問題が指摘され、これを受け、原子力規制行政の信頼確保を図り、安全規制の一元化を図るため、原子力規制委員会設置法に基づき、平成24年9月新たな規制組織として、原子力規制委員会（環境省の外局であるが、公正・中立かつ独立性の高いいわゆる3条委員会）とその事務局である原子力規制庁が発足した。なお、これに伴い、原子力安全委員会、原子力安全・保安院、文科省等が所掌していた原子力規制の業務が原子力規制委員会に一元化され、また、原子力規制庁の職員は、出身省府との独立性の観点から原子力の推進官庁、行政組織への配置転換が認められないノーリターン・ルールが採用されており、また、（独）原子力安全基盤機構を廃止し、原子力規制庁への統合が行われることになった。

③ 新規制基準

　東電福島原発事故の反省と教訓を踏まえ、特に、これまでの過酷事故対策（事業者の自主対応）が不十分であったことから、原子炉等規制法を改正し（平成24年6月）、過酷事故（シビアアクシデント）対策も対象として国が規制を行い、また、既存の施設にも最新の規制基準への適合を義務づけることとし（バックフィット制度）、新基準（設計基準の強化と過酷事故への対処）の制定を行った（施行は平成25年7月。なお、信頼性向上のための一部のバックアップ施設は、5年後までの適合）。

第3節　各種災害への対応　203

図2－18　原子力防災に関する法令等

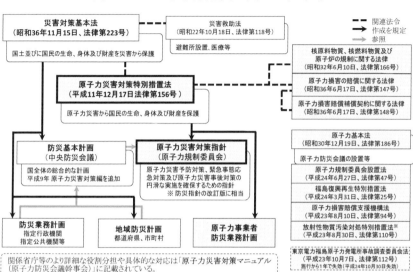

（出典）日本原子力研究開発機構

図2－19　原子力緊急事態の危機管理体制

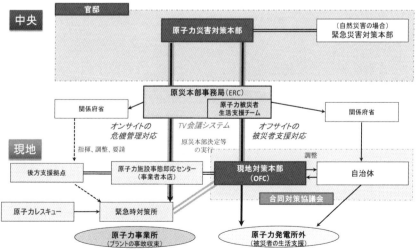

（出典）内閣府原子力防災

新規制基準が従来の基準と大きく変わった点は、多重防護の徹底とともに、自然現象等へ対応の観点から、テロ対策の新設（意図的な航空機衝突への対応）、過酷事故対策の新設（放射性物質の拡散抑制、格納容器破損防止、炉心損傷防止）、設計基準の強化又は新設（火山等自然現象に対する考慮、電源の信頼性、耐震・耐津波性能等[註2]）等である。

④　原子力災害対策の充実（原子力防災会議と原子力災害対策指針）

平成24年9月、原子力規制委員会の設置にあわせ、原子力基本法、原災法等の関連法令が改正され、政府の新たな原子力災害対策の枠組みが構築された。

内閣に原子力防災会議（議長は総理大臣、原子力規制委員会委員長は複数の副議長の一人）を設置し、同会議は、原子力災害対策指針（原災法6の2①、法定化）に基づく施策の実施の推進等の原子力防災に関する平時の総合調整とともに、原子力事故後の長期にわたる取組みの総合調整を行う。また、原子力緊急事態宣言を行ったときは、臨時に原子力災害対策本部となり、緊急事態応急対策、原子力災害事後対策の総合調整を行う。なお、平成26年10月に内閣府政策統括官（原子力防災担当）組織が発足し、原子力災害対策本部事務局を担うことになった。

また、原子力規制委員会は、平成24年10月原子力防災対策に係る専門的、技術的内容を定めた原子力災害対策指針を策定するとともに、PAZ、UPZの原子力災害対策重点区域（原子力施設からの距離に応じて原子力災害対策を重点的に実施する区域）を設定した。なお、平成25年2月にEAL、OILの設定を行うため、また、6月に緊急時モニタリングの実施体制や運用方法、安定ヨウ素剤の事前配布の方法等の具体化のため、原子力災害対策指針の改定を行った。

　　PAZ：Precautionarity Action Zone　予防的防護措置（避難準備等の事前対策）を準備する区域。施設から概ね5km

UPZ：Urgent Protective action Planning Zone　緊急防護措置を準備する区域。施設から概ね30km

EAL：Emergency Action Level　原子力施設の状況に基づく緊急事態の判断基準で、緊急事態の深刻さに応じ3段階に区分される。

OIL：Operational Intervention Level　原子力施設外の放射線量率等に基づく住民防護措置の実施を判断する基準（運用介入レベル）

ところで、原子力災害対策指針は、従前、原子力安全委員会が米国スリーマイル島原発事故を踏まえ防災対策に係る専門的・技術的事項をとりまとめ策定したいわゆる「防災指針」を引き継ぐ形で、原子力規制委員会が、改正された原災法第6条の2に基づき新たに

図2－20　EALによる段階的避難／要支援者は早期避難

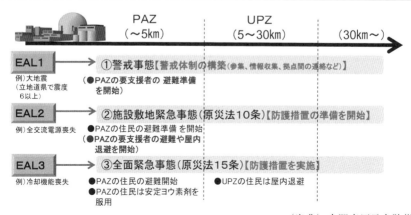

（出典）内閣府原子力防災

策定(平成24年10月に策定後、随時的に2度改定が行われている。)したもので、防災基本計画において、専門的・技術的事項は原子力災害対策指針等を十分尊重することとされている。

　更に、原子力災害が発生した場合の政府内の対応、役割分担については、東電福島原発事故の対応を巡る反省と教訓を踏まえ、オンサイトの迅速な事故の収束、オフサイトの迅速な住民の安全確保等の観点から、従来のマニュアル（平成11年10月）の見直しがなされ、新たに原子力災害対策マニュアル（平成24年10月）が定められた。これに基づき関係省庁、更には地元地方自治体と連携し、一体となった防災活動が必要かつ重要である。

　なお、新マニュアルにおいては、初動対応の官邸一元化による迅速な意思決定が極めて重要なことから、（ア）原子力災害対策本部事務局の体制強化、（イ）官邸での迅速な情報集約及び意思決定が図られている。

（註1）　政府の事故調査・検証委員会（政府事故調）は、平成23年5月発足、12月中間報告、24年7月最終報告を行い、その中で、官邸、原子力保安院、東電の間の情報の共有、伝達が不十分なため被害の拡大につながった、また、想定外としてきた東電、政府の津波対策、事後対応に甘さがあった等と、厳しい指摘を行っている。

　　　　また、平成24年2月、民間の立場から独自に事故の検証を行う福島原発事故独立検証委員会（民間事故調）の調査報告書が公表された。その内容は、津波や過酷事故への事前対策が不十分、官邸による現場介入は無用な混乱等により状況を悪化させるリスクを高めた、「原子力ムラ」が生みだした原発の「安全神話」が事故の遠因となった等とし、また、政府の対応を「稚拙で泥縄的な危機管理」と厳しく批判している。

　　　　国会が設置した原発事故調査委員会（国会事故調）は、法律により、参考

人の出頭、資料提出を求め、更に特に必要があるときは両院協議会に対し国政調査の要請が出来ることとされ、平成23年12月発足、24年7月報告書が提出された。その内容は、官邸の過剰な介入が現場の指揮命令系統を混乱させ、また、官邸の危機管理体制が機能せず、東電と政府の責任の境界が曖昧だったことが被害を最小化できなかった等と、厳しく指摘している。

更に、IAEAは、平成27年8月東電福島原発事故について最終報告書を公表し、事故の主な要因として、原子力関係者に日本は原発は安全だという思い込みがあり、原発の設計や緊急時の備え等が不十分であった、また、責任が幾つもの機関に分散し、権限の所在が明確でなかった等と指摘している。

なお、第4章1（2）安全神話の崩壊とその背景（304頁）を参照。

（註2） 津波対策については、既往最大を上回るレベルの津波（基準津波）への対応として、防潮堤（敷地内への浸水防止）、防潮扉（建屋内への浸水防止）等の津波防護施設の設置を、また、地震対策については、耐震設計上の重要度Sクラスの建物、構築物等は、活断層等の露頭がない地盤に設置するとともに、活断層の認定基準が明示され、必要な場合は、約40万年前以降まで遡って活動性を評価することが、更に、火山対策については、原子力施設の半径160km圏内の火山を調査し、火砕流や火山灰の到達の可能性、影響を評価し、予め防護措置を講ずることが求められる。停電（電源喪失）への対策については、独立した2回線の外部電源の確保、高台への電源車（可搬式交流電源）の配置等が求められる。

（5）原子力災害と地方公共団体

① 地域防災計画の策定と防災対策の推進

地方公共団体は、災害対策基本法及び防災基本計画（原子力災害対策編）並びに原子力災害対策指針に基づき、地域防災計画（原子力災害対策編）を策定し、原子力災害から住民の安全を守ることを目的に、原子力施設や地域の実情に即した原子力災害対策を推進している。関係自治体では、平時においては、地域防災計画の見直しを行い実

効性を高めるとともに、防災資機材の整備、訓練の実施、モニタリングポストの整備、監視等を行っている。

　新たな原子力災害対策指針では、原子力防災対策を重点的に充実すべき地域が従前より拡大され、前述のようにPAZは概ね5 km、UPZは概ね30 kmとされており、PAZ及びUPZに該当する地域を所管する市町村は、地域住民の避難計画（集合場所、避難経路、避難手段等）を作成する必要がある。

② 異常事態時における対応

　異常事態発生の通報を受けた場合、地方公共団体は、原子力防災専門官の協力も得つつ、情報収集を行い、事態の進展状況に応じ警戒態勢をとり、国、事業者とともに緊急時モニタリングの準備を開始する。また、原子力緊急事態への対応については、対策本部を設置し、応急対策を実施するが、その際、国等とともに原子力災害合同対策協議会を組織し、情報を共有しつつ、周辺住民等への放射線の影響を出来る限り低減し、無用な不安、混乱を与えることのないよう適切に対処する。

　また、原子力緊急事態宣言が出されたときは、関係の都道府県及び市町村も、災害対策本部を設置し（原災法第22条により義務設置）、政府の対策本部やオフサイトセンター等で決定された基本方針に基づき、住民への広報、避難の指示、誘導、避難場所の開設、緊急時モニタリング、緊急時医療措置、内部被ばく防止のための飲食物の摂取制限等の具体的な対策を実施することになる。

　なお、地方公共団体は、医師による説明の下、PAZ内において安定ヨウ素剤を事前に配布すること、全面緊急事態に至った時点で、直ちに避難と安定ヨウ素剤の服用について指示を出すこととされている。

●第4節　自主的な防災活動と防災への新たな対応

1　防災意識の高揚と自主防災活動

（1）防災意識の高揚

① 企業及び家庭の責任

　火災や危険物に係る事故の多くは人的な要因から発生しており、また、風水害や地震等の際の避難や二次災害の防止については、地域住民の日頃からの備え、災害時の適切な行動が基本となる。

　このため、家庭、職場を問わず、国民一人ひとりが常に防災に対する関心、自主防災の意識を持ち、防災の基礎知識を身に付けておく必要がある(註1)。

　企業においては、安全、防災に係る各種の法的規制がある場合、法に定められた義務、基準を守れば良しとすることなく、法的規制はあくまで最低の義務、基準であって常にこれを上回って事故ゼロを目指し、自主防災活動により従業員の安全の確保とともに、企業の社会的責任を果たし、地域の安全、安心に貢献することが望まれる。

　また、家庭にあっては、普段から家族防災会議等により、万が一の場合の応急対応として、家具の固定、非常持ち出し袋、携帯ラジオの用意、家族が3日間程度生活出来るだけの水、食料の備蓄、家族の安否、落合う方法、避難場所、避難方法の確認などをしておくことが大切である（地震に対する備えについては、巻末の資料5及び6、327〜332頁参照）。

② 防災意識の高揚と災害履歴の周知、伝承

　防災意識の高揚を図っていく上で、地域の災害履歴や危険情報を積極的に開示、住民に周知し、まちぐるみで防災意識の高揚に取り組んでいくとともに、子供達への被災経験や災害の教訓の伝承も重

要なことである(註2、3)。

　東日本大震災で大津波に襲われた東北沿岸地域において、かつての明治三陸津波や昭和三陸津波の際の津波到達地点を石碑や標識等で後世に伝え、それより上に住むことで津波の被害を免れた地域(註4)や、「津波てんでんこ」（各々が避難することを前提、信頼し、家族にも構わずてんでんばらばらに逃げるの意味で、市井の津波研究家山下文男氏の造語と言われている。）の言い伝えにより早期に避難行動をとり助かった人達など、多くの事例が伝えられている。これらの中で、特に、釜石市の小中学校の児童、生徒が、日頃の防災教育、訓練の成果を活かし、迅速、適切な避難行動をとり、また、それが契機となり周辺の住民も避難し、津波による被害、犠牲を最小限に止めた「釜石の奇跡」として紹介されている事例は、感動を与えるものである。

　なお、消防職・団員やボランティア、広く住民を対象とし、家庭や地域で何時でも学習出来る「防災・危機管理ｅ－カレッジ」（主な内容には、「大災害を３日間生き延びる」、「基礎を学ぶ」などがある。）が、インターネット（消防庁ホームページ）上で開設されている。

（註１）　防災意識の高揚を図ることを目的に、大正12年の関東大震災の発生日である９月１日を「防災の日」、８月30日から９月５日を「防災週間」と定め、毎年９月１日に国の災害対策関連の全機関が参加し、大規模な地震に備えた総合防災訓練が実施されている。また、これに合わせて各地域でも住民が参加し、防災訓練が実施されるとともに、この期間を中心に防災に関する様々な行事が行われている。

　　　なお、防災の日以外にも、文化財防火デー（１月26日。この日は昭和24年の法隆寺金堂の火災の発生日である。）、全国火災予防運動（春秋の２回）、全国山火事予防運動（春季全国火災予防運動と併せ同期間中に実施）、土砂災害防止月間（６月）、危険物安全週間（６月の第２週）、国民安全の日（７

月1日)、救急の日(9月9日)、津波防災の日(11月5日。この日は、平成23年6月津波対策推進法の制定により定められたが、安政南海地震津波(1854年)の発生日であり、(註3)に記した「稲村の火」の逸話にちなんで定められた。なお、2015年12月国連の共通記念日の「世界津波の日」とされた。)、119番の日(11月9日)、雪崩防災週間(12月1日〜7日)などが定められている。

(註2)　東京都墨田区の一寺言問地区(東向島地域)では、地下の水槽に数トンの屋根からの雨水を貯め、手押しのポンプを押すと水が出る防災用井戸を区が設置し、地域住民に管理を任せている。

この防災用井戸は、江戸の天水桶の発想に学んだもので、防災掲示板と併せて構成し「路地尊」と呼ばれ、火災時には住民がバケツリレーで消火に使い、普段は植木や道路に撒く水として利用されている。路地尊の周辺は、防災広場や避難路の整備を行い、防災意識の高揚を図りつつ、地域のコミュニケーション、防災のまちづくりに役立てている。

(註3)　防災教育教材の傑作として、戦前、戦中の小学校の国語教科書に載っていた「稲むらの火」が有名である。この逸話は、作り話ではなく、1854年の安政南海地震の際に現在の和歌山県広川町で実際にあった話を素材としており、「稲むらの火」は、和歌山県の小学校教員の中井常蔵氏が、小泉八雲(Lafucadio Hearn)の短編小説「生ける神(A Living God)」を改作し、文部省の国語教材募集に応募入選した作品である。

「稲むらの火」のあらすじは、「夕方、一人の庄屋が、地震の後、海水が沖へ引いて行くのを見て、大津波の来襲を予期し直ぐに村民を避難させるため、高台の自分の家の庭に積んであったすべての稲束(稲むら)に火を付け、庄屋さんの家が火事と思って駆け付けて来る村人を高台に集め、村人の命を津波から救った」というものである。

庄屋のモデルは、醤油の醸造業を営む名家の主で、人々から生き神様と敬愛された浜口儀兵衛(号が梧陵)であり、後に、彼は、将来の津波に備え、

莫大な私財を投じて高さ5m、長さ650mに及ぶ大堤防（広村堤防）を築造し、この堤防は、昭和21年の南海地震の際に村を津波から守った。

稲むらの火の物語は、昭和58年の日本海中部地震を契機に注目され、また、平成16年のインドネシア・スマトラ島沖の大津波後、防災意識の高揚、防災教育の参考として、国際的にも紹介されている。

(註4) 昭和8年の昭和三陸地震津波による甚大な犠牲、被害の教訓を後世に残すため、岩手県宮古市重茂姉吉地区には、「此処より下に家を建てるな」等との文字を刻んだ大津波記念碑（石碑）が建てられており、この石碑より高い場所に住む住民は、東日本大震災の津波による直接被害を免れることができた。

（2）住民等の自主防災活動

防災体制の強化には、消防機関をはじめ防災関係機関の体制整備が必要なことは勿論であるが、特に、災害の発生直後や大規模災害時には、消防機関等の活動が間に合わず、或いは、著しく制限されることが予想される。

このような状況の下では、地域住民の一人ひとりが、「自分達の地域は自分達で守る」という精神と連帯意識に基づいて、組織的に初期消火、情報の収集伝達、避難誘導、被災者の救出救護、応急手当、給食給水、災害危険箇所等の巡視等の自主的な防災活動を行うことが必要不可欠である。

このことは、阪神・淡路大震災や東日本大震災を始め多くの災害で実証されるとともに[註]、改めてその重要性が強調されているところであるが、自主的な防災活動が、効果的、組織的に行われるためには、地域ごとに自主防災組織を整備し、平常時から災害に備えた体制の整備や防災訓練等の活動を積み重ねておくことが必要である。

自主防災組織の整備については、阪神・淡路大震災後、災害対策基本法や消防組織法にも、また、防災に関する各種計画にも規定が設け

られ、その育成強化が進められており、近年、整備が進んで来ているものの、全国的には未だ十分でない地域もあり、平成27年4月では、組織による活動カバー率（総世帯数に対する組織されている地域の世帯数の割合）が81.0％にとどまっている。

　また、消防法又は石油コンビナート等災害防止法の規定に基づき、或いは事業所の任意の判断により、自衛消防組織、自衛防災組織を設置している事業所が多数あり、これらは、本来自らの施設を守るため設置されたものであるが、地震等の大災害時に、自主的に地域社会の一員として、消防、防災活動に参加、協力を行っている。その中には、地方公共団体と事業所の間で、また、事業所と地域の自主防災組織との間で、災害時の救出、救護や物資提供等に関する協力協定を結んで活動している例も多く、大きな力となっている。

　更に、防災意識の高揚、地域の自主的な防災活動を促進していくためには、自主防災組織とともに、家庭の主婦等を中心に組織されている女性（婦人）防火クラブ（全国で約8,889団体、約133万人）、10才以上の少年少女により組織されている少年消防クラブ（4,493団体、約42万人）、9才以下の児童や園児により組織されている幼年消防クラブ（1万3,543団体、約116万人）の育成強化も重要である。

（註）　阪神・淡路大震災においては、死亡した者の大半は、被災後1時間以内に亡くなっており、また、救出された者の約98％が自力、家族、隣人、通行人の手により助け出されたとされる。そして、①兵庫県北淡町は、「どの家に誰がいて、どこに災害時要援護者が寝ているかまで把握出来ていた」土地柄であり、消防団、そのOB、住民が一体となって、倒壊家屋から多くの人命の救出、救助を行っており、②神戸市長田区の真野地区では、地震直後に多くの火災が発生したが、住民は、バケツリレーをはじめ、地区内の企業、消防団等との協力の下に消火活動を行い、火災を自分達で消し止め、延焼を防いだ。

東日本大震災においても、被災地域の自主防災組織、町内会、女性（婦人）防火クラブ等が、平時からの備えや地域の結びつきを元に、津波からの避難時に住民同士の声掛けや避難所への誘導、安否確認、その後の避難生活における避難所運営の支援、炊き出しの実施、一人暮らしの高齢者への支援等の各種活動を積極的に行った（平成23年版消防白書38p）。

　また、かつて関東大震災において、東京府内の3分の2、下町では90％を超える焼失という状況の中で、神田佐久間町、和泉町の住民は、延焼し易い物件の除去、ポンプや井戸水のバケツリレーによる放水等、消火活動を長時間にわたり住民総出で行い、奇跡的に延焼を防いだ事例が有名である。

（3）災害時のボランティア活動

　災害時において被災地の多様なニーズに対応したきめ細かな防災対策を講じる上で、ボランティア活動は非常に重要な役割を担っており、このことは、これまでの大きな災害、事故等で明らかである[注]。行政は、常に「公平、平等」等をその活動の基本とせざるを得ないのに対し、ボランティアは、それよりも、具体的なニーズを優先し即時性、即効性を基本に、柔軟に活動出来ることに、その特徴、利点がある。

　ところで、災害ボランティアには、日帰り又は短期間の活動が前提となる個人単位のものから、相当期間に亘り交替で被災地に要員を派遣出来る、企業、労働団体、宗教団体等による組織立ったものまで、また、医療、福祉、建築等の専門的な知識、技能を有するものから、物資の仕分け、炊き出し、泥のかき出し等の労力の支援等を行うものまで、種々様々である。また、一般に、熱い思いを持って全国から駆け付ける災害ボランティアは、地域の事情に疎く、一方、被災者の中には、見ず知らずの者の支援を遠慮する傾向もなくはない。

　従って、災害時の混乱した状況の下で、ボランティア活動が円滑に行われるようにするためには、地方自治体、地域と災害ボランティア

との緊密な連携、協力が必要であり、このため、社会福祉協議会やボランティアセンター等が窓口となって、情報、ニーズの整理、調整を行うとともに、地域の自主防災組織、町内会等と意思疎通、連携を図ることが重要である。

なお、ボランティアの活動環境の整備を進めるため、平成7年の災害対策基本法の改正でも防災上の配慮事項として位置づけられ、また、1月17日を「防災とボランティアの日」、1月15日から21日までを「防災とボランティア週間」と定められている。

また、社会全体でボランティア活動の意義、重要性を理解し、ボランティア休暇やボランティア保険の普及、企業からの寄付や資機材、物品の提供など、社会的なボランティア活動に対する活動環境の整備に努めていくことが必要である。

(註) 災害時におけるボランティアの活動は、無論、従来から行われていたが、それはどちらかと言うと、地元中心であったり、ボランティア組織に属する限られた人達の限られた活動であったと言えるが、阪神・淡路大震災や平成9年1月の日本海ナホトカ号重油流出事故を契機に大きく変化してきている。

阪神・淡路大震災においては、様々な専門ボランティアをはじめ、多くのボランティアの活動があったが、地震発生後の13ケ月間に活動した一般ボランティアは、約140万人にのぼるとされ、救援物資の搬出入、避難所での作業補助、安否確認、炊き出し、水汲み、介護、被災家屋の片付け等の活動に従事した。また、ナホトカ号重油流出事故に際しては、1月の日本海という厳しい気候条件下で約28万人のボランティアが、柄杓や竹べら等を用い、手作業を中心に油回収、除去作業に当たった。平成16年の新潟、福井等の豪雨災害では延べ10万人以上、新潟県中越地震においても、延べ5万人以上のボランティアが様々な活動を活発に行ったとされる。

また、東日本大震災においても、141万人以上（平成27年1月現在）のボ

ランティアが、他の災害時におけると同様、救援物資の仕分け、炊き出し、避難所の運営の支援等の外、泥のかき出しや、子供の遊びや学習支援、高齢者への傾聴、外国語や手話の通訳、栄養指導、カウンセリング等、幅広い支援活動を行っている。

このように、近年では、ボランティア活動に参加する人達は、広域的に、全国から、個人で或いはグループで極めて大勢の者が集まるとともに、特別の或いは専門的な資格、技能を有する者だけでなく、むしろ被災者、被災地のために何らかの役に立ちたいという熱い気持ちで参加する一般ボランティアが多数を占めている。

2　防災への新たな対応

(1) 防災における公助、共助、自助

「防災」と言い、或いは「災害対策」と言っても、本質は同じで何ら変わることがないはずであるが、言葉のイメージとして、「防災」は、住民も行政もそれぞれが自ら必要な取り組みを行うものということに対し、一方、「災害対策」は、様々な行政分野の一つとして、行政が主体で責任を有し、住民は受け身で対策の受益者という印象をもたらしがちである。

いずれにせよ重要なことは、行政と住民が、更には、企業やNPO等をも含め、それぞれが果たすべき役割と、活動の限界を十分踏まえ、「自らの地域は自ら守る」という考え方に立って、相互に協力、連携し、災害による被害の未然防止、最小限化に取り組むことである。

行政の責務は、本来、国民の生命、身体、財産を災害から守ることであるから、常に防災に最善の努力を尽くすことは言うまでもないが、社会の様々な変化や行政が今日置かれている状況を考えると、国民として、唯々、行政頼みで良い訳はない。

第4節　自主的な防災活動と防災への新たな対応　217

　防災は、他の様々な分野以上に、いわゆる「公助」だけでなく、「自助」、「共助」の果たす役割が極めて大きいと言える。従って、平常時から住民、企業、NPO等様々な主体が防災への取り組みに参加し、自ら災害への備えを行うとともに、突然発生する地震等の大規模災害に対し、近隣で初期消火や安否確認、救助、避難誘導、避難生活の支援等が組織立って行えるようにし、自分達の地域の防災力を高めることが重要である。

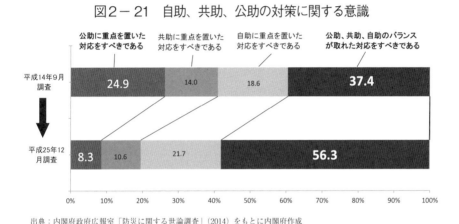

図2-21　自助、共助、公助の対策に関する意識

出典：内閣府政府広報室「防災に関する世論調査」（2014）をもとに内閣府作成

（平成27年版防災白書）

（2）戦略的、重点的な取組みと国土強靱化の推進
① 戦略的、重点的な取組み

　防災、災害対策として、これまで行政は、ハードソフトの両面にわたり、長年、多大の投資を行ってきたが、勿論それにより大きな成果が上がっているのは紛れもない事実であろうが、それにもかかわらず、依然、災害は跡を絶たず、更に、切迫性が指摘される大規模地震等の災害に社会全体が取り組まなければならない状況である。

一方、財政状況が益々厳しくなっていくことを考えると、防災といえどもそれを聖域視し、今までの延長線上で、或いは必要性の理由だけで対策を講じていくことは、困難な時代に入っていると言える。

　これからは、必要な防災、災害対策であっても、優先度、緊急度、投資効果等を従来以上に厳しく考えて、重点的、戦略的な対策を行っていかなければならない。それは、防災、災害対策の個別分野にとどまらず、横断的に、災害に強いまちづくりの考え方に立つとともに、膨大な経費と時間を要するハードよりもソフト対策重視、施設、物の被害はある程度犠牲にしても人命に関わる被害防止と社会秩序安定を最優先に、というような考え方をとる必要があるということである。

② 国土強靱化の推進

　国土強靱化（ナショナル・レジリエンス）とは、大規模自然災害等から人命、社会経済の致命傷を回避するための強さと被害から迅速に回復するしなやかさを備えた国土、経済社会システムを構築し、想定外の災害等から守る考え方（事前の防災・減災）であり、国土強靱化の取組を進めていくため、いわゆる「国土強靱化基本法」が制定（平成25年12月議員立法）された。

　国土強靱化基本法では、如何なる大規模災害等が発生しようとも、
① 人命の保護が最大限に図られること
② 国家及び社会の重要な機能が致命的な障害を受けずに維持されること
③ 国民の財産及び公共施設に係る被害の最小化
④ 迅速な復旧復興
を基本目標として国土の強靱化を推進することとしている。

　また、国土強靱化基本法に基づき、基本計画が閣議決定（平成26年6月）され、大規模災害等に対する脆弱性評価を踏まえ、（ア）重

点化を図りつつハード整備とソフト対策等の適切な組合せ、(イ)代替性・冗長性等の確保、(ウ)地方公共団体、民間との連携を基本として、起きてはならない最悪の事態を回避するためのプログラム（施策のパッケージ）の推進を図るとともに、また、地方公共団体に対し、国土強靱化地域計画の策定・推進の支援を行っている。

なお、国土強靱化の理念、考え方は良いとしても、実際は公共事業・土木工事が優先、重点化されるのではないか、また、国土強靱化と併せて、行政システムの改革（官から民、中央から地方への更なる分権化）が必要ではないか等の意見もあるが、国全体として官民・地方を挙げ、事前の防災・減災の考え方に基づき進める国土強靱化の取り組みが期待される。

(3) 減災、人的被害の防止を基本とした防災対策

① 基本的な考え方

戦略的、重点的な取り組みの考え方に通じるものであるが、防災、災害対策を実施する中で、被害の未然防止は無理でも、影響をなるべく最小限にくい止めようとする、いわゆる「減災」(Mitigation)の考え方が、今日、益々重要な意味を持ってきている。具体例を挙げれば次のようなものである。

(ア) 建物の耐震化のように、建物のある程度の損傷は覚悟しながら、倒壊は確実に防止する、負傷者が出ても重大な死傷につながることは未然に防ぐ、或いは減少させるなどの取り組みを行うこと。

(イ) 情報の収集、伝達体制の整備をきちんと行って、避難勧告、指示等を迅速に行い、住民の確実な避難を確保すること。

(ア)については、阪神・淡路大震災の死者の8割以上は、建物の倒壊等による圧死、窒息死、そのうち9割以上は即死状態であったといわれている。現行の耐震基準（昭和56年の建築基準法の改正に

よる新耐震基準)^(註1)に満たない古い建築物の被害を減らすため、建物の耐震化は、重大な死傷者の発生の減少につながるだけでなく、火災延焼の危険性の縮減、災害発生直後の重要な時間帯における救急救命活動の負担軽減、更には瓦礫等の災害廃棄物の発生抑制と早期復旧にも効果的と言え、従って、早急に、優先的に、強力に取り組むべき課題である^(註2)。

　（イ）については、東日本大震災は、数百年から千年の単位で起きた地震、津波であり、死者・行方不明者の殆どは、津波による犠牲と言われている。この津波による被害を防ぐためには、過去最大の巨大な津波を想定した防潮堤の建設が有効であることは言を待たないが、それには、長期間と膨大な投資を要するだけでなく、環境面、景観面への影響も考慮する必要があり、現実的ではない。

　従って、比較的頻度の高い津波に対しての防潮堤等の整備と、土地利用の調整や避難場所、避難ビル等の計画的整備を行って津波に強いまちづくりを進めるとともに、その上に立って、数百年から千年単位の極めて稀にしか起きない巨大津波に対しても、想定外の事態の発生ということで初動、応急対応に混乱が生じることのないよう、このような過酷な事態も想定した警報等の情報伝達、避難体制の充実を図り、ともかく人命第一を徹底することとである。

　また、水害に対しても、同様にダムや河川改修など整備に長期間と膨大な投資を要し、環境面への配慮も必要なハード施設に過度に依存することなく、これらの着実な整備の一方で、先ずは、洪水、河川の氾濫、土石流など、差し迫った危険を出来る限り早く住民に伝え、迅速かつ確実な避難が出来るようにし、ともかく人的な被害の発生をなくす、最小限にとどめることである。

② 課題と防災対策

　減災、人的被害の防止を推進していくためには、無論、避難所、

避難路、防災行政無線（戸別、同報系）等の整備とともに、地域の災害危険に関わる情報をハザードマップをはじめ、公共的な冊子に掲載する等して、積極的に情報開示し、住民の防災意識の高揚を図っていくことが前提となるし、また、事前の避難が結果として必要がない、いわゆる空振りに終わることも多々あるであろうが、これを社会全体として許容し、ともかく人命を最優先するという考え方を共有出来るようにしていくことが重要である。

ところで、（ア）の建物の耐震化、（イ）の迅速確実な避難の例のように、減災、人的被害防止を基本とした防災への取り組みが必要であり、また、有効であることが明らかであっても、個人的事情等に関わることもあり、中々、具体的な、徹底した実行にはならない現実がある。

このため、耐震化については、建築物の耐震改修の促進に関する法律が改正され（平成25年11月）、病院、学校、ホテル、大型店舗等の不特定多数の人が利用する大規模建築物等に対する耐震診断の実施及び結果報告が義務づけられるとともに、住宅や多数の人が利用する建築物の耐震化目標を平成27年までに少なくとも9割（平成20年8割程度。なお、25年の推計値は、住宅82％、多数の者が利用する建築物85％で、国土強靱化アクションプランの32年までの目標は95％）と設定し、国や地方自治体では、耐震診断・改修のための支援制度（補助、税制上の優遇、融資）を設け、促進を図っている。

また、迅速確実な避難については、集中豪雨や津波の際の避難も、避難勧告、指示が発令されても、なお、身近に危険を感じず、或いは自分だけは大丈夫と勝手に思い（いわゆる正常化の偏見。第3章第2節3（3）先手先手の対応の註2（257頁）を参照）、避難しない者も多いことも残念ながら事実であり、避難勧告等の判断・伝達マニュアル作成ガイドライン（第2節5（3）②避難勧告等の具体的な判断、伝達（134頁）

を参照）の点検、変更がなされ、地方自治体に対し適切な対応が要請されている。

③ タイムライン事前行動計画の策定

　住民等の安全確保を最優先に、災害の発生時（ゼロアワー）から逆算して時系列で行うべき対応を、防災関係機関が事前に防災行動計画（タイムライン）として定め、発災時には住民等の安全な避難を完了させておく考え方が、近年、提唱されてきており[註3]、特に巨大な台風や集中豪雨等の襲来が予測される場合には有効であり、減災に通じるものである。

（註1）　新耐震基準の考え方は、建物の構造にしなやかな強さを採り入れ、建物の耐用年限中に1～2度は遭遇する震度5程度の中地震に対しては、軽い損傷にとどめ、建物の機能を保持するとともに、耐用年限中に一度遭うか否かの関東大震災クラスの大地震に対しては、建物の部分的な損傷が生じても、最終的な倒壊や死者を発生させない設計を求めている。

　　　　阪神・淡路大震災でも新耐震基準による建物は被害が少なかったとされ、昭和56年以前の建物の所有者は、先ず、耐震診断を受け、耐震性に問題があれば早急に耐震改修、補強を行う必要がある。

（註2）　阪神・淡路大震災を受け平成7年に制定された建築物の耐震改修の促進に関する法律が、17年11月改正され、国が基本方針を定め、地方自治体が耐震改修促進計画を策定し、計画的に耐震改修に取り組む仕組みが導入された。また、所管行政庁による指導、助言や指示等の対象となる建築物の範囲が見直されるとともに、学校（幼稚園、小中学校等）や老人ホームで一定規模のものを指導、助言から指示対象とし、指示対象となる建築物について、指示に従わない場合公表できることとされた。

（註3）　2012年10月巨大ハリケーン・サンデイが米国東部を襲った際、ニューヨークでは、大規模な高潮による地下鉄等の浸水、800万世帯の停電、交通機

関の麻痺など、社会、経済活動に甚大な影響、被害が発生したが、NY市ではハリケーン上陸の1日前に地下鉄の運行停止を行い、また、ニュージャージー州等では、36時間前に住民に避難勧告を行う等、タイムライン事前行動計画に基づき対応を行い、人的被害を最小限に抑えることができた（2014年版国土交通白書のコラム欄でも紹介がある。）。なお、国土交通省では、直轄河川を対象に、避難勧告等の発令に着目したタイムラインを策定し、有効性の検証を実施していくとしている。

表2－13　災害被害を軽減する国民運動の推進に関する基本方針の概要

はじめに －安全・安心に価値を見いだし行動へ－
- 安全、安心を得るために自助、共助、公助の取組が必要
- 個人や家庭、地域、企業等が減災のための行動と投資を息長く行う国民運動へ

1　防災（減災）活動へのより広い層の参加（マスの拡大）
- 地域の祭りに防災のコーナーを
- 防災訓練の際に家具備品の固定
- 防災教育の充実
  学校教育の充実、大学生の課外活動の促進、公民館の防災講座の開催

2　正しい知識を魅力的な形でわかりやすく提供（良いコンテンツを開発）
- 絵本や写真集、紙芝居、ゲーム等多様な媒体の活用
- 災害の体験談の活用

3　企業や家庭等における安全への投資の促進（投資のインセンティブ）
- 職場や自宅で安全への投資を促進
- ビジネス街、商店街における防災意識の醸成（「守る防災から攻める防災へ」）
- 事業継続計画（BCP）への取組の促進

4　より幅広い連携の促進（様々な組織が参加するネットワーク）
- 国の機関、自治体、学校、公民館、PTA、企業、ボランティア団体などの連携

5　国民一人一人、各界各層における具体的行動の継続的な実践（息の長い活動）
- 地域ごとに防災活動の推進会議の設置を促進
- 地域、学校、職場等における防災活動の優良事例の表彰

（出典　防災白書）

（4）成果重視の防災行政に向けて

（3）に述べたようなことを踏まえ、今後の防災への取り組みとして、例えば耐震化、迅速確実な避難誘導などの政策目標を明示し、それを社会全体で共有し、それに向け、行政だけでなく、幅広く社会の構成員による防災への取り組みを行っていこうとする考え方が、近年、提案され始め、既に平成16年版の防災白書でも「成果重視の防災行政へ向けて」として紹介されるとともに、平成17年版の防災白書では「減災社会の実現に向けて」国民運動の展開が提唱され、平成18年4月中央防災会議において、「災害被害を軽減する国民運動の推進に関する基本方針」が決定された。引き続きこの基本方針を基に幅広い層が連携、参加し、様々な取組が推進されることが期待される。

図2－22　津波に対する防災対策の効果

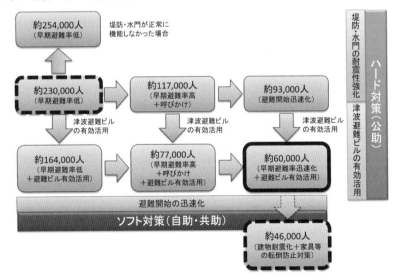

内閣府資料（平成27年版防災白書）

表2−14 首都直下地震緊急対策推進基本計画の変更概要［首都直下地震対策の減災目標等の設定］

首都直下地震対策に関するこれまでの経緯

- H17.9 首都直下地震対策大綱 ［中央防災会議決定］
- H18.4 首都直下地震の地震防災戦略 ［中央防災会議決定］
  ↓ ＜東日本大震災発生(H23.3)＞
- H25.12 首都直下地震対策特別措置法施行
  首都直下地震対策の被害想定と対策について ［首都直下地震対策検討WG最終報告］
  ↓
- H26.3 首都直下地震緊急対策推進基本計画 ［閣議決定］、政府業務継続計画(首都直下地震対策) ［閣議決定］

減災目標等を設定し、首都直下地震緊急対策推進基本計画に位置付け

今後10年間で達成すべき減災目標等を設定

想定される最大の死者数：
約2万3千人 から 概ね半減※

想定される最大の
建築物全壊・焼失棟数：
約61万棟 から 概ね半減※

※東京都区部の南部を震源とする地震が発生した場合の想定

減災目標を達成するための施策について具体目標等を設定

(1) 首都中枢機能の継続性の確保
  例)・参集要員の備蓄（参集指示システムの構築等）【100%(H28)】
    ・物資の備蓄 【100%(H28)】
    ・各省庁等における代替庁舎の確保 【100%(H27)】

(2) 膨大な人的・物的被害への対応
  例)・住宅等の耐震化【現状 79%(H20) ⇒ 95%(H32)】
    ・電気に起因する出火の防止
    【感震ブレーカー等設置率（木密地域）25%(H36年度)】
    ・石油コンビナート防災対策の充実等
    【ドラゴンハイパー・コマンドユニット
     H30年度までに12部隊を編成】
    ・エネルギー・産業基盤即時復旧部隊 現状 42%(H26) ⇒ ほぼ全て(H36年度)
    ・災害廃棄物対策
    【市町村の処理計画の策定率 現状 42%(H26) ⇒ ほぼ全て(H36年度)】

このような考え方に立って、前述(第3節2(6)南海トラフ地震対策(172頁)参照)したように、国は、平成26年3月南海トラフ地震防災対策推進基本計画を決定し、様々な主体が連携して総合的な防災対策を推進し、今後10年間で達成すべき減災目標を、想定される死者数約33万2千人から概ね8割以上減少、建築物の全壊棟数約250万棟から概ね5割以上減少させることとし、このため建築物の耐震化・不燃化や津波ハザードマップの作成、地域コミュニティの防災力の向上等の具体的な施策をその目標及び達成期間とともに示している（表2-7　南海トラフ地震防災対策基本計画（175頁）、図2-22参照）。

　また、同様に国は、平成26年3月首都直下地震緊急対策推進基本計画を決定（同27年3月減災目標を設定）し、今後10年間で、想定される最大死者数2万3千人から概ね半減、最大の建築全壊・焼失棟数を約61万棟から概ね半減させることとし、このため、住宅等の耐震化（平成20年79%→32年95%）や家具の固定、地震時等に著しく危険な密集市街地の解消や電気に起因する出火の防止に向けた感電ブレーカーの普及（木密地域の設置率平成36年度25%）等の具体目標を設定し、その一層の推進を図ることとしている（表2-8　首都直下地震緊急対策推進基本計画（180頁）表2-14参照）。

第3章　危機管理

●第1節　危機管理とは

1　様々な危機に直面する現代

（1）安全神話の崩壊と新たな危機対応の必要性

　我が国は、元来、台風や地震に見舞われることが多く、いわば自然災害と隣り合わせの国であるが、それでも治安の良さ等から、かつて世界一安全な国といわれ、「水と安全はタダ」と長く思われてきた。

　しかし、現在は、もはやこの安全神話が崩壊しつつある。治安情勢の悪化とともに、突然襲ってくる地震、津波や火山噴火、かつて想像も出来なかった事件や事故の発生、更に国際情勢の緊迫化など、安全を手に入れ、それを守るため、また、様々な危険、危機を回避しそれによる被害、影響を最小のものとするために、政府も地方公共団体も民間企業も、そして、国民も大変な努力が必要となってきた。

　一方、平成23年3月11日発生した東日本大震災と東電福島原発事故は、想定をはるかに超え、これまで我が国が経験したことがないような正に未曽有の大災害となり、極端に言えば3月11日を境に、我が国社会の在り方、人々の物の考え方、価値観をも変えてしまったと言えなくもない程、経済、社会の各方面に大きな影響を及ぼした。また、原発事故は、原子力神話を崩壊させた。

（2）我が国を取り巻く環境、情勢の変化と危機事案

　記憶に未だ新しい平成の時代に入ってから以降だけを見ても、我が国では、驚天動地ともいえる平成7年1月の阪神・淡路大震災や同年

3月の地下鉄サリン事件、東日本大震災、東電福島原発事故をはじめ、多くの大規模な自然災害や事故、事件が発生し(註)、更に、国際的には、情報化、グローバル化の流れの中で、世界的に流行する新型の感染症（新型インフルエンザ、重症急性呼吸器症候群コロナウイルス（平成15年中国等でSARSが、27年に韓国等でMERSが感染拡大）など）及び家畜伝染病（BSE＝狂牛病、口蹄疫等）の出現、サイバーテロ（情報通信システムに対する物理的、電子的攻撃）、NBCテロ（第1章第6節2（2）テロ等特殊災害対応の（註1）93頁参照）など、新しいタイプの危機も生じてきており、国民に大きな不安を与えている。

 また、平成12年米国9.11同時多発テロや、平成16年マドリード、17年ロンドン、20年ムンバイ、23年オスロ、27年11月パリ、28年3月ブリュッセル等での同時爆破テロなどが発生している。

 今日、中東やアフリカを中心に、民族、宗教等様々な問題に起因して内戦、地域紛争が激化し、これに伴い難民、飢餓、貧困等の問題とともに、こうした地域がテロ組織の温床となり、アルカイダ、イスラムの国（IS）等のイスラム過激派組織による国際的なテロの発生とその恐怖が広がっている。そして、平成25年1月アルジェリア、27年1月シリアでの邦人人質殺害事件等が、極めて残念なことに起きている。

（註） 自然災害については、詳しくは第2章第1節2自然災害の状況（105頁）参照のこと。自然災害以外の大事故、事件等としては、平成7年の高速増殖炉「もんじゅ」ナトリウム火災、11年のJCOウラン加工施設臨界事故、17年のJR福知山線列車脱線事故等などが発生している。

 　また、テロ等の関係では、本文に述べたもの以外に我が国に関わる、或いは身近な所で起きたものとしては、度重なる北朝鮮の弾道ミサイル発射及び核実験の外、平成8年のテロリスト集団による在ペルー日本大使公邸占拠事件、11年及び13年の北朝鮮武装不審船事件、16年のイラクでの邦人人質事件、22年

韓国哨戒艦沈没事案（3月）、尖閣沖の中国漁船衝突事件（9月）、韓国延坪島砲撃事案（11月）（第4章1（1）高まる危機への不安、懸念の註1及び註2（303頁）を参照）等がある。

2　危機及び危機管理とは

(1) 危機

① 危機の分類

　危機とは、人命や社会のシステムに大きな危害又は損失が生じ、又はそのおそれがあること、即ち、危険な状態にあることで、大規模な災害、事故、事件等が一般的であるが、本来的には危機の最たるものは、国家の安全を脅かす、外国からの侵略であり、また、現在の成熟した社会を考えれば、国民生活に広く、重大に関わる経済不安の発生も危機と言ってよいであろう。

　危機の分類については、発生原因により人災か天災（自然災害）か、内的なものか外的なものか、また、影響の程度、範囲等により国際的なものか、或いは国、地方自治体、民間企業のどのレベルのものか、更に突発的なものか慢性的なものか等、種々の分類方法があろうが、本書では、危機を広く捉え、その性格、態様等を基に、次のように危機を分類することとする。

　なお、発生原因が人災であれば補償責任問題が、また、危機が内的なものであれば組織の体質、風土の問題が生じるであろう。

(ア)　国家の安全保障、軍事に関わるもの
　　　外国からの武力攻撃、テロ等
(イ)　自然災害（天災）
　　　地震や風水害等で甚大な人的、物的被害が発生するもの
(ウ)　人為的な災害、事故、事件

国、地方自治体、企業等の組織体に関わるものや社会一般に影響が及ぶもの
　㈎　国家的な金融、経済不安に関わるもの
　　経済恐慌、石油危機、通貨危機、食料危機等
② 危機に共通する特性
　危機には様々なものがあるが、危機管理が必要となる危機には、次に掲げるような共通する特性があり、これを認識しておくことが、危機管理を適切に行う上で重要となる。
　㈐　突発性、不確実性
　　　危機は、地震・津波、火山噴火等のように、一般的に何時、何処で、どのような形で発生するか、即ち危機発生の時、場所、態様の予測が困難であり、このため、事前の備え、予防等が基本的に重要となる。
　　　なお、慢性的、日常的な危機は、例えば現在の国家財政のように、いわば危機的状況が継続しているのであって、決して好ましいことではないが、それが破綻（クラッシュ）した時に、本来の危機管理が問われるといえる。
　㈑　巨大、重大性
　　　東日本大震災、東電福島原発事故のように、危機の及ぼす社会的な被害、影響が甚大で、対応の適否が危機を更に拡大させるだけでなく、致命的な結果を招来することにもなりかねず、このため強力なリーダシップの下に組織を挙げて総動員体制での対応が不可避となる。
　㈒　緊急性
　　　一刻を争う切迫した状況の下での対応が求められ、判断の躊躇、事態の放置、対応の遅れは、被害を拡大させ、致命的な結果をもたらすことになり、このため、㈑に述べたことと同様の

対応が必要となる。
(エ) 希少性
　重大な危機は、そう頻繁に起きるものではなく、発生確率、頻度は、特定の地域や人等にとってみれば極めて稀なもので、場合によっては、経験せずに済んでしまうこともある。このことが、危機をいわば他人事として捉え、危機意識が薄弱、危機管理の専門家が育たず、経験が蓄積されない等々の問題につながり、ある意味で危機管理を難しくしている理由の一つでもある。
③　近年の危機の特徴
　危機そのものは、時代を超え、国、地域の違いなく発生するも

図3－1　危機的事象の整理

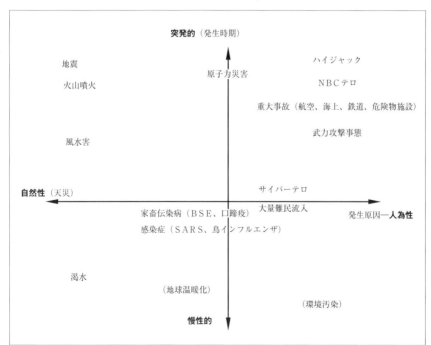

(筆者作成)

のであるが、それでも、経済社会の変化、発展等に伴い、近年の危機には、次に掲げるような特徴が見い出され、危機管理に当たり十分留意していく必要がある。

(ア) 新たな危機の発生と国際的な波及

地域紛争、大量難民の流入、過激派によるテロ、サイバーテロ、感染症（SARS、新型インフル等）、家畜伝染病（BSE、口蹄疫等）等に例示される。

(イ) 危機の大規模化、被害の甚大化

都市への諸機能の集中、高度情報社会の進展等に付随するとともに、自然災害については、気候変動（地球温暖化）の影響や地学的な平穏期が過ぎて活動期入りが懸念される。

(ウ) 危機への対応力の弱体化

地域コミュニテイの弱体化、災害時要援護者の増大等が状況を加速する。

(エ) 災害の複合化、広域化

高度情報化、ネットワーク社会においては、東日本大震災のような大規模地震、大津波が、原発事故、コンビナート火災、多数の帰宅困難者、計画停電等の複合、広域災害を引き起こす。

(2) 危機管理

危機管理には、明確な定義はなく、一般的に、リスクマネジメントの言葉が使われているが、その意味するところは論者により様々であり、また、危機の種類や危機管理の主体、危機管理の段階等、性格によっても異なる[註]。本書では、危機管理とは、「様々な危機に際し、適切な対応、行動により、被害を防止、最小限に留めること」であり、危機に対しどう対応するか、国民の生命、財産をどう守っていくかの実践論、方法論として把えている。

なお、危機と危険とは、明確に区別する必要があり、一般的には次のように考えると分かりやすい。
① 危険（Risk）─リスクを（危機でなく）危険と訳す。
　　リスクは、未だ発生していない危険を指し、従って、これから起きるかも知れない危険に対する準備、対応が中心テーマ（危険管理＝リスクマネジメント）。なお、併せて、リスクが具現化した時の対応も考える。
② 危機（Crisis）
　　危機は、危険が既に発生している事態を指し、従って、それによるダメージを最小限に食い止めること、事態対処が中心テーマ（危機管理＝クライシスマネジメント）。なお、併せて、危機を発生させないよう、予防を考え、対応を行う。（クライシスの語源は、「将来を左右する分岐点」であり、危険は平時、危機は突発的なイメージ）
　いずれにしても、危機管理とは、「危機に際し、適切な対応、行動により被害を防止、最小限にとどめること」であり、危機に対してどう対応するか、国民や住民の生命、財産をどう守っていくかの実践論、方法論である。元々は、1962年のキューバ危機を契機に、米国において、国家の軍事、安全保障の分野から発展した言葉、考え方と言われているが、それが今では、経済社会の変化、グローバル化等もあって、広く、非軍事的な領域や更には企業経営等にも及んでいる。
　本書では、前記（1）①の(ア)から(ウ)の危機を主に念頭において記述している。大事なことは、危機に管理される（受け身、振り回される）のではなく、事前に準備、備えをし、万が一、危機が発生した場合も、先読み、先手先手で、被害を最小限に留める取り組みを行うことであり、それが出来なければ、悲惨な結果（被害、影響の拡大、犠牲者発生、責任問題）を招来することになる。

(註) 危機には、突然起きる予測不可能なものと、過去の流れから生じ、その予測が可能、従って、その危険度を質的、量的に評価、コントロール出来るものとがあるとし、前者を扱うものがクライスマネジメント、後者を扱うものがリスクマネジメントとして、それぞれの対応が論じられることが多いようである。なお、更に、危機発生後の対応を緊急事態管理(エマージェンシーマネジメント)、平時における事前対策をセキュリティマネジメントと呼ぶ論者もある。

しかし、危機の発生が突発的か否か、予測可能か否かは、危機の種類により異なるし、また、危機発生の時、場所、態様、程度等が種々様々であることを考えると、企業経営等において論じる場合は別として、理論的に両者を厳密に区分することよりも、むしろ実践論として、危機に対する事前対応と、発生した危機に対する対応とに分け、その双方、全体を広義の危機管理(リスクマネジメント)、後者を狭義の危機管理(クライシスマネジメント)と考える事の方が、意味があるものと思われる。

3　企業経営における危機管理

(1) 企業経営における危機の態様と危機管理

企業経営においては、事業に関わる内外の様々なリスクを適切に管理する経営活動が、リスクマネジメントであるとされる。その内容は、保険、契約や事業戦略の立て方等によりリスクの移転、回避、低減を図って、自らコントロール出来ないリスクを最小限にするとともに、適切な企業統治(コーポレイトガバナンス)を構築し、実際にリスクが発生した場合には、被害の状況等に応じ迅速かつ適切な対応を行うことである。

実際に危機管理対応が必要となるのは、①大規模災害等により工場等が被災し、又はライフラインの寸断等により、通常の事業活動の休止、縮小を余儀なくされる場合、②経営環境の激変等により、突如、

経営危機に直面する場合、③当該企業が重大な法令違反、事故や不祥事を引き起こし、社会的責任が厳しく問われ、信頼性が大きく揺らぐような場合、④海外駐在員等が人質、誘拐、身代金要求等の事件に巻き込まれる場合などである。

　このような場合を想定し、危機管理計画を策定し、どう事前にリスクを軽減し、或いは回避出来るようにしておくか、また、実際に緊急対応をどう行うか等は、まさに危機管理の問題である。

　上記のうち、①の場合については、一般に、当該企業に直接的な原因、責任がある訳ではなく、当該企業が果たしている社会的な役割、責任を踏まえ、また、致命的な打撃を回避するため、全社的な戦略として、早期に企業活動を再開出来るようにすること、そのため、バックアップシステムの整備、要員の確保、社員等の安否確認を含む第2節4で述べる業務継続計画（Bisiness Continuity Plan）を事前に策定しておくことが必要であり、特に近年、このことの重要性が強く指摘されている。

　また、②、③及び④の場合については、当該企業固有の問題であり、危機に至った事情、原因又は責任の有無、所在、善後策、対応、再発防止等についての先ず説明責任が重要となり、従って危機管理対応の中でも、後述第2節5のクライシスコミュニケーションに関わる問題が大きいと言える。

（2）様々な不祥事と企業統治

　近年、上場企業の中にも、不正経理や商品の偽装、欠陥隠ぺい、表示の改ざん等々を引き起こし、社会の厳しい批判を受け、大きなダメージを負った企業が少なくないが、その経過を見ると、根本原因は、企業統治（主に経営者と株主の関係）、法令順守（コンプライアンス）等に問題があることは明らかであるが、加えて、クライシスコミュニケーションを含めた危機管理の拙さが事態をより悪化させたと言えるもの

が多い。

　ところで、近年、米国を参考に、企業の法令違反や不祥事等の防止のため、企業の社会的責任（Corporate Social Responsibility の頭文字をとってCSRと呼ばれる。）が重要視される中で、企業統治又は内部統制、企業の法令順守（コンプライアンス）、説明責任（アカウンタビリティ）、情報、リスク開示（ディスクロージャー）を制度的に担保していく流れが出て来ており、また、平成16年に公益通報者保護法（公益通報者の保護を目的とするが、公益通報を奨励するものではなく、また、違反に罰則はない。）が制定されている[註]。

　このように、企業の不正防止と企業統治に関する制度、仕組みが整備されてきているが、依然として、企業（最近報道された大王製紙、オリンパス、東洋ゴム、東芝等）の不正経理、不祥事等が跡を絶たず、改めて企業統治や公益通報制度（内部通報、内部告発）の在り方、その充実強化の方法等について、種々の議論が起きるとともに、企業の社会的責任の認識と企業倫理の確立、そして、形だけではない実効性、実質的な内容を伴う制度、仕組みが必要といえる。

　なお、企業内部における不正の防止と対応については、次の（3）で述べる。

[註]　米国では、2001年の新興総合エネルギー企業エンロン、2002年の長距離通信大手企業ワールドコムの不正経理、経営破綻事件を契機に、同年7月にサーベンス・オクスレー法（法の提案者の議員名を冠したもの。SOX法）が制定され、上場会社に対し、経営状態、コーポレートガバナンス等の適正な開示と経営者の宣誓を義務づけ、違反した経営者に民事責任、刑事罰（最長10年の禁固刑若しくは百万ドル以下の罰金又はその両方。故意の場合は、20年と5百万ドル。）を課することとした。

　　我が国でも、これまで企業の内部統制の整備が種々図られてきており、平成

15年3月に企業内容等の開示に関する内閣府令の改正が行われ、有価証券報告書の提出に際してのコーポレートガバナンスの状況(内部統制システム、リスク管理体制の整備の状況)、事業等のリスクに関する情報(特定の取引先等への依存、特有の法的規制、重要な訴訟事件の発生等)の開示と、不実の記載がないと認識している旨及びその理由の記載(虚偽記載には、5年以下の懲役若しくは500万円以下の罰金又は併料)などが義務づけられた。

更に、平成18年に新会社法が施行され、適正な業務を確保するための体制の整備(コンプライアンス、情報管理、リスク管理、内部監査。362④、⑤)が、また、19年に金融商品取引法(日本版SOX法)の改正(24の4の4)により、有価証券報告書と併せて公認会計士等の監査証明を受けての内部統制報告書の提出が、義務付けられるとともに、27年に会社法が改正され社外取締役の導入等を進めることとされた。

(3) 不正の防止と対応

組織内部で不正が発生すれば、危機管理対応の問題となるが、一般的に、その際は先ず、不正の早期発見、拡大防止が重要であり、そのため、監査制度、内部通報制度を整備しておく必要がある。

また、不正の確認、真相解明のための調査は、トップ等から実質的な権限を与えられたチームにより迅速、的確に行うとともに、不正が疑惑の段階に在るときは、機密保持に留意しつつ極秘に進める必要がある。なお、事柄の重大性、社会的な影響の大きさ等を考慮すると、調査の客観性、中立性、公正を確保するため、外部の有識者等から構成される第3者委員会の調査が必要となる場合もある。

更に、調査がまとまる、或いは一定の目途がついた段階で、関係者(ステークホルダー)に対する説明責任の履行(クライシスコミュニケーション)、関係者の処分、再発防止対策等を明らかにする必要がある。

ところで、何故不正が行われるのかについて、米国の組織犯罪研究

者ドナルド・R・クレッシーが体系化した不正のトライアングル（不正の3要素）がある。即ち、不正を行う要素には、①動機（金銭的、又は怨恨）、②機会（見つからない、分からない等と認識）、③正当化（自分だけではない、他にも居る等）の3つがあり、これらの一つでも欠ければ不正は生じない（逆に3つ揃うと不正が起きる）とするものである。

これら3つの中で、①は個人的なもので対応には限界があるが、②は、不正を防止するチェックシステムに係る問題であり、③は組織の構成員の倫理観、組織の規律、風土等に係る問題と言うことができ、然るべき対応等がとられなければならない。

内部不正防止策としては、当然ながら、不正の未然防止が最も重要であり、平素から、事務、業務処理における不正に繋がるようなリスクを最小限にするとともに、相互チェックの徹底等を行い、また、不正は必ずバレ、厳しく罰せられる倫理観、組織風土、風通し（コミュニケーション）の良い職場環境を作り上げておくことが肝要である。

4　危機管理の性格、特殊性

時代の進展とともに、新たな危機も次々と出現し、近年、危機管理について関心が高まり、また、多く語られるようになったが、危機管理には、次のような性格、特殊性があることを理解しておく必要がある。

① 危機に際し適切な対応がなされるか否かは、直ちに人命や社会システムに大きな影響を及ぼし、場合によっては、国家や社会の命運を左右するものであり、言うまでもなく、危機管理は、国家、地方自治体、企業等組織体にとって極めて重要な事柄であること。
② 危機管理に対する認識、受け止め方には、国民性、社会性が大きく関わっていること。歴史的に戦争、紛争等を度々経験し、「安全

は自ら守るもの」と常に強く意識し、それが当たり前のことである欧米人と、我が国のように島国で他国の侵略等を基本的に受けることなく、強いて危険といえば、自然災害であって、それも天災、宿命と諦め観のある日本人とは、基本的に異なっており、危機管理意識を高めていくことが必要であること。
③ 危機には、類似はしていても一つとして同一のものはなく、人命最優先の原則は当然であっても、実際に何を優先するか、大事の前に何を小事として敢えて犠牲もやむを得ないとするかなどの厳しい判断、選択を迫られることもあり、それだけに、危機管理には常に困難性、責任重大性が伴うこと。
④ 危機に対し迅速かつ的確な対応が出来るか否かが、被害や影響を最小限に抑えることが出来るか否かを決定することになるが、一般に、危機発生後は混乱した状況にあり、十分な時間、余裕を持って対応することは許されず、従って、標準的な危機管理マニュアルを基本としつつ、臨機応変にトップダウン式で、いわば「走りながら考える」的な対応を迫られること。
⑤ 危機管理は、社会公共の安全、安心に関わる政府及び地方公共団体は当然として、あらゆる組織体について必要になること。民間企業においても、不祥事や経営失敗等が発生し、それが企業の信用、イメージの失墜から存続問題にまでつながりかねない事態に立ち至った時、如何に対応するかなどは、まさに企業のセキュリティ対策を超えた危機管理そのものと言えること。

以上述べたことから、危機管理には、事前の対策や備えが、即ち危機管理体制の整備、危機管理計画、マニュアルの策定、訓練等が極めて重要である。

しかしながら、これらには、コスト、労力時間等が相当かかる一方、どこまで対応すべきかいわばキリがない、効果が見えない、或いは切

迫した状況にない、発生確率が低い等を理由に、一時は熱心に取り組んでも、そのうち政策の優先順位が下がって御座なりになってしまいがちである(註)。このため、危機管理の必要性、重要性は分かっても、他との関係で優先的に何処まで取り組むか、コストをかけるか等について、実際上の難しさがある。

(註) マネジメントの世界においては、「悪貨は良貨を駆逐する」（英　トーマス・グレシャム）のいわば応用である「計画のグレシャムの法則」と言われるものがある（ノーベル経済学賞受賞のＨ・サイモンがグレシャムの法則を経営、計画の世界に応用）。

　これは、経営者がなすべき創造的、革新的、計画的な仕事（良貨）に対し、短期的、日常反復的な仕事（悪貨）が優先されてしまうことを言うものであるが、目標管理、モチベーション等の重要性を指摘した警句とも受け取ることが出来、いざというときに初めて効果が実証され、普段は、直ちには目に見える効果が現れるとは言えない危機管理を考える場合に、参考になる。

●第2節　危機管理の内容

1　多段階の危機管理

　危機管理とは、①危機を予め想定して必要な備えをし、②危機が発生した際、それが想定どおりでも、異なっていても、事態の分析、把握をし、直ちに初動、応急対応をするとともに、事態の進展、推移に応じ、先の見通しを立てつつ、事態をどう収束させるか対応を考え、実施し、③現状回復を図りつつ、次の同種の事案、事態の発生に備えるか、というマネジメントのサイクルに従って行動することである。
　危機管理には、危機発生の時間の経過、危機対応の段階に応じ、様々

な分け方、局面（3～5段階）があり、また、実際には、各段階が重なり合っていることが多いが、大きくは、次の3段階に分けることが出来る。

　また、危機管理の内容は、危機の種類によって異なる面もあるが、危機管理の基本的なところは、共通しており、以下、各段階における危機管理の内容について述べる。なお、災害については、詳しくは、第2章第2節4から6を参照のこと。

① 　危機発生前の段階――予防、準備（preparedness 又は prevention）
② 　危機発生、危機継続の段階――即時・応急対応
　ア 　危機の前兆、シグナルの発見（警戒）
　イ 　初動、応急対応
　ウ 　危機、被害の局限化、拡大防止（ダメージコントロール）
③ 　危機終息に向けての段階――復旧、復興、再発防止

（1）予防

　大きくは3つに分かれる危機管理の段階の中で、上記①は予防の段階であり、危機の発生に備え、その未然防止と万が一発生しても被害の軽減を図るため、事前に種々の準備、対応を行っておくことであり、その内容は広範・多岐にわたる。具体的には、（ア）被害の軽減策の検討、実施、（イ）訓練、（ウ）被害想定、（エ）危機管理計画の策定等がその内容となる。

　これらの中で、（ア）の被害の軽減策には、ハード、ソフトの両面にわたり幅広い内容のものが含まれるが、特に危機管理ということを意識した場合には、安全側への作動、即ちフェイルセーフ（Fail Safe）の考え方[注]に立って、特別に重要な施設、設備、情報等について、二重化、バックアップシステムをとり、また、平常時とは別の非常時用の業務執行体制を準備しておくことが重要である。

（イ）の訓練は、危機、特に上記②の危機発生、危機継続の段階における即時・応急対応を疑似体験し、現在の危機管理の欠陥を知る上で重要であるが、形式的、シナリオ通りの訓練では、対応マニュアルを理解し、確認することに意義があっても限界があり、いざという時に必ずしも役に立たず、従って、抜き打ち的な訓練や図上演習等も試みることも大切なことである。また、訓練で出来ないことは、実際の危機においても出来る訳はないことに、留意しておかなければならない。訓練の具体的な内容については、（4）で後述する。

（ウ）の被害想定については第2章第2節3（2）実効性ある地域防災計画の策定（122頁）を、（エ）の危機管理計画は次項2（2）危機管理計画の内容と計画策定上の留意事項（248頁）を参照のこと。

ところで、自然災害や外部要因に基づく危機に対しては、危機の発生自体を防止することは困難であり、被害の防止、軽減を目的としたものになるが、一方、人為的な事由による危機（事故、事件、不祥事等）については、発生予防が最も基本かつ重要なものとなる。また、中長期の危機の予測、予知は、上記3つの危機管理段階の①予防、準備に該当し、短期の予測、予知は②アの危機の前兆、シグナルの発見に該当する。

(註) 元々は、航空機の操縦系統や航法装置等で1つの系統が故障しても、その系統にとって替わる別の系統が自動的に安全な方向に作動し、致命的な状態に陥ることがないように設計する思想をいう。なお、装置自体がある条件を満たさなければ、作動しないよう誤操作を防止する仕組みであるインターロックも、同様の思想に基づく。

（2）即時・応急対応

上記（241頁）①から③の全体が広義の危機管理であるが、これら

の中で、②の即時・応急対応が危機管理のいわば中心を成し、狭義の危機管理（クライシスマネジメント）である[註1]。これは、更に3つの段階に分けられる。

②のア（危機の前兆、シグナルの発見）については、何の前触れも無く、全く突発的に発生する危機もあり、このような事態にどう対応するかは、危機管理の最大の課題であるが、多くは、何らかの前兆、シグナルがあり、危機発生の脅威、切迫性として、それを発見、把握し、警戒態勢をとることが極めて重要である[註2]。これにより、危機の回避（被害の未然防止）又は危機が発生しても被害の影響の軽減につなげることが可能となり、一方これが出来なければ、危機は拡大、深刻なものとなってしまう。

②のイ（初動、応急対応）とウ（危機、被害の局限化、拡大防止）は、明確に区分出来るものではないが、いずれも危機への直接的な対処、実働行為である。

主に、②のイの初動、応急対応は、緊急体制の立上げ（要員の非常参集、対策本部の設置等）、被害等の情報収集、避難誘導、緊急対策の立案などであり、初動、応急対応の遅れは、②のアの危機の前兆、シグナルの見落としとともに、被害の飛躍的な拡大を招き、自然災害であれば、災害が人災につながりかねないことを肝に銘じておく必要がある。

対策本部は、指揮命令系統を明確にし、指揮権限の強化を図るとともに、情報の共有化、連絡体制の一元化、人材の集中投入、多角的な情報収集、分析を行い、迅速な応急対応、総合調整、決定、そしてマスコミ等への広報を行うために設置するものであり、従って、対策本部を形式的に設置したということではなく、まさに実質的に機能するよう運営されなければならない。なお、必要に応じ現地対策本部等を設置することも考えられてよい。

また、住民の避難に当たっては、災害対策基本法をはじめ関係の法

図3-2　多段階の危機管理

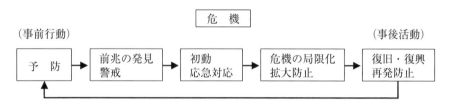

図3-3　危機管理に係る施策の流れ

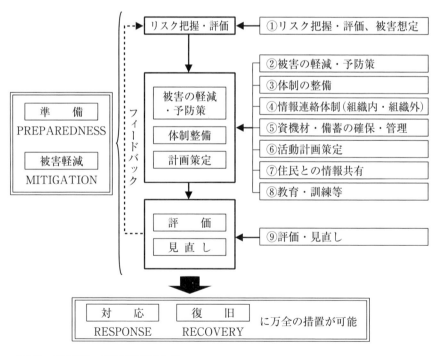

（出典　消防庁　平成15年10月
　　　「地方公共団体の地域防災力・危機管理能力指針の策定調査報告書」）

律（地すべり等防止法25、水防法14、22、大規模地震対策特別措置法25、26、警察官職務執行法4、国民保護法54、112、114等）に基づき、避難の勧告、指示、命令、警戒区域の設定等を行って対応することになるが、どのタイミングで避難等を命じるか、また、解除を行うかは、災害応急対策について前述したように、危機管理を行う上で極めて重要な課題である（第2章第2節5（3）「避難措置」133頁参照）。

次に、②ウの危機、被害の局限化、拡大防止（ダメージコントロール）は、まさに緊急対策の実行であり、逃げ遅れた人の救出、救助、行方不明者の捜索や避難所の設置、運営等であり、更に、水害を例にとれば、堤防の決壊箇所の修復或いは決壊を防ぐための土嚢設置等である。

（註1） 災害等人命に関わる初動対応については、勿論状況により異なり一概には言えないが、第一線、現場では直ちに消防、警察等が救出、救助活動を開始する。また、地方公共団体、政府においては、経験上、出来れば発生後30分から1時間（関係者が非常参集し、対策本部を立ち上げる。）、24時間（生存率の低下が始まる。）、72時間（生存の可能性がなくなる。）を念頭に置き対応する必要があると言われている。

（註2） 安全管理の世界には、「ハインリッヒの法則」（1対29対300の法則、ハインリッヒのピラミット理論）という考え方が良く知られている。米国のH.W.ハインリッヒが労働災害の発生確率の分析から導き出した法則（1929年論文発表）で、一つの重大な事故の陰には29の小さな事故があり、更に、それには300の細かな事故があるというものである。

これは、危機管理一般にもつながる考え方で、重大な事故、事件も常に突如起きるという訳では必ずしもなく、随伴する小さな多数の事故、事件を警戒警報、危険の兆候として積極的に受け止め、事前の対応を強化していくことが重要であり、これを軽視したり、ましてや隠蔽することはもっての外のことである。

また、軽傷事故やヒヤリハット体験（無傷事故であるが、ひやりとしたり、はっとしたりした体験）を重傷事故への警戒警報、事故防止のための情報源として活かして行こうとする考えも、同様の考え方に基づくものである。

（3）復旧・復興、再発防止
　前記③の復旧、復興、再発防止（241頁）は、被害状況を踏まえ、元の平穏な状態に戻すことであり、それには、被災した施設とともに、被災者の生活支援、被災地域の立直し等も内容に含まれるが、その場合、単に元の機能の状態に復する復旧に止まらず、機能の向上、質的転換を図りながら再発防止、更には、被災の状況、影響の大きさによっては、可能な限りより良い望ましい状態をつくる復興を考えていく必要がある。

　また、一連の危機対応を見直し、適切に評価し、反省、教訓を危機管理計画、危機管理体制の見直しに活かし、来るべき次の危機への十分な備えとすることが重要である。

（4）訓練
　訓練には、大きくは図上訓練（演習）と実動訓練とがある。
① 　図上訓練
　　危機発生時における意思決定過程を、実際の危機を再現しながら体験し、危機管理を担当する者の意思決定能力、情報伝達力を高めるもので、危機管理計画の実効性を検証するために不可欠である。
　　一般的な方法は、訓練者（プレイヤー）には具体的なシナリオは示されず、訓練時間経過の中で、危機事態の状況の推移に関する情報が訓練の管理を担当する者（コントローラー）からプレイヤーに提供（状況付与）され、これを基に、プレイヤー自身が情報収集、状況判断、対応策の検討を行い、危機対応を行うロールプレイング形式がとら

れる。

　図上訓練においては、事前に伝えられていない不測の状況の付与等、実践的なものとする努力が必要であり、訓練の過程を記録し、検討会を開いて、対策の内容や計画、マニュアルの評価、検証、見直し、事態対処能力の評価を行うことが重要である。

② 実動訓練

　危機発生時において想定される対応に習熟するとともに、検証を行うことを目的として実際対応を行うもので、危機管理業務に当たる実動機関の事態対処能力を高め、関係機関の連携を図るためにも、同時に、住民等に対する広報としての意味を持つ展示型訓練（視せる訓練）としても重要である。

　訓練の内容となる避難訓練、情報伝達訓練、緊急参集訓練は、基本的な訓練であり定期的に実施する必要がある。また、単独で行う訓練の外、関係機関が連携、協働して実施する総合防災訓練がある。

2　危機管理体制の整備と危機管理計画

（1）危機管理体制の整備

　危機管理を適切に行うためには、危機管理の基本的な方針を定めるとともに、危機管理組織の構成、指揮命令系統、関係者の役割・任務を明確にして人材を配置し、更にはオペレーションに必要な執務室、会議室等や通信手段・施設、そして各種の支援、補給資機材等を準備すること、即ち危機管理体制の整備が必要である。なお、これらを全体的に又は部分的に文章化したものが、危機管理計画（名称は危機管理指針、要綱等の場合もある。）である。

　危機管理体制の整備或いは危機管理計画の策定が必要な理由は、前述した危機、或いは危機管理の性格、特殊性に由来し、①トップのリ

ーダーシップの下に、組織を挙げての総合的、一体的な対応、②指揮命令系統と関係者の権限と責任の明確化、③一過性でない継続的な危機管理対応、④関係機関との緊密な連携、協力の確保等が、必要となるからである。

　また、危機は、一般に何時、何処で、どのような形で起きるか分からないのであり、常に、初動の重要性、被害の拡大防止、局限化の観点から対応出来るよう、危機対応の基本となる危機管理計画を策定しておくことが重要である。このことが、仮に何の前触れもなく突発的に危機が発生しても、また、想定の規模を大きく超えるような危機が発生した場合でも、危機管理計画を参考に、最悪の対応を回避し最善又は次善の対応につなげることが可能になると言える。

（2）危機管理計画の内容と計画策定上の留意事項

　危機管理計画は、危機の種類により部分的に内容が異なることも有り得るが、危機管理の性格、特殊性を十分踏まえ、基本的には次のような内容を定めておくことが必要である。

① 予想される危機及び被害の想定（リスクの洗い出しと重大性の評価）
② 危機対応、オペレーション組織（責任者、チームメンバー、指揮命令系統）
③ 情報収集、伝達、広報体制
④ 非常参集、初動対応措置、活動計画
⑤ 非常時用の業務執行（又は継続）計画（基本的な業務の維持、継続又は正常への復帰手順等―後述の4　業務継続計画（257頁）参照）
⑥ 教育訓練

　危機管理計画は、よくありがちなきれい事、作文であっては意味がなく、常に、訓練、シュミレーション等を行って見直し、より実践的なものにしていくとともに（いわゆる Plan, Do, See 又は Check）、危機管理計画を受けて危機対応の責任者、担当者等の個々、具体的な役割、

行動手順、行動チェックリストを含む危機対応マニュアルの作成が必要である。

なお、危機管理は、多くの関係する機関等との連携（協力、調整等）が必要となり、また、危機は類似していても、実際に発生する態様は様々であり、想定外の事態が起きることは決して珍しいことではなく、従って、危機管理計画や危機対応マニュアルを絶対視することなく、行動の裏付け、心構え等としてのその効果、限界を十分認識しておくとともに、混乱、思考力低下の中でも必要な行動、作業の抜け、落ち

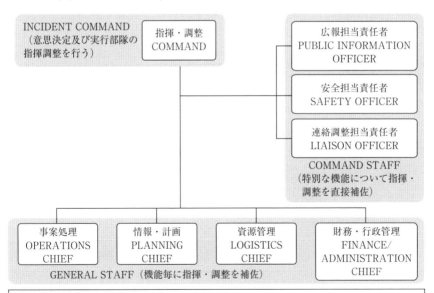

図3－4　ICS（INCIDENT COMMAND SYSTEM）

ICS（Incident command System）：
　1970年代に従来の作業では鎮火できない森林火災が懸案となっていた米国において、関係行政機関の特別チームが作成したFIRESCOPE（Firefighting Resources of California Organized for Potential Emergencies）を改良したもので、主な任務分担は上図のとおり。現在では災害対策の基本システムとして事実上の世界基準となっている。

（出典　FEMA「NATIONAL INCIDENT MANAGEMENT SYSTEM」
　　　　　　　　　　　　　　　　　　　　　（DRAFT）2007）

等がないよう、箇条書き的にまとめたチェックリストが必要、有効である。

また、危機対応、オペレーション組織のメンバーとしては、状況により縮小、拡大は当然考えられるが、危機管理全体の責任者、危機内容に関わる部門の責任者、情報の総合的分析、対応（応援要請を含む。）の検討を行うスタッフ（参謀）とともに、対外的な発表、マスコミ対応を行う広報部門、資金、予算面を扱う財務部門、人員の配備、動員等を扱う人事、総務部門、法律、制度面を扱う法制部門、事態の推移及び決定、行動等を記録する部門などを配置し、総合的、機動的に機能する組織としておかなければならない。

参考までに、オペレーション組織の例として、ICS（INCIDENT COMMAND SYSTEM）を掲げておく。なお、米国の場合、連邦と州の関係や危機対応に当たる多様な人材の関係等から、指揮命令系統と用語の統一を図る必要性、目的があるとされる。

3　危機管理の要諦

これまで、危機管理の性格、特殊性、危機管理の内容について種々述べてきたが、実際の危機管理に対し、一般に次に掲げるような批判と問題、その多くが即時応急対応に関わる事項が挙げられる。
・トップを含め、危機管理意識が薄い、事前の準備が不十分
・危機に対する対処が遅い（初動が遅い、救援の遅れ）、被害、影響を軽く見ている、見通しの誤り
・縦割りの対応で総合力が発揮されていない、調整力不足、現場混乱、情報が共有されていない
・トップの顔が見えない、指導力不足
・情報が隠匿されている、情報発信が少ない、説明責任が果たされ

ていない
・被害（被災）者に対する対策が不十分、小手先の対応（現行の仕組みの範囲内）

　これらのことを念頭に置きながら、危機の未然防止と被害の軽減のためには、平時から自らも当事者になり得るという想像力（状況予測力）を働かせ、事前の予防対策を講じることがとりわけ重要なことは言うまでもないが、それとともに、発生した危機に対しては、切迫した厳しい状況の中で、次々と多くの難しい判断、決断をして行かなければならない。

　従って、3段階の危機管理の中で、即時応急対応が狭義の危機管理といわれる所以であり、これまで述べたことに加え、危機管理、特に即時応急対応を適切に行っていく上で、危機管理責任者が心得ておくべき重要と思われる点を3点にまとめて述べることとする(註)。

　なお、第4章2　実効性ある初動、危機管理体制の整備（306頁）を参照のこと。

(註)　古来より、以下のような警句、格言がよく言われてきている。それぞれ類似の意味を持つものであるが、危機管理の基本にも通じるところがある。「備えあれば憂いなし」、「天災は忘れた頃にやって来る」、「天は自ら助くる者を助く」、「前車の覆るは後車の戒め　同じ轍を踏むな」、「遠慮なければ近憂あり」、「禍必ず重ねて来る」、「安に居て危を思う　治に居て乱を忘れず」

（1）リーダーシップ

　危機管理が適切に行われるか、成功するか否かは、様々な要素、事情に左右されるが、事態の重大性、切迫性、拡大可能性等を認識、又は予見し、そして講ずべき対策、対応を速やかに全体的に把握、判断し、それに基づいて具体的な指示、命令が出来るかに大きく係っている。

このため、組織のトップ及び危機管理責任者の危機管理意識や能力が重要となるが、同時に、危機管理に必要な知識とノウハウを持ってトップ及び危機管理責任者を補佐する危機管理専門スタッフを養成、確保し、また、いわゆる縦割り組織の弊害を排して情報の共有化を図り、一体的に、全組織を挙げての対応を行うための強いリーダーシップが発揮出来る環境づくりが重要である。

　そして、危機に際し、危機が重大になればなる程、トップの組織内外に向けての顔の見える指揮（パフォーマンスではなく陣頭指揮）が必要かつ重要になる。

　また、平常時或いは一般行政においては、どちらかと言えば、規則・手続き、文書・先例が重視される面があるが、危機においては、通常のルールを絶対視することなく、むしろ、事前に、危機管理の責任者への実質的、包括的な権限の付与とともに、現場の責任者等に一定の範囲内で権限の委任と裁量権を与えて、臨機応変に対応出来るようにしなければならない。

　なお、消防庁では、市町村長の心構えやどのような行動を取るべきか等をテキストにまとめており、参考までに（別紙）「市町村長による危機管理の要諦―初動対応を中心として」を掲げておく。

（別紙）

市町村長による危機管理の要諦 ―初動対応を中心として―

　自然災害、国民保護事案等の危機事態における初動対応に関し、市町村長自身が頭に刻み込んでおくべき重要事項は次のとおりである。

1　市町村長の責任・心構え
　（1）危機管理においては、トップである市町村長が全責任を負う覚悟をもって陣頭指揮を執る。

（2）最も重要なことは、①駆けつける、②体制をつくる、③状況を把握する、④目標・対策について判断（意思決定）する、⑤住民に呼びかける、の5点である。
　（3）市町村長がまず最初に自ら判断すべき事項は、避難勧告等の発令と緊急消防援助隊や自衛隊の応援に係る都道府県への要求である。
　（4）災害状況が正確に把握できない場合でも、最悪の事態を想定して判断し、行動する。
　（5）緊急時に市町村長を補佐する危機管理担当幹部を確保・育成する。
　（6）訓練でできないことは本番ではできない。訓練を侮らず、市町村長自ら訓練に参加し、危機管理能力を身につける。
2　市町村長の緊急参集
　（1）危機事態が発生した場合（または発生が予想される場合）は、最悪の事態を想定し、一刻も早く本庁舎（災害対策本部設置予定場所）に駆けつける。
　（2）市町村長は、災害等が予想される場合には即座に本庁舎に駆けつけることができるよう待機する。
　（3）市町村長が即座に参集できない場合に備え、予め特別職の権限代行者（副市町村長等）を定め、周知しておく。災害等が特に予想されない平常時において、市町村長が市町村外へ離れる場合は権限代行者を市町村内に所在させておくことが必要である。
　（4）緊急時には、第一報を覚知した宿直等から、直接かつ迅速に、市町村長に情報が入る体制をあらかじめ確立しておくとともに、市町村長は、常に連絡を取れる態勢をとっておく必要がある。
　（5）市町村長が有効にリーダーシップを発揮できるよう、職員の初動体制（宿日直体制・緊急参集体制）をあらかじめ構築しておく。
3　災害時の応急体制の早期確立
　（1）準備、体制構築が早すぎて非難されることはないので、躊躇せずに災害対策本部等を立ち上げる。
　（2）声の出せない地域ほど最悪の事態が起きている可能性が高い。被害情報のとれない地域こそあらゆる手段を用いて情報を取りに行く。

（3）最悪の事態を想定して、災害時の応急対応に従事する職員の安全管理に配慮する。
4　避難勧告等の的確な発令
　（1）特別警報などの生命に関わる気象情報の伝達や避難勧告等の発令は、「見逃し」より「空振り」の方が良く、昼夜を問わず、あらゆる手段を用いて住民へ伝達するとともに、要配慮者については昼間から早めの避難準備行動を促す。
　（2）平常時から、気象情報等に対応した避難勧告等の発令基準を設定しておくことは、避難勧告等のスムーズな発令をするうえで欠かせない。
　（3）避難勧告等を発令した結果、被害が発生しなかったとしても、「空振りで良かった」と捉える住民意識の醸成を促進すること。
5　都道府県、消防機関、自衛隊等に対する応援要請
　（1）まず、都道府県、消防機関、自衛隊等へ一報する。
　（2）都道府県、消防機関、自衛隊等のカウンターパートの連絡先を把握・登録する。
　（3）平素から、関係機関のトップとの良好な関係を構築する。
6　マスコミ等を活用した住民への呼び掛け
　（1）市町村長が自ら前面に出て会見を行い、住民へのメッセージ等を伝える。
　（2）情報を包み隠さず、正確に公表する。
　（3）時機を失せず、定期的に発表する。

（2）情報

① 情報は危機管理の死命を制する

　危機管理を行うに際し、必要な情報が適時適切に入手出来、それが伝達されるかは、極めて重要なことであり、危機管理の死命を制するといっても過言ではない。

　このため、情報の収集、伝達のルート、そして重要な情報を見落とすことのないよう、断片的な情報を総合的に分析、評価、処理出来る仕組みの整備とともに、常に、受け身でなく積極的、能動的な

情報の収集、伝達に努める必要がある。なお、これらに関連し、情報の発信者名、受信者名、時刻、状況の要点など必要な項目を挙げ、簡略に書き込み易く作った情報シートを、事前に配布、用意しておくことが有効である。

また、此々では、主に、災害、危機等の発生時における情報の重要性について述べているが、平時においても、製造業等のビジネスの現場でよく言われる、既存の技術、知識や経験、情報を他の分野や領域に対し適用する「水平展開（又は横展開）」、「他の失敗から学ぶ」ということが、災害、危機、事故防止に極めて有効で重要かつ参考となる。

② 情報の収集

大規模災害時においては、種々の事情により必要最小限の情報さえ断片的にしか入らないこと、激甚な被災地からの情報は遅れ、被害の軽い周辺地域の情報から先に入ること、被害情報が無いのは無事の証拠ではなく反対の可能性が大であること、機能するはずの情報収集、伝達のシステムが機能しないこともあり得ること等を認識し、事前の備え、対策を講じておくとともに、このことを前提に思考停止に陥ることなく応急対応を行う必要がある。

情報には、いわゆる六何の法則（５Ｗ１Ｈ　何時、誰が、何処で、何を、何故、どうやって）があり、これが基本になるが、危機発生直後には、これをきちんと満たすことにはあまりこだわらず、むしろ、スピードを最優先に、分かる範囲の速報をもって良し、拙速で可、後は、判明次第順次（Better Than Nothing）とすることが大切である。また、状況の悪化、困難性等を示す情報は、他よりも優先して直ちに責任者に届くよう配慮が必要である。

③ 情報の伝達

情報の伝達については、伝達の時期、方法、表現内容等に十分留意し、それが、徒に危機が強調されたり曖昧なため、パニックや流

言飛語につながらないよう、必要な場合には安心情報を提供し、また、避難勧告、指示であれば、迅速かつ的確に住民に伝わるよう、行う必要がある。

また、マスコミ等への広報対応については、後述（261頁）するクライシスコミュニケーションの考え方を十分参考に、適時適切に行うとともに、特に住民の避難等が必要となるような危機の発生に際しては、早急に対策本部内に住民の問い合わせ、相談に応じる窓口やホームページの設置等を行う必要がある。

（3）先手先手の対応

危機は、往々にして突然発生し、その後の展開も中々予測がつかず、対応が遅れて危機が更に拡大してしまう場合がある[註1]。

しかし、これは最も悪いケースであり、事前の準備、備えを怠らず、危機発生後も、危機の限定化を図るため、後手後手の対応にならないよう、先の展開も「まさか」、「そんな筈は」あるまいという楽観的、希望的な見通しでなく、常に、「もしかしたら」、「悪くすれば」ということも念頭に置き、いわゆる「正常化の偏見」（Normalcy Bias）[註2]を避け、そして、必要な人員、資材、資金等の投入に当たっては、逐次対応、いわゆる「兵力の小出し、逐次投入」の弊に陥ることなく、初期段階で、危機のイメージを大きく描いて必要十分な資源の投入を行うなど、先手先手で対処する必要がある（クライシスマネジメント）。

危機管理に関して、同様の事であるが、災害時、緊急時対応の心構えとして、「プロアクティブ」と呼ばれる原則がある。即ち、「疑わしいときは行動せよ」、「最悪事態を想定して行動せよ」、「空振りは許されるが見逃しは許されない」、「まさかでなく、もしかしたらの考え方で」とよく言われるが、このことに十分留意し、「天災」が「人災」になることは絶対防ぎ、被害の局限化、最小限化につなげていくこと

が大切である。

(註1) 阪神・淡路大震災や東日本大震災のように、災害の規模が大きい程、緊急、広範かつ大々的な対応が必要となる一方で、その全体の状況の把握と判断に必要な情報が時間的にも量的にも極めて限られたものになりがちである。
　このため、大規模地震対策として、実際の被害情報が入手出来る前の段階で、被害規模をある程度見当をつけて初動対応が出来るよう、地震発生後直ちに、地震のマグニチュード、震度情報と、予めデータベースに登録された地盤、建築物、人口等のデータを基に、地震による被害規模の概要（死傷者数、建物被害等）を速やかに推計し、迅速かつ的確な初動対応の判断材料として役立てる、地震被害早期評価システムや簡易型地震被害予測システム等が、阪神・淡路大震災後、開発され、稼働している。

(註2) 心理学上の用語であるが、「自分だけは大丈夫、大したことはない」と危険や脅威を告げる情報を無視したり、軽く見る心理を言う。客観的には危険と分かっていても、自分の身に当てはめたときは、そんなことはないと、大変な事から出来るだけ避けよう、逃げようとする心理が働き、一方、一度経験すると、「あつものに懲りて膾を吹く」という過敏な反応を示す場合もある。

4　業務（事業）継続計画

（1）業務継続計画とその内容

　業務継続計画（Business Continuity Plan・BCP）とは、災害等の危機発生時においては、業務遂行能力が低下してすべての業務のそのままの継続が困難となる状況の下で、様々な業務阻害要因、障害を克服し、非常時優先業務を継続するとともに、本来業務の再開、復旧を早めるための行動計画である。

　業務継続計画は、従来、企業の社会的責任（CSR）の一つとして、

主に企業に関し議論されてきており、その主たる内容は、必要な要員の確保、バックアップシステム、オフィスの確保等である。

　具体的には、先ず、緊急時に必要となる、①安否確認（家族を含め）、②幹部、非常参集要員への緊急連絡、③オフィスの安全確認、バックアップ（使用できない場合）、④復旧の支障事項の抽出等であり、これらの対処方法を定めるとともに、次いで、①人命に関わる、②取引先、供給先に大きな影響を与える、③根幹業務等に関わる等の視点で、業務の優先順位を判断しつつ、重要業務を短期間で再開するための手順、指揮命令系統を定めることである。

　また、業務継続計画と併せて、①社員、顧客等の安全確保（営業時間中）、②二次災害防止（火災、建物倒壊等周辺への影響防止）、③地域貢献（救出救護活動、一時避難所等）を考えておくとともに、策定後、定期的に点検、見直しを行う必要がある。

　ところで、業務継続計画は、その必要性、有効性等に鑑み、中央防災会議から策定の要請が出され、内閣府、経済産業省においてガイドラインが策定されているが、策定の費用と時間等の関係から、策定は大企業等の一部企業に止まっていた。しかし、東日本大震災において、多くの企業も被災し、或いはサプライチェーンが一時的に寸断される等により大きな影響を受け、改めて業務継続計画に対する関心が高まり、策定が進むとともに、日本政策投資銀行等が、業務継続計画活用に積極的な企業に対し、貸出金利の優遇等も行っている。

（2）自治体の業務継続計画の必要性

　行政、公共分野では、従来、業務継続計画が策定されてなく、次の問題があった。
① 　現行の防災計画では、自らの被災（庁舎の倒壊、応急対策要員の被災、重要インフラの障害等）を前提、想定しておらず、そのような場合の

対応が明らかではなく、防災計画の実効性に問題があること。
② 防災計画は、予防、応急対策、復旧業務を対象とし、通常業務は対象外であるが、通常業務の中には、当然、住民の日常生活に不可

図3-5 業務継続計画の概念

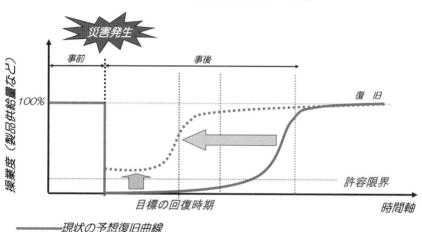

（出典 中央省庁業務継続ガイドライン 平成19年6月内閣府）

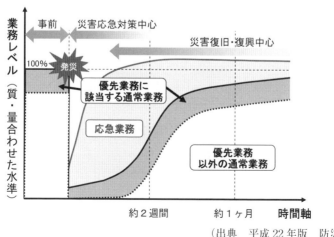

（出典 平成22年版 防災白書）

欠なものがあり、この業務が途絶すると大きな影響が生じるが、その場合の対応が明らかでないこと。

このため、業務継続計画を策定し又は防災計画に業務継続計画の視点を入れて策定する必要があり、通常業務が中断、停止した場合の影響度を分析し、影響度合いや中断の可能性の高さによりランクづけ、優先業務の絞込みを行うとともに、優先業務継続上の障害が何か（人員の再配置、代替施設へのアクセス、設備機器の利用等）を考慮し、業務の再開、復帰に向けた手順、指揮命令系統を定めておく必要がある。また、計画を策定したら、教育、訓練→検証、評価→是正、見直しのマネジメントサイクルにより、実効性を高める必要がある。

地方公共団体の業務継続計画の策定状況は、図3－6のとおりであり、引き続き策定を推進していく必要がある。

図3－6　地方公共団体の業務継続計画の策定状況

【都道府県】

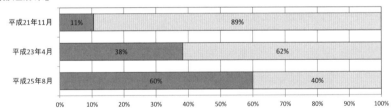

【市町村】

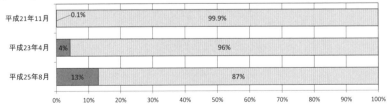

出典：平成21年11月　地震発生時を想定した業務継続体制に係る状況調査（内閣府（防災）及び総務省消防庁調査）
　　　平成23年4月　地方自治情報管理概要（平成24年3月）総務省自治行政局地域情報政策室調査
　　　平成25年8月　総務省消防庁調査（大規模地震等の自然災害を対象とするBCP策定率（速報値））

（出典　平成27年版　防災白書）

なお、国においては、首都直下地震に関連し、政府業務継続計画が策定されている（第2章第3節2（8）首都直下地震対策の(註)181頁を参照）。

5　クライシスコミュニケーション

(1) 意義と必要性

　最近、民間企業において、危機の発生とその処理をどのようにマスコミを含め、対外的に発表、対応するかが重要な事柄として認識され、緊急時における企業の広報対応、即ちクライシスコミュニケーションが、危機管理の一分野として、重要視されてきている[註1]。

　一般にクライシスコミュニケーションとは、危機に関わる利害関係者（ステークホルダー。行政、顧客、住民、マスメディア等）との間での情報のやり取りを指し、危機発生後の情報の伝達が中心で、受け手が誤解したり、誤った行動をすることを防ぐことを目的とし、いわばダメージコントロールの一部と言える。

　今日、企業の活動が社会と広範に関わりを持つようになると、特に大企業等は社会的な存在であり、その果たすべき社会的な責任が強調される至り、法令違反、大規模な事故、事件、不祥事等の発生に伴い企業が危機的な事態に直面した場合、マスコミへの公表をはじめ、対外的に顧客や取引企業、株主、監督官庁など関係者への適切かつ迅速な対応が必要となる。

　この対応を誤ったり、ましてや事故や不祥事を隠蔽したり、小さく軽く見せようとした場合には、単なる危機の発生にとどまらず、企業の信用失墜、体質問題から更には経営危機、企業の存続問題にも発展しかねない[註2]。

　社会にとって関心があり、より重要なのは、危機の発生に対し企業がどう対応したかである。従って、例えば、製品の欠陥の隠蔽やごまかしは、

いずれ発覚し、より大きな二次的な危機の原因となるし、一方、製品の欠陥が生じてもその事実を速やかに公表し、謝罪と製品の一斉回収、交換、損害賠償等をした場合には、そのための費用や損失だけで済み、迅速・誠実な対応が企業のイメージアップにつながる可能性さえある。

(註1) 行政活動は、元々、マスコミ等を通じてその内容を住民等に伝え、理解、協力を得て進める性格のものであり、また、近年、情報公開、アカウンタビリティ等が強く求められていることから、そもそも行政の分野ではクライシスコミュニケーションという言葉は使われていないが、非常災害時、緊急時の広報対応の必要性、重要性は改めて言うまでもなく、従って、クライシスコミュニケーションの考え方、進め方等については、十分参考にしていく必要がある。

　また、行政の分野においては、非常災害時、緊急時だけでなく平常時から、例えば被害想定やハザードマップの公表など、行政側から危険情報や安全確保対策に係る情報等を公開、提供し、住民等との間で一方通行とならないよう、種々コミュニケーションの機会を確保する、それにより住民の理解を深め、また、住民に当事者意識を持ってもらうこと（リスクコミュニケーション）が重要と言える。

(註2) 近年、それぞれの分野で我が国を代表する大企業において、例えば、食中毒事件に係る雪印食品、牛肉偽装事件に係る日本ハム、原子力発電所の点検、事故等に係る東京電力や関西電力、事故やリコール問題等に係る三菱自動車、JR福知山線列車脱線事故に係るJR西日本、不正経理事案に係る大王製紙、オリンパス、東芝、製品の性能データの偽装、改竄に係る東洋ゴム等が、重大な事故、トラブル隠しや不正、不祥事により社会的な批判を受け、厳しい事態に追い込まれた例を見れば、その直接的な原因は、企業風土、企業統治（コーポレイトガバナンス）、法令遵守（コンプライアンス）等の問題であることは明らかであるが、同時に、事態発生後の対応にも種々不手際が見られ、全体として危機管理上、大きな問題があったと言える。

(2) 事故、不祥事等に係る情報の特性

　事故、不祥事等に係る情報には、一般に次に掲げるような特性があり、従って、メディア側の取材・報道の視点も、（ア）組織ぐるみか個人的なものか、（イ）構造的な原因か偶発、突発的か、（ウ）初めての発生か以前にも起きているか等であり、これらのことに留意した対応が必要となる。

① 　先に知られた情報や暴かれた情報は、インパクトがあって特ダネと成るが、追加的、二次的情報や公表された情報は、二番煎じとなり或いは一般的、通常の情報として、扱いが小さくなる。

② 　情報の不足が無用な誤解、憶測、批判を生むだけでなく、誤った不正確な情報が一人歩きをし、混乱を招き、事態を悪化させる。

③ 　情報アクセスの違い、即ち、記者会見や記者発表等による情報と独自取材、スクープ、内部告発等による情報かの相違が、報道の扱い、トーンの差を生み、後者の場合は、その後、第2弾、第3弾と告発報道（キャンペーン）として続く可能性がある。

(3) クライシスコミュニケーションの進め方

　危機が発生した場合に、先ず直接的な被害の局限化、拡大防止措置とともに、マスコミへの広報対応が必要かつ重要になるが、その基本は言うまでもなく、迅速な意思決定、情報開示と適切な説明である。言い逃れや曖昧な対応は通用しないし、かえって疑惑を抱かせることになり、マスコミも、その報道を通して見る消費者や社会も、納得することにはならない。

　このため、マスコミへの対応の基本として、次のことに留意し、経営のトップは勿論、管理職や現場の責任者も十分認識しておくことが重要である[註]。

① 　マスコミ対応を大変だからということで避けることなく、マスコ

ミ対策というよりもマスコミとコミュニケーション（意思の疎通）をとり、マスコミのミスリードを防ぎ、説明責任を果たせる機会、場と積極的に捉え、トップ、役員等が直接出席し、対応（実務、技術、専門的な説明は、担当者に補足説明させることは、可）することが大事であること。また、こうした事態に備え、平素から（ア）緊急時の経営陣対応のマニュアルの策定、（イ）トップ、役員等に対する模擬記者会見を行うことも考えられてよい。

なお、緊急時の電話での取材等に対しては、一般に言い間違い、聞き間違いなど誤解を招き易い上に、取材の意図が十分理解出来ないまま、個人的な見解を述べたり、後から訂正、変更等を求めたりすることになりかねず、一般論で言えば、緊急時の個別対応は可能な限り避ける意味からも、即答は避け、説明、回答内容を十分検討した上で後から対応することが望ましい。

② 事の経緯や事実関係、事柄に対する考え方の整理を時系列的かつ客観的に行い、統一的な情報や見解を示せる文書（ポジションペーパー）を作成しておくこと。

これにより、内部の混乱を防ぎ、組織的な対応が可能になるとともに、話せる内容と話せない内容を明確に区分出来、未確認の事項を憶測や推測で迂闊に話したり、嘘を述べたり、誤魔化したりしてしまうことを避け、正確を期することが出来る。

③ 記者会見を行う場合には、その目的と効用をよく認識した上で、話す内容とともに、誰が行うかよく考えて行うこと。

会見での失言が事態を悪化させることがある一方、会見は、統一情報、統一見解を伝えることにより、情報の混乱や誤解、風評リスクを防止するとともに、社会に対し、必要なメッセージ、即ち、（ア）誠意ある謝罪の意思、（イ）現状、事実関係、（ウ）原因究明、（エ）再発防止、改善の方針、（オ）責任等を伝えることが出来る。

④ 記者発表の内容について、正確性、分かり易さが大事であることは勿論であるが、同時に法的な面でのチェックが必要であり、また、法的な違法性、責任と、社会的な責任とを明確に分けて考える必要があること。責任回避、組織防衛、身内・役所の論理、立場からの説明等と受け取られることは、甚しき逆効果となる。

なお、法的な視点や法的な責任の有無ばかり強調し過ぎると、かえってマスコミや社会の反発、反感を増大させる虞がある（法律を守るのは当然のことだから）。

（註） 巻末に掲載している参考文献の東京商工会議所発行「危機管理マニュアル」及び石川慶子著「マスコミ対応緊急マニュアル」が、分かり易く解説しており、本稿も多々、参考にさせて頂いている。

なお、また、「マスコミ対応緊急マニュアル」では、マスコミ対応における緊急時のNGワードとして、次の5つを挙げ、多くの場合、これらのNGワードを言った途端に、マスコミと世論を敵に回してしまうと注意している。①知らなかった　②部下がやった　③法的に問題がない　④みんなやっている　⑤大したことではない

●第3節　国家的な危機と危機管理体制

1　国の危機管理体制

（1）国家的な危機の種類

政府の最も基本的な役割は、国家的な危機に際し、国家の安全保障を確保するとともに、危機から国民の生命、身体、財産を守ることである。

国家的な危機には、様々なものがあるが、国家の緊急事態、即ち、外国からの武力攻撃や大規模なテロ攻撃等は、勿論これに該当するが、

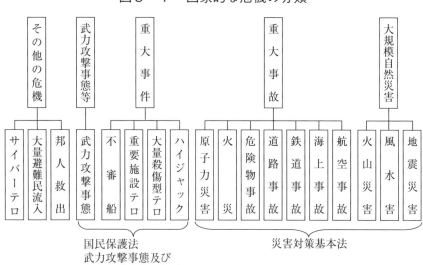

図3-7 国家的な危機の分類

　国家の緊急事態とまでは言えなくても、大規模な自然災害や重大な事故、事件も、国民の安全とそれらが及ぼす経済的、社会的影響からして緊急事態であり、国家的な危機と言える。

　政府として対処が必要な国家的な危機としては、図3-7に掲げたものがある^(註)。

(註)　これらの国家的な危機の中で、治安、災害などに関し、警察、消防等の力だけでは対応が十分でないときは、事態の解決等のため自衛隊の活動、実力行使が必要となり、治安出動（自衛隊法78,81）、自衛隊の施設等の警護出動（同81の2）、海上における警備行動（同82）、災害派遣等（同83〜83の3）がなされる。また、必要に応じ、大規模災害や騒乱の際の緊急事態の布告（警察法71）、災害緊急事態の布告（災対法105）、原子力緊急事態宣言（原子力災害対策特別措置法15②）、東海地震に係る警戒宣言（大規模地震対策特別措置法9①）などがなされ、対処することになる。

（2）国の危機管理体制の整備

　我が国は、戦後を振り返ってみれば、かつてない程、近年、阪神・淡路大震災や東日本大震災をはじめとして、国家的な危機管理が求められる重大な事故、事件を度々経験し（第1節1様々な危機に直面する現代（227頁）参照）、そのことにより政府の危機管理体制、危機管理機能の強化の必要性が強く指摘されてきた[註1]。

　これを受け、①緊急事態に対する危機管理体制、とりわけ初動態勢の確立と、②総理を中心とする官邸機能の強化、③我が国が武力攻撃を受けた場合等の有事・安全保障法制の整備、④感染症対策、テロ対策等の新たな危機への対応が大きな課題として取り組まれてきた。

　これらの中で③の有事・安全保障法制の整備については、3　国家的な緊急事態と有事・安全保障法制の項で、④の感染症対策、テロ対策等については、（3）新たな危機への対応として、それぞれ項目を改めて後述し、ここでは、①の緊急事態における初動態勢の確立、②の総理を中心とする官邸機能の強化について、述べる。

① 初動態勢の確立

　（ア）初動体制

　　緊急事態に対する初動態勢の確立については、阪神・淡路大震災を契機に、政府においては、従来からあったハイジャック対応に加えて、図3−7に掲げた大規模な自然災害、重大事故、重大事件、その他の危機の分類に応じ、それぞれの災害、事故、事件等ごとに緊急事態の発生に備え、「危機管理マニュアル」の作成を行うなどして、大きく改革を行ってきている。

　　また、大規模な自然災害や重大事故、事件等の緊急事態に備え、総理官邸への情報連絡をはじめ、政府全体の初動体制を強化するため、①関係省庁の局長クラスをメンバーとし、震度6（東京23区内は5強）以上の地震の発生や津波警報（大津波）の発令等があった場合、

30分以内に官邸に参集し、初動措置に関する情報集約と総合調整を行う緊急参集チームの設置（平成7年2月）、②官邸危機管理センターの開設（平成8年4月）、③内閣情報集約センターによる内外関係情報収集の24時間体制化（平成8年5月）、④官房副長官に準じるポストの内閣危機管理監の設置（平成10年4月）などが行われている。

そして、様々な緊急事態に対処出来る総合的な体制を整備し、政府としての初動体制を明確化するとともに、事態の状況に応じ柔軟かつ的確に対応するため、平成15年11月「緊急事態に対する政府の初動体制について」が閣議決定されている。それは、政府一体となった初動体制をとることにより、速やかな事態の把握に努め、被災者の救出、被害拡大防止、事態の終結に全力を尽くすというものであり、阪神・淡路大震災以前の対応に比較し、首相官邸の役割の強化、指揮命令系統の一元化等を目指したものとなっている。

（イ）初動対処の内容

初動対処体制の基本的な内容は、先ず、①緊急事態に関する官邸への情報の集約、内閣危機管理監の内閣総理大臣及び官房長官への報告と必要な指示を受けること、②事態に応じて危機管理監による緊急参集チームの召集、官邸対策室の設置、官房副長官による政府対応の総合調整、③更に、必要に応じ、対処方針等の重要事項について、総理等と関係閣僚の緊急協議、④そして、政府全体として総合的な対処が必要な場合には、関係法令又は閣議決定等に基づき、緊急事態に応じた対策本部を迅速に設置することとされている。

国家的危機、緊急事態の中で、大規模な自然災害や事故等については、災害対策基本法に基づいて対処することになり、対策本部を設置する場合は、災害対策基本法に基づき非常災害対策本部（本部長は防災担当大臣）又は緊急災害対策本部（本部長は内閣総理大臣、全大臣がメンバー）が設置されるが[註2]、重大な事故等の場合、状況によ

っては、災害対策基本法ではなく、閣議決定等による事故対策本部（本部長は担当大臣）が設置されることもある。

② 官邸機能の強化（国家安全保障会議の設置）

総理を中心として外交・安全保障に係る諸問題について、戦略的観点から日常的、機動的に議論する場を創設し、政治の強力なリーダーシップにより迅速に対応できる環境を整備するため、平成25年12月国家安全保障会議が内閣に設置された。大統領への政策提言、中長期的な安保戦略を扱う米国のNSC（Natinal Security Concil）を参考にした日本版NSCと称される。

国家安全保障会議には、（ア）平素から機動的、定例的に開催し、国家安全保障に関する外交・防衛政策の基本的な方向性を定め、司令塔の役割を果たす4大臣会合（新規。総理、官房長官、外相、防衛相）、（イ）国防の基本方針、防衛大綱等国防に関する重要事項を審議する9大臣会合（現行。総理、副総理、官房長官、総務相、外相、財務相、経産相、国交相、防衛相、国家公安委員長）、（ウ）重大緊急事態等に関し、高度に政治的な判断を求められる重要事項等を審議し、必要な措置を総理に建議する緊急事態大臣会合（新規。総理、官房長官、予め総理から指定された国務大臣）の3形態の会合が設置された。

また、国家安全保障に関する重要政策に関し、総理を直接補佐する立場で会議に出席し、意見を述べる国家安全保障担当補佐官が常設された。更に、国家安全保障会議をサポートし、国家安全保障に関する外交・防衛政策の基本方針、重要事項の企画立案、総合調整に専従するとともに、緊急事態への対処に当たり、必要な提言を実施する内閣官房国家安全保障局が新設された。同局は、また、政府部内において情報を扱う機関（外務、防衛、警察、公安調査庁等）に対し、適切な形で情報を発注し総合整理を行う。

図3−8 「国家安全保障会議」の設置について

総理を中心として、外交・安全保障に関する諸課題につき、戦略的観点から日常的、機動的に議論する場を創設し、政治の強力なリーダーシップにより迅速に対応できる環境を整備する。

1 国家安全保障会議の創設

◆内閣に「国家安全保障会議」を設置。
◆3形態の会合を設置。その**中核は「4大臣会合」**（総理、官房長官、外相、防衛相を中心に、平素から機動的、実質的に審議。）。
◆関係行政機関が、**国家安全保障に関する資料または情報**を、会議に**適時に提供**。
※統合幕僚長等の関係者は議長（総理）の許可を得て会議に出席し、意見を述べることができる。　※幹事と連絡官を置く。

4大臣会合（新規） （総理、官房長官、外相、防衛相）	9大臣会合 （総理、副総理、官房長官、総務大臣、外務大臣、財務大臣、経産大臣、国交大臣、防衛大臣、国家公安委員会委員長）	緊急事態大臣会合（新規） （総理、官房長官、防衛相、あらかじめ内閣総理大臣により指定された国務大臣）
◆国家安全保障に関する外交・防衛政策の**司令塔**	◆**「安保会議」**の**文民統制機能維持**。	◆**緊急事態への対応強化**。
●平素から**機動的・定例的**に開催し、**実質的に審議**。 ●中長期的な国家安全保障戦略の策定を含め、基本的な方向性を定める。	●国防の基本方針、防衛大綱、武力攻撃事態への対処等、**国防に関する重要事項**を審議。 ●**総合的・多角的観点**から審議。	●重大緊急事態等に関し、高度に政治的な判断を求められる重要事項等について審議。 ●事態対処につき、迅速・適切な対処に必要な措置を**総理に建議**。

※議長（総理）の判断により、その他の国務大臣を、必要に応じて会議に出席させることができる。
※緊急時等やむを得ない場合においては、副大臣に職務代行させることで、柔軟な対応を可能にする。

【参考】「あらかじめ内閣総理大臣により指定された国務大臣」について（イメージ）
[例1]領海侵入・不法上陸事案
法相、外相、防衛相、国家公安委員会委員長

[例2]放射能物質テロ事案
総務相、法相、外相、文化相、厚労相、国交相、環境相、防衛相、国家公安委員会委員長

[例3]大量避難民事案
法相、外相、財務相、厚労相、農水相、国交省、防衛相、国家公安委員会委員長

平素における会合開催のイメージ

機動的・定例的に開催する4大臣会合を、必要に応じ9大臣会合につなげる。

事態対応時の会合開催のイメージ

事態発生／状況変化／事態対処のオペレーションは、法令等に基づく対策本部や内閣危機管理監が対応

2 国家安全保障担当総理補佐官の常設

◆国家安全保障に関する重要政策に関し、**総理を直接補佐**する立場で、**会議に出席し、意見を述べることができる**「国家安全保障担当補佐官」を常設。

3 内閣官房国家安全保障局の新設

◆**国家安全保障会議を恒常的にサポート**。**内閣官房の総合調整権限**を用い、国家安全保障に関する外交・防衛政策の基本方針・重要事項の企画立案・総合調整に**専従**。
◆緊急事態への対処に当たり、国家安全保障に関する**外交・防衛政策の観点から必要な提言を実施**。
（事態対処のオペレーションは、危機管理の専門家たる内閣危機管理監等が引き続き担当。）
◆**情報コミュニティ**に対し、適切な形で情報を発注。また、会議に提供された**情報を、政策立案等のために活用**（情報の「総合整理」機能）。
◆**国家安全保障局長**と**内閣危機管理監**は、**平素から緊密に連携**。
◆スタッフには、自衛官、民間等からの登用も検討。

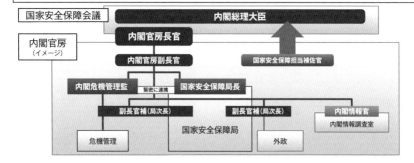

(**註１**)　我が国の危機管理体制、危機管理機能の強化を考える上で、常に比較されてきたのは、米国連邦政府のFEMA（連邦危機管理庁）である。緊急時におけるFEMAの機動的な危機対応は、我が国にとっても参考になるところ大であるが、国情の相違等もあり、同様の組織体制を採ることは困難と思われる。

　　FEMAは、1979年のスリーマイル島原発事故の政府対応の混乱を契機に、大災害、大規模テロ等への連邦政府の対応を一元化するため、同年、大統領直属の機関として設置され、更にその後、1992年のハリケーン・アンドリューに係る対応の遅れから、その機能の強化が図られた。そして、緊急事態に対し、応急対応、被害軽減、復旧復興に関する関係省庁や地方政府との調整権限と、裁量の大きい巨額の予算、多数のスタッフ、職員を有し、強力、かつ、機動的に危機対応が出来る組織として評価された。

　　なお、2001年9月の米国同時多発テロ事件を受け、特にテロ対策を第1の目標に、危機管理に関する連邦政府の関係省庁の統廃合が行われ、新たな組織として巨大な国土安全保障省（DHS）が2003年に設置、FEMAはこれに吸収され、緊急事態準備・対応部局の中核となっている。

(**註２**)　東海地震に係る警戒宣言が発令されるときは、大規模地震対策特別措置法第10条に基づき地震災害警戒本部（内閣総理大臣が本部長）を設置し、その後、東海地震が発生したときは、災害対策基本法に基づく非常災害対策本部又は緊急災害対策本部が設置される。

　　また、災害対策基本法の特別法として、原子力災害対策特別措置法に基づき原子力緊急事態宣言が発出されるときは、同法第16条及び第24条の規定に基づき、原子力災害対策本部（内閣総理大臣が本部長）を設置し、対応に当たることになっており（災害対策基本法の非常災害対策本部等の規定は適用除外）、東電福島原発事故において設置された。

（３）新たな危機への対応（感染症、テロ対策及び特定秘密法）
①　口蹄疫と新型インフルエンザ対策

近年、新たな危機の発生として対応が迫られ、具体的な対策が講じられているものに、（ア）口蹄疫対策、（イ）新型インフルエンザ対策等がある。

（ア）口蹄疫対策

平成22年に宮崎県において発生した口蹄疫に起因する事態（牛や豚計30万頭を殺処分）に対処するため、同年6月、農林水産大臣が知事の要請に基づき指定する区域内において、一般車両等の消毒義務、患畜又は疑似患畜の死体の埋却の支援、患畜又は疑似患畜以外の家畜（ワクチン接種家畜）の予防的殺処分等を定め、口蹄疫の蔓延を防止するとともに、生産者、関連事業者の経営や生活再建の支援等を行う口蹄疫対策特別措置法が制定された。なお、同法は、平成24年3月までの時限立法で、家畜伝染病予防法に優先して適用される。

また、上述の口蹄疫対策の検証や高病原性鳥インフルエンザの発生状況等を踏まえ、家畜防疫体制の強化（発生の予防、早期発見・通報、迅速的確な初動対応に重点）を図るため、家畜伝染病予防法が平成23年4月改正され、予防的殺処分、消毒ポイントを通行する車両等の消毒義務、農家が感染の通報を遅らせた場合の罰則等（殺処分した家畜の補償に係る手当金の不交付又は減額等）が定められた。

（イ）新型インフルエンザ対策

強い毒性と感染力を持つ新型インフルエンザの発生、流行は、多数の国民の生命、健康に甚大な被害を及ぼすだけでなく、全国的な社会、経済活動の縮小、停滞を招くことが危惧される。平成21年の流行の際には、空港での水際対策や病院の発熱外来等で多くの混乱が発生し、批判があった。

このため、強毒性の新型ウイルスの流行の際には、①政府は、対策本部の設置、緊急事態宣言を行う、②不要不急の外出自粛、学校、

集会等の制限の要請、指示、③医療関係者、社会機能維持事業者等の先行的予防接種、④緊急物資の輸送、物資の売渡し、土地等の収用などを内容とする新型インフルエンザ対策に係る特別措置法が平成24年に制定された。

ところで、近年、経済をはじめ様々な分野での国境を越えての人の往来が増加し、平成15年にSARS（中国）、21年には前述の新型インフルエンザ（世界各地）、26年にエボラ出血熱（西アフリカ等）、27年MERS（韓国）等の感染が拡大し、感染症対策、特にパンデミック（感染症の大流行）防止の世界的な取り組みが求められており、我が国としても、水際対策とともに、感染者が出た場合、感染者の隔離、二次感染の防止、社会的影響・混乱の防止等、地方公共団体をはじめ関係機関の連携協力の下、初期対応を迅速かつ適切に行う必要がある。

なお、韓国では、MERS感染者が発生した際、初期対応の遅れ等から感染が拡大、重大な事態を招いた（186人感染、38人死亡）。また、我が国への侵入も懸念されたが、既にいわゆる感染症法の改正（27年1月施行）によりMERSが2類感染症に指定（感染者の強制入院や就業制限が可能）されていたことに加え、水際対策の強化、発熱等の症状が出た場合の保健所や検疫所への連絡の徹底等により、感染を防ぐことができた。

② テロの未然防止対策

2001年9月の米国における同時多発テロ発生以降、各国で国際テロに対する対策が進められているが、依然として、中東、アフリカをはじめ各国においてテロが発生し、近年、特にイスラム過激派組織（自称イスラムの国（IS）等）によるテロが活発化し、大きな脅威となっている。

また、欧米では、ホーム・グロウン型（自国育ち。紛争地域で戦闘を

経験し、或いは過激な思想を吹き込まれ、本国に戻りテロを実行）やローン・ウルフ型（一匹狼。単独又は少人数でテロを計画実行するため、事前の兆候の把握が困難）のテロに対する懸念が高まってきている。更に、テロの攻撃目標が、これまでのハードターゲット（政府関連施設、原発、外国大使館等）に限らず、ソフトターゲット（日常的に多数の人が集まるイベント会場や施設で、警察による警備が手薄となる。）にまで広がってきていることが、テロ対策を一層困難なものとしている。

　テロリストは、目的のためには手段を選ばず、自爆攻撃さえ行うことから、我が国としては、テロ対策の基本は、①テロリストを入国させない、②活動拠点を作らせない、③テロを実行させないことである。このような観点から、テロの未然防止を図るため、テロ未然防止に関する行動計画が策定（平成16年12月）されている。主な内容は、以下のとおりである。

（ア）テロリストを入国させないための対策の強化（入国審査時における外国人の指紋採取等）

（イ）テロリストを自由に活動させないための対策の強化（旅館業者等による外国人宿泊客の本人確認の強化等）

（ウ）テロに使用されるおそれのある物質（病原性微生物、爆発物の原料等）の管理の強化

（エ）テロ資金を封じるための対策の強化（資金洗浄に関するＦＡＴＦ勧告の完全実施に向けた取り組み）

（オ）重要施設等の安全を高めるための対策の強化（重要施設等の警備強化、空港及び原子力関連施設の制限区域への立入者の適格性チェック等）

（カ）テロリスト等に関する情報収集能力（インテリジェンス）の強化等

　我が国は、平成28年に国内で開催される先進7か国首脳会議（G7

サミット）や2020年の東京五輪・パラリンピックを見据え、特に、情報収集、水際対策（入国審査、輸入貨物検査の厳格化）、施設警備（海上、沿岸警備、重要施設）等の一層の強化を図っていく必要がある^(註1)。
③ 特定秘密法

テロ活動や重大犯罪から国を守るため、安全保障に関する防衛、外交等の特に秘匿する必要がある機密の漏えいを防止することを目的とし、これらの秘密を漏えいした公務員や民間人に厳罰を科す特定秘密の保護に関する法律が、平成25年12月に制定された。

本来的に、国家と国民の安全に不可欠な特別の秘密情報を保全管理することは、国として必要であり、また、今日、我が国を巡る安全保障環境が変化する中で、情報の相互交換、共有等を行う相手国との信頼関係の構築のためにも必要なものといえる。

(ア) 特定秘密の指定

行政機関の長（大臣等）は、安全保障に関する情報で、①防衛、②外交、③特定有害活動（スパイ行為等）の防止、④テロリズムの防止に関する事項に関する情報であって、公になっていないもののうち、その漏えいが我が国の安全保障に著しい支障を与えるおそれがあるため特に秘匿する必要性があるものを、特定秘密として指定する（後述（エ）のように、政府は、指定等の運用状況を毎年国会に報告・国民に公表）。

また、特定秘密の指定の有効期間は、上限5年（更新可能）であり、30年を超える延長には、止むを得ない理由を示して内閣の承認が必要である。この場合でも、暗号や人的情報源等を除き、60年を超える延長はできない。

(イ) 特定秘密の取扱者の制限と適正評価

特定秘密の取扱いの業務を行うことができる者は、秘密を漏らすおそれがないと適性評価（特定有害活動及びテロリズムとの関係、犯罪及

び懲戒の経歴、情報の取扱いに係る非違の経歴、薬物の濫用及び影響、精神疾患、飲酒の節度、信用状態その他経済的な状況）をクリアした者のみが、特定秘密の取扱いの業務を行う。

(ウ) 特定秘密の提供

行政機関の内外で特定秘密を提供し、共有するための仕組みとして、例えば、安全保障上の特段の必要による契約業者への特定秘密の提供については、取扱い業務を行う役職員の範囲その他秘密の保護に関し必要な事項を契約に定め、契約業者は、必要な措置を講じることとされている。

(エ) 適正な運用を図るための仕組み

特定秘密の指定に関する統一的な運用基準の策定については、情報保護、情報公開、公文書管理等の専門家により構成される有識者会議（情報保全諮問会議）の意見を聴くとともに、毎年1回有識者会議（情報保全諮問会議）の意見を付して運用状況を国会に報告、公表することが義務付けられており、また、内閣に公正な立場で検証、監察を行う機関が設置されている。更に、衆・参両院には、特定秘密の指定や解除が適切か否か審査し、運用の是正を求めることができる常設の「情報監視委員会」が設置されている。

一方、特定秘密を扱う公務員や民間の契約事業者が、特定秘密を漏えいした場合10年以下の懲役、漏えいを共謀、教唆等した場合は5年以下の懲役等に処せられる（国家公務員法上の秘密漏えい罪は1年以下の懲役であるので、厳罰化）。

また、特定秘密法の制定に際し、国民の知る権利が制約されるのではないかとの懸念や一部言論界等の反対を考慮し、国民の知る権利が十分尊重されるとともに、報道や取材の自由が十分配慮されなければならないことが、法律に明記されている[註2]。

(**註1**)　平成25年1月のアルジェリアでの邦人人質殺害事件、27年1月のシリアでの過激派イスラム国による邦人殺害脅迫事件等を踏まえ、テロ等に係る対外情報の収集、分析等の重要性が痛感され、このため、総理官邸主導で外務、警察、防衛等の省庁の縦割りを超えて、初めて海外テロ関連情報を集約する専門組織「国際テロ情報収集ユニット（職員は内閣官房と兼任。併せて、中東等の在外公館にテロ情報に関わる要員を配置）」が外務省に、また、併せて官邸に各省庁局長クラスで構成する国際テロ情報収集・集約幹事会とその事務局機能を担う国際テロ情報集約室が、平成27年12月設置された。海外の治安・情報機関、組織との連携、協力の下、テロ関連の情報収集、情報共有等の活動（人的情報活動＝ヒューミント）が期待される。

　また、テロリストの入国阻止のため、空港、港湾に水際対策官が設置（平成16年）されているが、更に、国際空港での入国審査に「顔認証システム」、主要空港に「ボディスキャナー（危険物等の持込み阻止）を導入することとされている。

　更に、警察においては、国際テロ発生時の情報収集や人質交渉の専門機関（現在は、国際テロリズム緊急展開班。TRT－2）を平成10年に設置するとともに、7都道府県警察に特殊部隊（SAT）が、全国警察の機動隊に銃器対策部隊が、8都道府県警察にNBC対応専門部隊が設置されている。

(**註2**)　この法律の適用に当たっては、これを拡張して解釈し、国民の基本的人権を不当に侵害することがあってはならず、国民の知る権利の保障に資する報道又は取材の自由に十分配慮しなければならない（特定秘密法22①）、また、出版又は報道の業務に従事する者の取材行為については、専ら公益を図る目的を有し、かつ、法令違反又は著しく不当な方法によるものと認められない限りは、これを正当な業務による行為とするものとする（同22②）。

2　地方公共団体の危機管理体制

（1）対策本部の設置等

　地方公共団体は、大規模な自然災害や重大な事故等の災害に対しては、災害対策基本法及び地域防災計画に基づき、災害対策本部等を設置し、必要な対策をとることになるが、とりわけ現場に近い、或いは現場を管轄区域とする地方公共団体の役割は大きいと言える。なお、災害や事故等の状況によっては、最初から対策本部を設置するのではなく、先ず、準備体制、警戒、連絡体制を敷きながら、状況に応じ、速やかに上位の体制に移行することになる。

　また、一般の市町村など当該団体の能力を以ってしては対応が困難な場合には、直ちに国（自衛隊の災害派遣、緊急消防援助隊の派遣等）、都道府県をはじめ、応援協定を結んでいる地方公共団体等に対し、広域応援の要請を行う必要がある。

　災害対策のカテゴリーには入らない重大な事件等の場合には、例えば、病原性大腸菌O-157、狂牛病、口蹄疫、鳥インフルエンザ、新型インフルエンザ、新型急性肺炎SARS等の問題の発生に対しては、災害対策の場合に準じて、首長等をトップとする対策本部や連絡会議を設置し、関係機関等との緊密な連携をとりながら、いわゆる感染症法（感染症の予防及び感染症の患者に対する医療に関する法律）、新型インフルエンザ対策に係る特別措置法、食品衛生法、家畜伝染病予防法など、適用可能な法令があればそれを適用し、また、危機管理に係るマニュアル等に基づき、情報の収集、連絡、被害の拡大防止対策などを一元的、総合的かつ迅速に実施していく体制がとられることになる。

（2）危機管理体制の充実強化

　近年、災害対策や危機管理の重要性に鑑み、地方公共団体、特に都

道府県や大都市等において、危機管理監、防災監等の高いレベルの専門スタッフ（防災危機管理の専門職）を設置し、首長等を直接補佐し、各種の緊急事態の発生時も含め、初動対応を指揮し、平時には関係部局の調整を図る体制をとる例が増えている。

　また、地方公共団体のトップや危機管理の責任者、担当者に対する研修も行われるとともに、人事交流や人事ローテーションの配慮等により専門担当者の育成、関係機関との共同訓練や連絡会の開催、NBC災害等特殊な災害、危機に備えての外部専門家との連携など、特に初動対応を中心に危機管理のレベルアップへの取組みがなされてきているが、未だ一部の団体に止まっており、更なる取組みが必要である。なお、前掲（252頁）の（別紙）「市町村長による危機管理の要諦―初動対応を中心として―」を参照のこと。

　更に、危機管理を適切に行う上で初動対応が重要であることは改めて言うまでもなく、そのためには、先ず前提として、対策本部、拠点を置く庁舎等の機能、安全が図られるよう、建物の耐震性及び非常電源の確保、必要物資の備蓄を行うとともに、地方公共団体は、突発的な危機の発生に対し、初動対応が的確かつ迅速に出来るよう、体制を整備しておかなければならない。

　初動対応整備の第一歩として、都道府県においては、後述の国民保護法による国民保護措置を実施するためにも、職員の当直など24時間即応可能な体制の確保を図る必要がある。

　なお、市町村においては、24時間常時即応態勢をとっている消防本部等と連携し、当直体制を確保するとともに、場合によっては、消防担当部局が、防災業務全体又は危機、災害発生時の応急対策を担う組織体制とすることも考えられる（平成14年3月消防庁「地方公共団体の防災体制の在り方に関する調査検討委員会報告」）。

　ところで、地域の防災力、危機管理能力を向上させていくためには、

先ずその前提として、地方公共団体が自らの取組み状況や課題等について、点検、自己分析を行うことが必要であり、災害に対する防災力と危機管理能力について自己評価を行うための評価指針（評価項目は、前掲（244頁）の図3−3「危機管理に係る施策の流れ」に示された各項目）が参考となる。

また、東日本大震災からの数々の教訓を基に、地域防災計画等の更なる見直し、検討を行い、想定外の事態を招かないよう、万が一そのような事態に至っても、最小限、行政機能が維持され、被害の拡大、最悪の事態を防ぐことが出来るよう、危機管理体制の充実・強化に努めることが重要である。

3　国家的な緊急事態と有事・安全保障

（1）有事法制の経緯

① 　国家緊急事態、有事への対処の必要性

　　国家的な危機の中でも、外国からの武力攻撃、大規模テロ攻撃等に対処し、国家の安全保障を確保することは、国家として当然、自明のことである。緊急事態を招かないための外交、通商等を通じての普段の努力とともに、万が一の事態に備え、超法規的な対応をしないで済むよう体制、法制度の整備が必要であり、そのためには、国民の認識、理解が基本的な前提となる。

　　また、同じ国家的な危機である大規模自然災害、事故、事件等の場合と異なり、特に、有事においては、自衛隊による武力行使、対外関係を含む情報収集、行政機関の総合調整、国民全体の協力が必要となり、それ故、根拠となる法的な枠組みとともに、総理（自衛隊の最高指揮官でもある。）、官邸の指導力が重要である。

　　我が国は、従来、大規模な自然災害や事故等に対しては、災害対

策基本法が昭和36年に制定され、緊急政令の制定、災害緊急事態の布告及び緊急災害対策本部の設置など、一応の法的な対応の枠組みが出来上がっていたが、外部からの武力攻撃が発生した場合など有事の際に、国全体としてどのような手続きで意思決定をし、対応をとるか、また、そもそも有事とはどのような事態か、国民の生命財産をどのように保護するかなど、有事、安全保障について議論することがタブー視化されていたため、言わば先進国の中では、日本だけが有事を想定した法整備がなされてなく、憲法第9条と防衛2法（自衛隊法、防衛庁設置法）以外に、これらについて定めた基本的な法律が存在していなかった。

　ところで、有事法制の具体的内容として考えられるのは、主に、(ア) 自衛隊の行動、(イ) 米軍の行動、(ウ) 国民の生命財産の保護に係る法制であるが、かつては、自衛隊は違憲とする一部の立場からの意見さえある中で、有事法制は、戦時体制への官民の動員に途を拓く、基本的人権の制約につながる等として、議論自体に対する根強い反対があり、その結果、非公式、非公開な形での研究に留まっていた（朝鮮戦争の勃発を懸念し、非常時に取るべき措置の研究が文民統制違反、クーデター研究ではないかと、昭和40年の国会で（社）岡田春夫議員から追及を受けた三矢研究等）。

　従って、もし我が国に対する武力攻撃等があれば、自衛隊が自衛隊法に基づいて防衛出動するが、武力攻撃等の有事とは具体的にどういうものか、また、その際、国全体としてどういう手続、対応をとるか等の規定はなく、自衛隊の行動を含め、超法規的な対応を余儀なくされる状況であった。

② 有事法制の先駆け（周辺事態法の制定）

　朝鮮半島情勢の緊迫化等もあって、いわば有事法制の先駆けとして、平成11年5月、日米防衛協力の新ガイドラインの成立と併せ

て、いわゆる周辺事態法が制定されている^(註)。これは、我が国に対する武力攻撃ではないが、我が国の周辺地域において、放置すれば我が国に脅威をもたらし、平和と安全に重要な影響を与える事態（周辺事態）に際し、これに対応し、我が国が実施する措置や、基本計画の策定、国会承認（原則事前承認、緊急の場合事後承認）、米軍に対する後方支援・協力等の手続き等を定め、日米安保条約の効果的な運用を図るものである。

周辺事態法では、国は、地方公共団体の長に対し、その有する権限の行使（自治体管理の港、空港等を自衛隊、米軍が使用する際の許可等）に協力を求めること（後述する武力攻撃事態等の場合は、指示）が出来ることになっている。

（註） 平成27年に成立したいわゆる平和安全法制整備法により周辺事態法の一部改正がなされ、その名称が「重要影響事態安全確保法（正式名称は、重要影響事態に際して我が国の平和及び安全を確保するための措置に関する法律）」に改められるとともに、事態の定義から「我が国周辺の地域における」を削除（地理的制約をなくし、南シナ海、シーレーンでの後方支援活動を可能とする。）、目的規定の改正（改正の趣旨の明確化）、米軍以外の外国軍隊等支援の実施、支援メニューの拡大（給油、輸送、弾薬提供等）などの改正がなされた。

また、これに先立って、平成27年4月27日、日米防衛協力の指針（新ガイドライン）が日米間で了承されている。なお、重要影響事態の基準については、①事態の発生場所や規模、②米軍の活動内容、③日本に戦禍が及ぶ可能性を考慮して判断されると、国会において総理答弁がなされている。

（2）緊急、有事事態法制の整備

近年、北朝鮮の核疑惑問題に加えて、度重なる北朝鮮の弾道ミサイル発射、11年、13年のそれぞれ能登半島、九州南西沖の武装不審船

事案、13年の米国9.11同時多発テロ等の発生により、我が国は、もはや今日の国際情勢の中で、武力攻撃や大規模なテロとは依然として無関係といってはいられないようになり、安全保障に関わる危機に直面することが現実の問題になった。

こうした情勢を背景に、国家的な緊急事態における法整備が課題となり、危機管理体制の整備を図るため、国と国民の安全にとって最も緊急かつ重大な事態への対応を中心に、平成15年6月いわゆる「武力攻撃事態対処法」など有事関連3法が国会において9割の圧倒的な賛成を得て成立、施行され、翌16年6月いわゆる「国民保護法」が制定された。加えてまた、最近の我が国を取り巻く国際情勢、安全保障環境の変化等により、様々な事態に対し迅速かつ適切に、また、切れ目なく対処できるよう、平成27年に平和安全法制の整備がなされた。これらについては、次項以下で述べる。

4　平和安全法制の整備

（1）平和安全法制の概要

最近の我が国を取り巻く国際情勢、安全保障環境の変化等により、有識者会議の報告を受けて、平成26年7月1日「国の存立を全うし、国民を守るための切れ目のない安全法制の整備について」が閣議決定され、これに基づきいわゆる平和安全法制整備法[注1]と国際平和支援法[注2]が平成27年の通常国会に提出され、同9月成立した。主な内容は、以下のとおりである（図3−9）。

① 自衛隊法及びいわゆる武力攻撃事態法を改正し、次の（2）に述べるように、新たに武力行使の新3要件に該当する事態即ち存立危機事態において、自衛隊の防衛出動を可能とする。

② いわゆる周辺事態法を改正し、我が国周辺という地理的制約をは

ずして周辺以外の地域でも、また、米軍以外の他国軍に対しても、支援メニューを拡大（給油、輸送、弾薬提供等）し、後方支援、協力を可能とする（前述の3（1）②の（註）282頁を参照）。
③　これまでの時限的、個別的に制定してきたいわゆるテロ対策特別措置法に代えて、新たに恒久法としていわゆる国際平和支援法を制定し、国際平和共同対処事態における協力支援活動等の実施を可能とする。
④　いわゆる国際平和協力法を改正し、国連PKO活動における武器使用基準を緩和し、新たに治安維持活動や駆け付け警護を可能にするとともに、国連以外の国際的な平和協力活動も実施可能とする。

　また、離島の周辺地域等において外部から武力攻撃に至らない侵害が発生し、近傍に警察力が存在しない等の場合の治安出動や海上における警備行動の発令手続きの迅速化については、法整備によらず閣議決定により対応することとされている。

（註1）　正式名称は、「我が国及び国際社会の平和及び安全の確保に資するための自衛隊法等の一部を改正する法律」で、自衛隊法、国際平和協力法、周辺事態安全確保法、武力攻撃事態対処法等10本の一部改正を行うものである。
（註2）　正式名称は、「国際平和共同対処事態に際して我が国が実施する諸外国の軍隊等に対する協力支援活動等に関する法律」である。

（2）存立危機事態と武力行使新3要件

　存立危機事態は、我が国と密接な関係にある他国が武力攻撃を受け、これにより我が国の存立が脅かされる事態をいい、その基準について、①我が国に戦禍が及ぶ蓋然性、②国民が被ることになる犠牲の深刻度、重要性などから客観的、合理的に判断される、との国会における総理答弁がなされており、存立危機事態時において、武力行使の新3要件（図3-9）を満たせば、集団的自衛権を行使出来る。

図3-9 「平和安全法制」の主要事項の関係

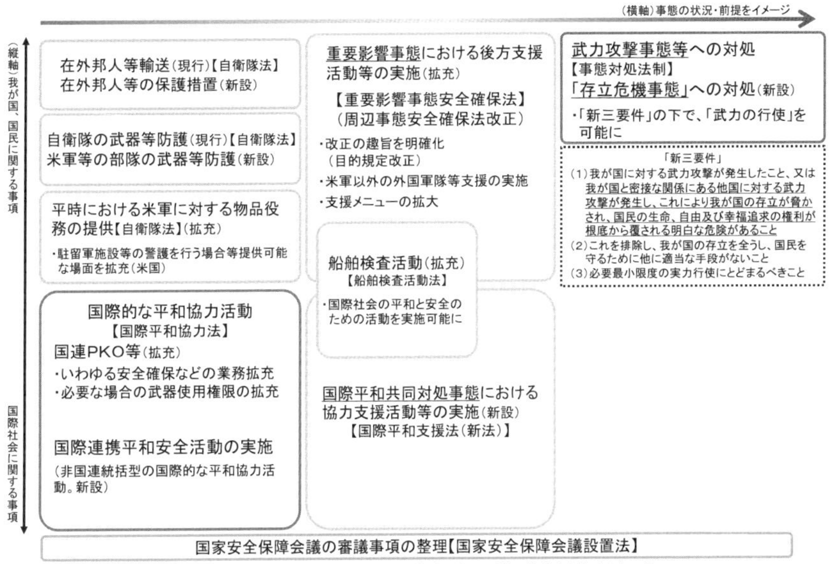

(横軸)事態の状況・前提をイメージ →

(縦軸・我が国・国民に関する事項 / 国際社会に関する事項)

在外邦人等輸送(現行)【自衛隊法】
在外邦人等の保護措置(新設)

重要影響事態における後方支援活動等の実施(拡充)
【重要影響事態安全確保法】
(周辺事態安全確保法改正)
・改正の趣旨を明確化(目的規定改正)
・米軍以外の外国軍隊等支援の実施
・支援メニューの拡大

武力攻撃事態等への対処
【事態対処法制】
「存立危機事態」への対処(新設)
・「新三要件」の下で、「武力の行使」を可能に

「新三要件」
(1) 我が国に対する武力攻撃が発生したこと、又は我が国と密接な関係にある他国に対する武力攻撃が発生し、これにより我が国の存立が脅かされ、国民の生命、自由及び幸福追求の権利が根底から覆される明白な危険があること。
(2) これを排除し、我が国の存立を全うし、国民を守るために他に適当な手段がないこと
(3) 必要最小限度の実力行使にとどまるべきこと

自衛隊の武器等防護(現行)【自衛隊法】
米軍等の部隊の武器等防護(新設)

平時における米軍に対する物品役務の提供【自衛隊法】(拡充)
・駐留軍施設等の警護を行う場合等提供可能な場面を拡充(米国)

船舶検査活動(拡充)
【船舶検査活動法】
・国際社会の平和と安全のための活動を実施可能に

国際的な平和協力活動
【国際平和協力法】
国連PKO等(拡充)
・いわゆる安全確保などの業務拡充
・必要な場合の武器使用権限の拡充

国際平和共同対処事態における協力支援活動等の実施(新設)
【国際平和支援法(新法)】

国際連携平和安全活動の実施
(非国連統括型の国際的な平和協力活動。新設)

国家安全保障会議の審議事項の整理【国家安全保障会議設置法】

(注)離島の周辺地域等において外部から武力攻撃に至らない侵害が発生し、近傍に警察力が存在しない等の場合の治安出動や海上における警備行動の発令手続の迅速化は閣議決定により対応(法整備なし)。

「平和安全法制」の構成
整備法(一部改正を束ねたもの)

平和安全法制整備法：我が国及び国際社会の平和及び安全の確保に資するための自衛隊法等の一部を改正する法律
1. 自衛隊法
2. 国際平和協力法 国際連合平和維持活動等に対する協力に関する法律
3. 周辺事態安全確保法 → 重要影響事態安全確保法に変更 重要影響事態に際して我が国の平和及び安全を確保するための措置に関する法律
4. 船舶検査活動法 重要影響事態等に際して実施する船舶検査活動に関する法律
5. 事態対処法 武力攻撃事態等及び存立危機事態における我が国の平和及び独立並びに国及び国民の安全の確保に関する法律
6. 米軍行動関連措置法 → 米軍等行動関連措置法に変更 武力攻撃事態等及び存立危機事態におけるアメリカ合衆国等の軍隊の行動に伴い我が国が実施する措置に関する法律
7. 特定公共施設利用法 武力攻撃事態等における特定公共施設等の利用に関する法律
8. 海上輸送規制法 武力攻撃事態及び存立危機事態における外国軍用品等の海上輸送の規制に関する法律
9. 捕虜取扱い法 武力攻撃事態及び存立危機事態における捕虜等の取扱いに関する法律
10. 国家安全保障会議設置法

新規制定(1本)

武力行使の新3要件は、国際法上集団的自衛権の行使として認められる他国を防衛するための武力行使それ自体を認めるものでなく、あくまでも我が国の存立を全うし、国民を守るため止むを得ない措置として一部限定された場合において武力行使を認めるに留まるとされる。

　これは、「武力行使が認められるのは、我が国への急迫不正の事態に対処する場合に限られるため、集団的自衛権は許されない」とした1972年の政府見解の基本論理に拠りつつ、安全保障環境の変化により、他国への武力攻撃でも我が国の存立を脅かすこと（存立危機事態）も起こり得るので、「必要最小限度の集団的自衛権（限定的な集団的自衛権）の行使は、許容される」との政府の新たな憲法解釈（解釈変更）による。

　なお、1959年の最高裁砂川判決では、安保条約については、高度の政治性を有し、司法裁判所の審査にはなじまないと判断を避けたが、傍論部分で、「国の存立を全うするために必要な自衛のための措置を取り得る」と判示している。

5　武力攻撃事態対処法

（1）武力攻撃事態とは

　いわゆる武力攻撃事態対処法[註]は、対象となる事態の定義、事態に対処する基本理念、国全体としての対処の枠組み等の基本的事項を規定し、有事法制全体の中核となる法律である。

　武力攻撃事態等とは、武力攻撃事態（我が国に対する武力攻撃が発生し、又はその明白な危険が切迫していると認められるに至った事態）と武力攻撃予測事態（武力攻撃事態には至っていないが、事態が緊迫し、武力攻撃が予測されるに至った事態）であると、法律上規定されており（武力攻撃事態対処

法2Ⅱ、Ⅲ）、政府においては、具体的に想定される次の4類型について、類型に応じた特徴を示している。
① 航空機や船舶により地上部隊が着陸・上陸する攻撃
・ 事前の準備が可能であり、戦闘予想地域からの先行避難が必要
・ 一般的に国民保護措置を実施すべき地域が広範囲にわたることを想定
② ゲリラや特殊部隊による攻撃
・ 事前にその活動を予測、察知することが困難で、突発的に被害が生じることを想定
・ 攻撃当初は屋内に一時避難させ、関係機関が安全措置を講じつつ避難を実施
③ 弾道ミサイル攻撃
・ 発射された段階での攻撃目標の特定は困難。発射後、極めて短時間で着弾
・ 迅速な情報伝達等による被害の局限化が重要。屋内への避難が中心
④ 航空機による攻撃
・ 航空機による爆撃であり、攻撃目標の特定が困難なため、屋内への避難等を広範囲に指示することが必要

　また、武力攻撃事態等以外の緊急事態についても、事態対処法第24条及び第25条では、「緊急対処事態」（武力攻撃に準じる手段を用いて多数の人を殺傷する行為が発生し、国家として緊急対処する必要がある事態）として、適切に対処することとしており、政府においては、想定される次の4類型について、具体的な事態例を示している。
① 危険性を内在する物質を有する施設等に対する攻撃が行われる事態
・ 原子力発電施設等の破壊
・ 石油コンビナート、都市ガス貯蔵施設等の爆破

② 多数の人が集合する施設及び大量輸送機関等に対する攻撃が行われる事態
・ 大規模集客施設、ターミナル駅等の爆破
・ 新幹線等の爆破
③ 多数の人を殺傷する特性を有する物質等による攻撃が行われる事態
・ 放射性物質を混入させた爆弾（ダーティボム）等の爆発等による放射能の拡散
・ 炭疽菌等生物剤の航空機等による大量散布
・ 市街地等におけるサリン等化学剤の大量散布
・ 水源地に対する毒素等の混入
④ 破壊の手段として交通機関を用いた攻撃が行われる事態
・ 航空機等による多数の死傷者を伴う自爆テロ

(註) 平成15年に制定され、27年に平和安全法制整備法により一部改正が行われた。正式な名称は、「武力攻撃事態等及び存立危機事態における我が国の平和と独立並びに国及び国民の安全の確保に関する法律」である。

（2）対処措置と対処手続き

　武力攻撃事態等に際しての対処措置としては、先ず第1に、武力攻撃等の排除で、自衛隊の防衛出動による武力行使、部隊の展開や、米軍の円滑、効果的な行動のための措置であり、第2に、次の6で述べる国民保護であり、その外、国際人道法の的確な実施（文民保護等）がある。

　武力攻撃事態等に至ったときの具体的な対処のための手続きについては、武力攻撃事態対処法第9条及び第10条に規定されており、先ず、政府は、対処基本方針案を作成し、安全保障会議での審議、次いで、武力攻撃事態等であることの認定及び対処措置を定めた対処基本

方針の閣議決定と、対処基本方針の国会承認、武力攻撃事態等対策本部（本部長は総理大臣）の設置、防衛出動の命令等を行い、対処基本方針を実施していくことになる。なお、政府は、国連憲章第51条等に従い、武力攻撃の排除に当たり我が国が講じた措置を、直ちに安保理に報告することになる。

対処基本方針には、対処措置に関する重要事項として、防衛出動待機命令等や更には防衛出動を命じる場合には、そのことの国会の承認（事前承認）を求めること、又は防衛出動を命じること（特に緊急の必要があり事前に国会の承認を得る暇がない場合、事後承認）、国民の保護に関する措置などを定めなければならない。また、対処基本方針について国会の不承認の議決があったときは、その議決に係る対処措置は、速や

図3－10　武力攻撃事態等への対処のための手続

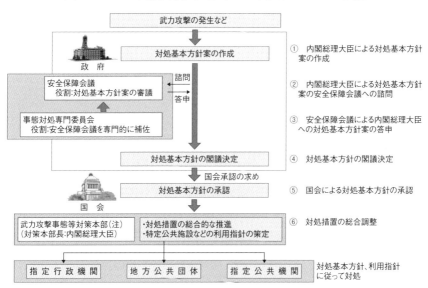

（出典　防衛白書）

かに終了しなければならない。

なお、緊急対処事態についても、基本的には武力攻撃事態等の場合と同様であるが、その緊急対処事態対処方針は、国会の事後承認とされている（武力攻撃事態対処法25⑤）。

また、弾道ミサイル等が我が国に飛来する兆候がある場合には、平成17年に自衛隊法が改正され、緊急対処要領(防衛大臣が作成し、総理大臣の承認を得る。)に従い、防衛大臣が期間を定め部隊に迎撃を予め命令しておくことが出来るようになっている。

（3）平和安全法制整備法による一部改正

平成27年9月に成立した平和安全法制整備法により、①「存立危機事態」が新設され、新3要件の下で武力行使(防衛出動)が可能となり、存立危機事態への対処が定められるとともに、②法律の名称が改正された（前述の4　平和安全法制の整備の項を参照）。

6　国民保護法

（1）国民保護の意義と性格

有事においては、自衛隊が外部からの攻撃を排除（武力行使）することになるが、その際、国民の保護、即ち、一般国民が敵の攻撃による被害から免れるよう、危険地域から安全な場所への避難、避難した住民に対する救援、武力攻撃災害[註1]への対処が重要となり[註2]、このため平成16年に国民保護法が制定された[註3]。

一般国民の避難、避難者の救援をはじめとして、武力攻撃事態等における国民保護のための措置は、基本的に、行政の避難勧告、指示等があっても、住民自らが状況を判断し、その責任で避難を行う自然災害の場合と異なり、国が本来果たすべき役割に係るものであり、国民

保護法に基づき、国の指示や情報提供の下、地方公共団体等の支援、協力を得ながら、その適正な対応が確保される必要がある。

このため、予め政府は、武力攻撃事態等に備え国民保護に関する基本指針を、また、指定行政機関、地方公共団体等は、基本指針に基づき国民保護計画等を策定している（国民保護法32～36）。国民保護に関する基本指針は、国民保護のための実施に関する基本方針、想定される武力攻撃事態等の類型、住民の避難、救援、武力攻撃災害への対処等、具体的な国民保護措置等について定めるものとされ、平成17年3月閣議決定、国会に報告された。

なお、国民保護の措置の性格から、地元公共団体の国民保護措置に係る経費は、原則、国庫負担である（同168、169）。

また、国民は、国民保護措置の実施に関し協力を要請されたときは、必要な協力をするよう努めるとされ（義務ではなく任意の協力。同4①）、要請に基づく協力により死亡、負傷した場合には、その損害を補償される（同160）。

（註1） 武力攻撃災害とは、武力攻撃により直接又は間接に生じる人の死亡又は負傷、火事、爆発、放射性物質の放出その他の人的、物的災害を言うとされている（国民保護法2④）。

（註2） 諸外国の中には、民間防衛（市民防衛。Civil defense）の制度を設けている国（スイス、韓国等）がある。これも、各国の歴史、防衛・危機に対する考え方等により、例えば、戦時における国民のシェルターへの待避、疎開、労力（医療、輸送等の特別技能）や物資の提供等の義務の外、レジスタンスまで求めるか否か、災害対応も対象とするか否か、一時的か恒常的なものか等、種々異なっている。

いずれにしても、国民保護と民間防衛は、基本的に性格が異なるものであり、国民保護が、住民の避難、避難者の救援等を中心に、これらを国等の責務とし

て考えるのに対し、民間防衛は、一般に、国家の安全保障、防衛の手段として、第一義的には軍が行動し易い態勢をとるため、地域、住民の取組みを義務として求めるものである。我が国が戦前において防空法を制定し、その下で本土空襲に備え設置した防護団や警防団、隣組、家庭防火群が果たした役割が、民間防衛に類似すると言える。

(註3) 国民保護法の正式な名称は、「武力攻撃事態等における国民の保護のための措置に関する法律」である。

(2) 国民保護のしくみ

国民保護のための措置を実施するに当たっては、前もって一定のルール、指揮命令系統が定められていなければ活動が混乱し、不都合が生じることから、国民保護法に種々の規定が設けられている。以下、地方公共団体にも深く関係する住民の避難、救援等について、その概要を述べる。

なお、国民保護法制は、外国からの武力攻撃事態等の場合だけでなく、大規模なテロなど前述の緊急対処事態（武力攻撃事態対処法25①）のケースでも適用され、避難、救援、武力攻撃災害への対処等に関する規定は、緊急対処事態及び緊急対処保護措置について準用される（国民保護法第8章）。

① 国民保護対策本部の設置

先ず、武力攻撃事態等に至ったとき、政府は、前述の対処基本方針の閣議決定と併せて、国民保護対策本部を設置すべき都道府県及び市町村の指定を閣議決定する（国民保護法25）。

指定を受けた都道府県及び市町村は、それぞれ国民保護計画に基づき都道府県及び市町村国民保護対策本部（本部長は、知事及び市町村長）を設置し、国民保護のための措置を実施していく（同27）。なお、対策本部の設置に関わらず、対処基本方針が定められたときは、地

方公共団体は、国民保護のための措置を実施しなければならない（同11、16）。

② 警報の発令、住民の避難

政府（武力攻撃事態等対策本部長＝内閣総理大臣）は、武力攻撃から国民を保護するため緊急の必要があるときは、警報^(註1)を発令するが、警報は知事に伝えられると同時に、放送事業者も警報を放送し、更に、警報は、知事から直ちに市町村長に通知され、市町村長は、防災行政無線等を用いて住民に伝える（同44～50）。

また、警報を発令した場合、政府は、要避難地域及び避難先の関係知事に対し、住民の避難措置の指示を行い、知事は、市町村長を通じ、避難経路、交通手段等を明示して住民に避難の指示を行う（同52、54）。

知事より避難の指示があったときは、市町村長は、直ちに避難実施要領^(註2)を定め、職員及び地元の消防機関を指揮し、また、必要があるときは、警察官、海上保安官、自衛官による誘導を要請し、住民の避難誘導を行う（同61～63）。避難先の市町村長は、知事から避難の指示を通知されたときは、正当な理由がない限り避難住民の受け入れを拒否出来ないものである（同54⑥）。

住民の避難誘導を行う際、指定公共機関である放送や運輸事業者は、警報の伝達や住民、物資の輸送を行うことが義務づけられている（同50、71、79）。

③ 避難者等の救援と安否情報の収集・提供

政府は、避難住民及び被災者の救援を知事に指示し、知事は、政府の指示により、又は緊急を要するときは指示を待たずに、収容施設の供与、食品、生活必需品等の給与、医療の提供等を実施する（同74、75^(註3)）。なお、市町村長は、知事が行う救援を補助するとともに、知事は、救援を迅速に行うため必要があるときは、救援の実施に関

する事務の一部を市町村長が行うこととすることが出来る（同76）。

　知事は、救援を行うため必要があるときは、救援に必要な物資（医薬品、食料等）の売り渡しの要請、収用等や、収容施設の供与、医療の提供のため土地、家屋等の使用が出来ることとされているが、有事にあっても、国民の権利は尊重されなければならず、従って、これに制限が加えられる場合は、これらのケースに限り、かつ、公正適正な手続きの下で行われることとされている（同81〜85）。

　また、住民の安否に関する情報（氏名、生年月日、男女の別、住所、国籍など個人を識別するための情報）は、市町村長が収集整理し知事に報告、知事は、自らも収集整理し、総務大臣に報告することになっており、総務大臣及び地方公共団体の長は、安否情報について照会があった場合は、個人情報の保護に十分留意の上、速やかに回答しなければならない（同94〜96）。このため、安否情報システムが平成20年から運用開始しており、23年の東日本大震災においても活用された。

④　武力攻撃災害への対処

　武力攻撃災害に対処し、被害を出来る限り小さくするため、国は、自ら必要な措置を講ずるとともに、地方公共団体と協力し、（ア）生活関連等施設の安全確保、警備の強化、立入制限や、危険物、毒物、劇物、高圧ガス等の取扱所での製造等の禁止、制限、（イ）更には、警戒区域の設定、区域内への立入制限、退去など、必要な措置がとられるようにしている（同第4章）。

　なお、生活関連等施設とは、発電所、浄水施設、駅、空港、放送局、ダム、危険物貯蔵施設など、国民生活に関連を有する施設でその安全を確保しなければ国民生活に著しい支障を及ぼすもの及び安全を確保しなければ周辺の地域に著しい被害を生じさせるおそれがあるものとされ、政令で具体的に定められている（同102）。

また、知事は、武力攻撃災害が発生し、又は発生しようとしている場合、危険防止のための緊急の必要があるときは、警報を待たずに緊急通報を発令するものとされ（放送事業者は、その内容を放送する。同 99、101）、更に、災害対策基本法では市町村長の権限とされている住民に対する退避の指示、警戒区域の設定の権限が、知事にも認められている（同 112 ⑤、114 ②）。

（註１） 弾道ミサイルの発射情報は、発射から着弾まで 10 分程度と極めて緊急を要するため、人工衛星を活用し市町村の同報系防災無線を自働起動して、サイレン及び避難情報を 1～2 秒で伝える全国瞬時警報システム（J-Alert）の整備が進められている。

　　また、現在では、Ｊアラートにおいては、弾道ミサイル攻撃に関する情報だけでなく、緊急地震速報、津波警報、気象等の特別警報の緊急情報が、全国の都道府県、市町村に送信されており、更に、コミュニテイ放送やケーブルテレビ、登録制メール等と連携を進め、Ｊアラートによる情報伝達手段の多重化、多様化を進めることとされている。

　　なお、現在Ｊアラートと併せて、行政機関専用回線で官邸（対策本部）から都道府県、市町村に緊急情報（警報等の文書、添付ファイル）を 1 分以内で送信する Em-Net（緊急情報ネットワークシステム）も整備されている。

（註２） 避難実施要領は、関係機関が統一した方針の下に行動するために必要であるとともに、実際上、短時間で定めなければならないので、平常時に予め想定される事態に応じた要領（複数のパターン）を作成しておき、実際の事態の状況に応じて対応を行う必要がある。

（註３） 自衛隊の主たる任務は、武力攻撃等の排除であり、これに支障のない範囲で国民保護措置（国民保護等派遣）をとることになり、自然災害の場合のように自衛隊の派遣要請をしても自衛隊の対応が困難なことも予想されるので、避難者の救援は、市町村ではなく、都道府県の任務とされている。

(3) 地方公共団体の責務等

① 地方公共団体の役割

地方公共団体は、国民保護法に基づき、有事に備え、国民保護協議会の設置、国民保護計画の策定を行った上で（国民保護法34、35、37、39）、有事においては、国民保護計画に基づき対策本部の設置とともに（同27）、国民保護のための措置を実施することになっている（同3②、11、16）。前述したように、国民保護措置の中でも警報の伝達、住民の避難誘導、安否情報の収集等の措置は、地域の実情に通じた地方公共団体が大きな役割を果たすことが期待されている。

都道府県国民保護計画は国の基本指針に基づき平成17年度までにすべての団体で作成済みであり、市町村国民保護計画は都道府県国民保護計画に基づき、殆どの団体で策定されている。それぞれ国民保護協議会への諮問、議会への報告が必要とされており、また、計画の整合性を確保するため、都道府県は総理大臣に、市町村は知事に協議しなければならない。

また、地方公共団体の長は、指定行政機関の長とともに、国民保護措置に係る職務を行う者及び職務のために使用される場所等を識別させるために、ジュネーブ諸条約の追加議定書に規定する国際的な特殊標章（図3－16）及び身分証明書を交付し、又は使用させることが出来る。

② 消防

消防は、武力攻撃事態等においても、避難住民の誘導をはじめ、消火活動や救急救助活動を行うなど、住民を武力攻撃による火災から保護し、武力攻撃災害を防除及び軽減する重要な責務を負うことになっている（同97⑦）。

なお、緊急事態に鑑み、一定要件の下に、武力攻撃災害を防除す

るための消防に関する消防庁長官の市町村長及び知事に対する指示権が認められている（同117②、118）。また、国民保護法では、消防庁長官及び知事が、消防に関する指示をするときは、安全確保に十分留意し、必要な措置を講ずること（同120）とするなど、消防職・団員等の安全確保には特段の注意が払われることになっており、消防は、武力攻撃に直接晒される危険を冒して出動し、消火活動や救助活動等に当たることは、もとよりないものである。

③　住民の理解と協力

　米国9.11同時多発テロの発生や北朝鮮による弾道ミサイル発射等があっても、住民一般は、武力攻撃、テロ等に対して自らに関わる差し迫った危機感が少ないという現実があり、また、実際、災害と異なり、自ら直接何か物理的な備え（例　シェルターの設置等）が出来るものではない。

　しかし、常に、万が一の事態のとき、行政はどう対応し、自分は、家族は、地域はどう行動すべきか、また、情報の入手、避難の方法等はどうなるかなどについて、一人ひとりが考えておくとともに、地域での住民の協力、連携を強めていくことは、災害時にも大いに役立つものであり、このような観点からも、地方公共団体は、住民の理解、協力と意識の向上に努めていく必要がある。

図3−11　防災と国民保護との基本的な相違

自然災害		武力攻撃事態等
主として自然による事象	事象の本質	・わが国への外国からの組織的な攻撃 ・ダメージを最大化するため意図的に行われる
当該地域の災害リスク（気候、地形、地盤等による）	リスクの所在	わが国と外国その他の外部との間の外交関係に起因するリスク
・自然のハザードは、国の努力によって回避不可能 ・歴史的に見て、自然災害については各地方公共団体が防災施策を講じ、規模態様等に応じて国が相応の支援を行ってきた経緯	責任の所在	・主として国の外交の「失敗」等により生じる事態 ・わが国に対する攻撃がなされる場合、具体的にはいずれかの地方公共団体の区域に対して当該攻撃が行われることとなるが、その事態の発生に当該地方公共団体が責任を有するわけではない
・災害の規模態様等に応じ、第一義的には市町村が対応するがそれで対応できない場合に、都道府県や国が相応に対応	対応主体	・侵害排除は国の武装組織たる自衛隊のみが担いうる ・武力攻撃災害への地方公共団体の対応は、国の指示等に基づく対処が基本
・基本的に各地域で収集 ・国へ伝達	情報の収集	・事柄の性格上、基本的に国が収集・分析 ・地方へ伝達

（出典　消防庁資料）

第3節　国家的な危機と危機管理体制　299

図3−12　武力攻撃事態等における国民の保護のための仕組み

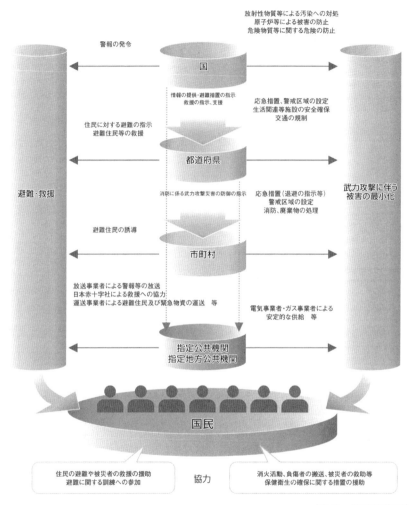

（出典　消防庁資料）

図3－13　Jアラートの概要

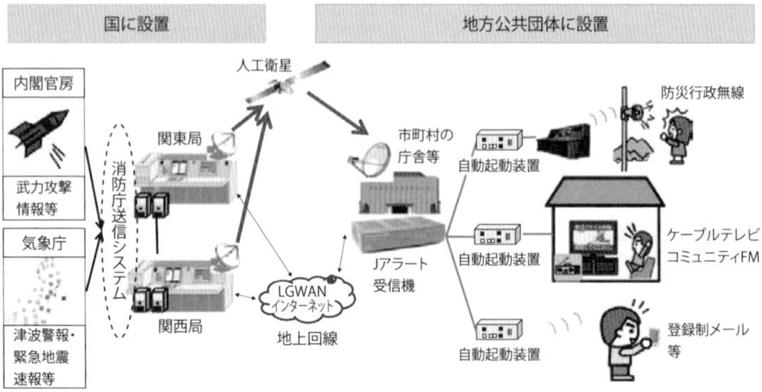

図3－14　住民の避難の流れ

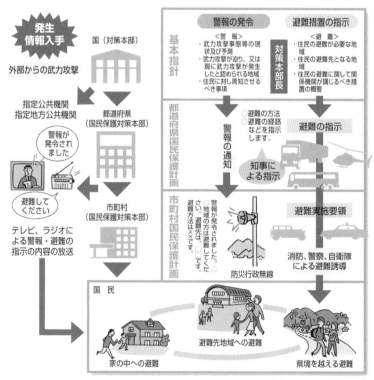

(出典　消防庁資料)

図3-15　安否情報システムイメージ図

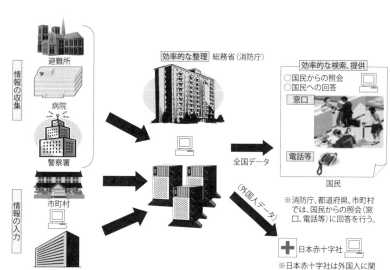

（出典　消防白書）

図3-16　特殊標章

特殊標章（識別対象）
・国民保護措置に係る職務等を行う者
・国民保護措置のために使用される場所、車両、船舶、航空機など

第4章 安全・安心な社会の実現のために

1 高まる危機への不安と安全神話の崩壊

(1) 高まる危機への不安、懸念

近年、国内外において、大規模な災害、事故、事件等の頻発、国際的なサイバーテロ、新型の感染症（鳥インフルエンザ等）、家畜伝染病（口蹄疫等）の流行とともに、特にイスラムの国（IS）をはじめとする過激派組織による国際的なテロの発生により、国民の間に何かと不安感、懸念が拡がっている。

これらに加えて、我が国周辺において、北朝鮮による度重なる核実験、弾道ミサイルの発射や哨戒艦沈没事案、延坪島砲撃事案の発生[註1]、そして平成22年の尖閣沖の中国漁船衝突事件[註2]以来の中国の海洋進出を目指した覇権主義的な動きは、国家間の緊張関係を高めてきており、国家的な危機への対処の在り方（国家の安全保障）や、指導者のリーダシップ、情報の国民への公表等に関し論議を呼ぶとともに、新たな危機に対する備えの重要性が再認識されてきている。

また、平成23年3月11日の東日本大震災と東電福島原発事故の発生は、災害対策、防災対応に様々な教訓と反省をもたらした。一方、明確な科学的根拠はないが、東日本大震災は、火山活動を活発化させるとともに、かねてより切迫性が指摘されている南海トラフ地震、首都直下地震等が、それも連動して複合災害となって起きるのではないか、東日本大震災の後は発生確率が相当高まったのではないか等、懸念されるところである。

更に、今日、我が国は、経済、社会のグローバル化、少子・高齢化

が一層進展するとともに総人口が減少に転じ、特に社会保障経費が増大する中で、また、各種インフラの保守、更新費用の確保が大きな課題となる中で、財政が膨大な債務残高を抱えて硬直化が進み、かつてとは様変わりして経済、財政の対応力、余力が今後益々無くなって行く状況も、様々な危機に対する不安、懸念の背景にあると言える。

(註1) 北朝鮮に関わる問題事案の一つである哨戒艦沈没事案は、平成22年3月韓国軍の哨戒艦「天安」が、北方境界線（NLL）付近の黄海において沈没した事件（乗組員104名のうち46名が行方不明）であり、その後、米、豪、英、瑞典の4カ国の専門家を含む軍、民の調査により、北朝鮮の魚雷攻撃により沈没したものと調査結果が発表された。

また、延坪島砲撃事案は、平成22年11月北朝鮮軍が、突然北方境界線を越えた延坪島に向け砲弾を発射し、これに韓国軍が対抗射撃を行ったものであり、この事件で、韓国の兵士2名が死亡、16名が重軽傷、民間人が2名死亡、3名が軽症を負った。

(註2) 背景には、尖閣諸島に対する中国側の主張する領有権問題があるが、尖閣沖中国漁船衝突事件は、平成22年9月海上保安庁巡視船が、尖閣諸島付近で中国漁船に対し、違法操業として取締りを実施したところ、漁船は、これを無視し逃走時に巡視船に衝突を繰り返したので、海上保安庁は、公務執行妨害で船長を逮捕し、石垣島に連行、那覇地検に送検したことで発生。これに対し、中国政府の強硬な抗議があり、日本政府（民主党政権）は、漁船の中国側への返還と船長以外の船員を帰国させたが、中国が様々な報復措置を取るのを見て、その後、那覇地検は、船長を処分保留で釈放した。

なお、中国漁船が巡視船に衝突した際の動画について、政府は、中国への配慮から非公開とし、衆参予算委員会の理事だけに限定して公開されたが、一人の海上保安官によりYouTube上に動画が流出した。また、中国においては、日系企業に対する激しい反日的抗議、暴動が繰り返され、大きな被害が生じた。

(2) 安全神話の崩壊とその背景

　我が国は、これまで、自然災害がたとえ多くても、治安の良さを誇り、世界でも有数の安全な国と言われてきたが、それが、治安情勢の悪化とともに、近年、大きな災害、事故等が相次ぎ、その一方でテロ等に対する脅威も決して仮想のものとは言えなくなり、以前とは社会の様相が基本的に変化し、我が国の安全神話も崩壊しつつある。

　なお、特に、東電福島原発事故について言えば、想定を超えた大津波により全交流電源の喪失があの極めて深刻な事態を招いたものであるが、何故、事故が防げなかったのか、対応のどこに問題があったのか、政府及び国会等がそれぞれ事故調査、検証委員会を設置し、事故の究明がなされたが（第2章第3節5（4）原子力施設等の防災対策の見直しと充実強化の（註1）207頁参照）、端的に言えば、多重防護システムの原発であっても、事前の備え（リスクマネジメント）と事故発生時の対応（クライシスマネジメント）から成る危機管理が適切になされたか否か、そしてそのレベルと実効性の問題に帰することになる。いずれにしても、従来、国が繰り返し説明して来た原発の安全性について、国民の信頼を大きく裏切ることになり、まさに原発の安全神話は過去のものとなった。

　このように安全・安心を巡る状況が大きく変化し、人々の間に様々な懸念、不安感が広がってきているが、その背景、原因として、改めて次の点が指摘される。

① 　科学的に未だ明確に解明されていないが、地球温暖化の進行により、地球規模で気候変動が激しくなり、大型の台風や局地的な集中豪雨等が頻繁に起きているのではないか。
② 　同じく科学的に明確な説明は難しくても、我が国は、東日本大震災を経験したように、暫らく続いた地学的な平穏な時期が過ぎ、日本列島各所で大規模地震の発生が迫っており、発生当時まったくと

言ってよい程想定になかった平成7年の阪神・淡路大震災や16年の新潟県中越地震、17年の福岡県西方沖地震、20年の岩手・宮城内陸地震等はその前触れ的なものではないのか。また、次は、南海トラフ地震、首都直下地震等が、それも連動して起きるのではないか。

③ 産業災害、事故が、近年、目立って増加しているが、人為的なミスや施設の老朽化等が直接の原因であっても、その背景には、技術の継承が出来ず、また、効率化、合理化の名の下に安全管理が手薄になったり、安全確保への投資が軽んじられる、利益優先の企業風土が蔓延こっているのではないか。

また、相次ぐ企業の不正経理や製品、食品等の偽装表示等は、企業統治以前の企業倫理、モラルの低下に問題があるのではないか。

④ 国際的なテロ等や感染症の流行・拡大への対応は容易ではなく、これらは単に、グローバル化によるだけでなく、国際社会の流動化の一方、地域、コミュニティの弱体化など、社会の構造的な面の変化が影響しており、対応に決め手を欠くのではないか。

⑤ 危機管理の鉄則は「最悪の事態を想定し備えること」と言いながら、実際には、その想定とは、概して過去数十年から数百年間に発生した記録の確かな地震、津波を前提にし、それより遥か以前のものは、種々の制約から古文書や津波堆積物の調査にあまり重きが置かれず、結果として、予見可能性のより高いものに限定され、東日本大震災は、未曽有の甚大な犠牲と被害を発生させてしまったのではないか。言うまでもなく、想定外とは、都合の悪いことを排除することであってはならないが、このことをどう考えていくか。

⑥ 東電福島原発事故は、結果の重大性から幾ら厳しく批判されても止むを得ず、また、技術に対する過信と、原発の推進、立地トラブルの回避等のため、安全神話が作り上げられていたと言えるが、そ

れだけで済まして良いか。

　上述の指摘が当を得ているか否かは別として、いずれにしても、今日の社会の下では、安全、安心の確保のためには、様々なリスクにきちんと向かい合って自ら選択したリスクは自ら引受け、また、誰かが然るべく何とかしてくれるという他者依存、他力本願でなく、自己責任の原則の上に立って、行政、企業、個人等のそれぞれが、危機管理意識を高め、自らの本来的な役割を果たすとともに、安全・安心な社会の実現に貢献していくことが重要になる。

2　実効性ある初動、危機管理体制の整備

（1）阪神・淡路大震災等の教訓とその後の対応

　平成7年1月のあの未曾有の大災害となった阪神・淡路大震災、そして同年3月の猛毒サリンを使用し、無差別大量殺傷を目的とした地下鉄サリン事件は、決して忘れられるものではないが、時の流れは速く既に、早や20年が経過することになった。

　阪神・淡路大震災については、元々、関西では、洪水や土砂災害等と違って、大地震が起きるとは一般に考えられてなく、大地震に対する警戒、備えが弱かった上に、要員の非常参集も儘ならず、初動対応が十分出来なかった。また、緊急事態を知らせる情報が首相官邸、内閣総理大臣に届かず、自衛隊の災害出動、現地入りも相当時間が経過してからとなるなど、当時の我が国の広域的な大災害に対する対応、危機管理態勢の不十分さをさらけ出してしまった。

　地下鉄サリン事件についても、あのような事件が発生するとは夢想だにしておらず、また、一般にサリンに対する知識、警戒が薄く、事件が発生して初めてNBCテロ対策の必要性を痛感させられたのが実情である。

　その後、これらのことを反省、貴重な教訓に、第2章及び第3章で

述べたように、我が国の防災対策、危機管理が、国、地方公共団体をはじめ各関係機関において、全面的に総点検され、災害対策基本法の改正、各種防災計画の改訂等がなされるとともに、大規模災害やテロ事案の発生時の対処体制の強化を図るため、要員の非常参集等の初動態勢、官邸のリーダシップの発揮、危機管理マニュアルの作成、緊急消防援助隊の創設など、危機管理体制の整備、確立が図られてきた。また、危機管理、防災対策は、広く国民の重要関心事、政治課題にもなって行った。

　次に述べる東日本大震災を別として、近年の相次いだ豪雨災害や地震等において、依然、避難勧告・指示、避難の遅れや被災者救助等に不十分な面が残るが、全体として迅速、的確な応急対応がなされたと言われており、これらの例に見られるように、我が国の防災、危機管理体制は、初動、応急対応を中心に以前と比較し相当進んだことは間違いないと言える。

（2）東日本大震災の対応の反省と危機管理体制の整備

　（1）で述べたように、一般に災害等危機事案に対する即応体制、危機管理体制の整備は相当進んだと言えるが、しかし、東日本大震災、東電原発事故への対応を見るとき、改めて多くの問題、課題が突き付けられた。このため、防災基本計画及び地域防災計画の見直し、改定等が進められ、想定を遥かに上回る巨大な地震、津波に対する新たな方向性等が示されて来ている。また、確かに想像も及ばない事態の発生であった事情は考慮する必要がある。

　それでも、即時応急対応、特に、政府対策本部の状況判断、対応指示、情報の集約、伝達、情報の公表等に係るリーダシップの発揮等については、改めて、危機管理の重要性、困難性を再認識するとともに、危機管理に係る制度、組織、体制の整備等の上に立って、トップ、指

導者のリーダシップの重要性が強調されるが、最後は、危機に強い指導者、人材が得られるか否かの問題に帰結してしまうことは、残念なことであり、あくまで制度、仕組みの問題として組織的な対応により解決していく必要がある。

　ところで、いつの時代においても自然災害の発生自体を防ぐことは困難であり、また、大規模な事件、事故等も、それが人間の為す業である以上常に起こり得るものであるが、それは往々にして油断をしていると不意を突き、最悪の状況下において発生するものであるから、防災・危機管理においてこれで万全ということはない。

　従って、安全に対する過信に陥ることなく、また、過去の災害、事故等の尊い犠牲の上に立って学んだ貴重な経験、教訓を風化させることなく、常に事前の対応、対策を、また、その点検、見直しを十分行って、防災・危機管理体制をより実効性あるものにしていく必要がある。そして、万が一の事態のときも、初動、応急対応が遅れ、結果として、自然災害を人災にしてしまったり、被害をより深刻、甚大なものにしてしまうことのないよう、被害、影響を最小限に抑えられるようにしていく必要がある。

　また、実効性の伴わない形だけの制度、仕組みの整備で事足れりとすることなく、それが、実際に機能するか否かの視点から、①トップ自身が常に危機意識を持ち、危機管理に当たることの重要性を自覚するとともに、トップが強力なリーダーシップを発揮出来る環境づくり、②危機管理の責任者、担当者が２〜３年程度で異動、交替とか、寄せ集めとかいうことではなく、本当の危機管理の専門家、プロ集団の養成確保、③縦割りの弊害（各機関、組織の主導権争い、責任の押し付け合い、独自行動等）を除去しての各関係機関の緊密な連携協力と情報の共有化、④個々の地方公共団体の対応能力を超えた危機が生じた場合の支援体制の確立など、国は勿論であるが、地方公共団体、特に都道府県

において、危機管理部局の充実強化を図るなど、危機に強い実効性ある体制をつくっていくことが重要である。

3 有事、緊急事態等への備えと防災、危機意識の高揚

（1）緊急事態に対する基本法の必要性

　法治国家では、戦争や内乱など国家が緊急事態に直面した際、国家としてどのように意思決定をし、対応をするか、国民の権利義務がどう守られ、又は制限されるかなど、有事を想定した法体系が憲法に規定されるのが一般的であるが、従前、我が国は、憲法はもとより緊急事態を想定した法律が整備されてなく、仮にそのような事態に至ったときは、超法規的な対応をせざるを得ない異常な状況にあった。また、国民一般も、このことに対する関心、意識も低かったと言える。

　しかし、前述したように（第3章第3節3（2）緊急・有事事態法制の整備（282頁）参照）、国家的な緊急事態における法整備を図るため、平成11年にいわゆる周辺事態法、15年に武力攻撃事態対処法、16年に国民保護法が制定され、個別的にテロ攻撃を含め、国家的な緊急事態に対処するための有事法制と体制の整備がなされてきた。

　更に、平成27年9月には、いわゆる平和安全法制整備法等が成立し、25年に成立した特定秘密法、国家安全保障会議の設置（第3章第3節1（2）②官邸機能の強化（269頁）参照、（3）③特定秘密法（275頁）参照）等と相まって、我が国の安全保障、危機管理に関わる個別、具体の制度、仕組みの整備が大きく進んだと言える。

　これらにより、有事、緊急事態に際しての法的な対応の仕組みが一応整備されたが、一方、これら事態に該当しないような事態が生じた場合の対応をどうするのか、また、より基本的には、現行憲法は有事、緊急事態を想定したものとはなっておらず、既存の個別法では十分対

応仕切れない事態が生じた場合の緊急対応が、不十分、或いは超法規的なものとなる可能性が依然問題として指摘されており、東日本大震災や東電福島原発事故の発生を踏まえ、緊急事態の定義、国会の関与、政府の責務や権限、基本的人権の保護と制約等に関し、憲法に緊急事態に関する規定を設ける、或いは緊急事態基本法を制定すべきとの意見(註1、註2)が出ている。

なお、平成15年5月、武力攻撃事態法の成立の際、自民、民主、公明の3党は、翌16年の通常国会で緊急事態基本法の成立を図ることを3党合意しているが、未だ実現していない。

(註1) 東日本大震災の際に統一地方選挙を控え、被災地の首長、議員の任期が到来するが選挙を実施できるような状況でないため、急遽、任期を延長する特例法を制定し対応したが、国会議員の場合、任期は憲法に定められているので、特例法による対応は不可能であり、例えば総理大臣の緊急事態宣言を受けての議員の任期や選挙期日を延長できる規定が、憲法改正の際には少なくとも必要とされる。

(註2) 読売新聞が行った憲法に関する世論調査では、緊急事態に関する規定を憲法改正により条文で明記35％、憲法は改正せず新法を作る39％、今のままでよい20％である(平成23年9月14日付け記事)。

(2) 危機、防災意識の高揚と対応力の向上

もとより、有事、緊急事態等があっては困るし、誰しも起きないことを祈るものであるが、元々、有事、緊急事態は、国の政治、外交の在り方、その結果として生じるものであるから、その場合の国民一人ひとりの具体的、直接的な対応なり、行動がイメージしにくい面があり、加えて、わが国の国民性は、熱しやすく冷めやすいと言われ、事態が一旦収束してしまうと、途端に関心が薄れてしまいがちである。

国民の意識や我が国社会の現状を考えると、仕組みはともかく出来上がったといっても、実際の対応がどうなるかは、甚だ心許ないところがある。

　一方、有事、緊急時における実際の対応は、現在の我が国にとっては、殆ど未経験、未知の分野ではあり、そのような中で東日本大震災、東電福島原発事故が発生したが、非常災害と有事・緊急事態時における国民保護とは、確かにその本質は異なるものの、情報の収集、伝達、住民の安全な場所への避難誘導、避難者、被災者の救援等の基本は、相当共通するところがある。なお、これらが的確に行われるか否かは、言うまでもなく、住民の意識、関係機関の連携、日頃の訓練等の如何が大きく左右するものである。

　従って、今後、国民保護計画の運用や防災訓練など様々な機会を通じ、また、活用し、国民の理解、意識を継続的に高めるとともに、関係機関の連携、協力が十分確保出来るようにしていくことが重要である。そして、このことにより、時代や社会が大きく変わったことを前提に、広く国民の防災、危機意識が、また、防災、危機管理能力が高まっていくことが期待される。

4　様々な課題への対応

（1）大規模地震への備え

　東日本大震災が発生した今、改めて南海トラフ地震、首都直下地震など、大規模地震発生の切迫性が指摘され、日本列島とその周辺で何時、何処で大規模地震が発生しても不思議でないと言われている。

　これら大規模地震が予想される地域の中には、人口や諸機能が集積した都市部が多く、また、未だ超高層ビル等が大規模地震の洗礼を直接受けていないだけに(註)、大規模地震が発生した場合の被害は極め

て甚大となることが想定されるとともに、その影響は、国内にとどまらず、日本発の世界的な経済ショックに繋がりかねないことも懸念される。

　従って、今直ぐに、建物の耐震化、住民の安全確実な避難など、被害想定を基に具体的な減災目標を掲げた防災戦略を立て、これを踏まえ、大規模地震に対する十分な備え、対策を講じていかなければならない（第2章第4節2防災への新たな対応（216頁以下）参照）。

　なお、今となっては大分前になるが、2003年3月、世界最大のドイツの再保険会社ミュンヘン再保険が、災害の発生確率や建物等の社会的条件、経済規模等を基に、初めて世界大都市の自然災害リスク指数を公表した。それによると、当時日本は震災の危険が極めて高いことから、世界50都市の総合評価で、東京、横浜が断突のワースト1位、そのリスク指数は710で、2位サンフランシスコ（167）の4倍以上という災害危険大国日本の姿に、関係者は大きな衝撃を受け、平成16年版の防災白書にもこのことが取り上げられたところであるが、状況は今日でも基本的に変わりはないであろう。

　（註） 超高層ビルや超大橋、巨大タンクは、耐震、免震の設計、構造になっているが、一般に、これら建築物の固有周期は長く、また、M6.5以上の大規模地震では長周期の地震動（揺れの周期が2秒以上）が発生するため、大規模地震が発生し、超高層ビル等の固有周期と長周期の地震動（距離による減衰が少なく、周期は7秒前後）が一致すると、「共振」現象が起きるとされている。

　　　最近に至り、このような場合、一撃の破壊力はそう大きくはなくても、共振により超高層ビル等が長く大きく揺れ続けることの問題（室内の什器、備品等の転倒、衝突、停電によりエレベータが非常停止し中に閉じ込められる、上下水道の断水等によるいわゆる高層難民の発生）が指摘されている。なお、平成15年の十勝沖地震（M8）では、数百km離れた苫小牧地区石油コンビナートで、

図4－1　大都市の自然災害リスク指数

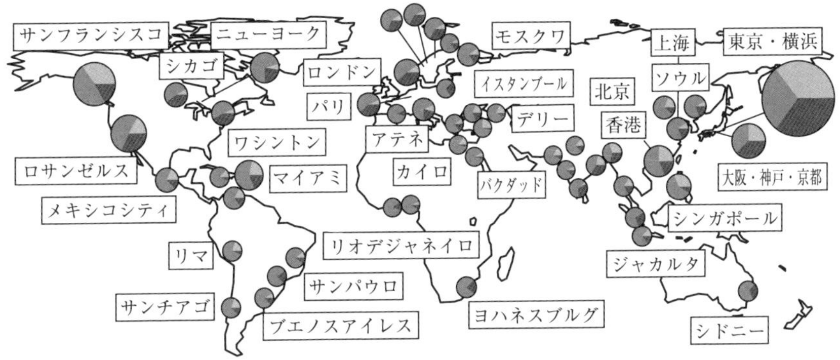

都市	リスク指数
東京・横浜	710.0
サンフランシスコ	167.0
ロサンゼルス	100.0
大阪・神戸・京都	92.0
ニューヨーク	42.0
香港	41.0
ロンドン	30.0
パリ	25.0
シカゴ	20.0
メキシコシティ	19.0
北京	15.0
ソウル	15.0
モスクワ	11.0
シドニー	6.0
サンチアゴ	4.9
イスタンブール	4.8
ブエノスアイレス	4.2
ヨハネスブルグ	3.9
ジャカルタ	3.6
シンガポール	3.5
サンパウロ	2.5
リオデジャネイロ	1.8
カイロ	1.8
デリー	1.5

リスク指数
（円の大きさはリスク指数価値に対応しており、リスク自体の規模を表すものではない）

リスク指数構成要素の相対的割合
- 危険発生の可能性
- 脆弱性
- 危険にさらされる経済価値

（出典　ミュンヘン再保険会社アニュアル・レポートに基づき内閣府作成（防災白書））

共振による液面スロッシング現象が起き、石油タンク全面火災が発生し、また、東日本大震災では、震源から770km離れた大阪の超高層ビルが大きく揺れた。

ところで、平成27年12月内閣府の専門家検討会は、南海トラフ巨大地震が発生した場合、東京、名古屋、大阪の3大都市圏の超高層ビルが最大6m揺れる可能性があるとする予測を公表しており、今後、ビル内の安全対策の徹底とともに、超高層ビルの耐震性の強化を進めていく必要がある。

（2）防災に配慮した国土構造、防災まちづくり

我が国は、災害に対し極めて脆弱な自然、社会条件を負っており（第2章第1節1災害に脆弱な国土と新たな課題（102頁）参照）、このため、当面の緊急に実施すべき災害対策とともに、常に中長期的な視点に立って、開発行為や土地利用の規制、誘導等を行い、また、防災拠点、オープンスペースの確保など防災基盤の整備を図り、防災に配慮した災害に強いまちづくり、防災都市づくりを進めていく必要がある。

このことにより、同じような災害に繰り返し遭ったり、災害を宿命とすることから脱却していかなければならない。またそのため、住民の理解、協力、主体的な参加が必要であるので、行政としては、被害想定やハザードマップの作成、公表等を通じ、地域の危険情報や安全確保対策に係る各種の情報を住民に公開、提供し、住民とともに防災まちづくりを考えること（リスクコミュニケーション）により、必要な対策を実施していくようにすることが重要である。

更に、より基本的に重要なこととして、首都東京は、関東大震災のような海溝型地震と直下型の地震が繰り返し起きていることを考えれば、巨大な集中のメリットの反面、様々な弊害が現れている東京への一極集中の問題を今一度、国土政策の基本的な課題として位置づけ、また、国民的な世論に盛り上げ、以前から指摘されているように、強力な政治の力をもってしてでも、その是正をしていく必要があると言

える^(註)。

(註) 東京への一極集中の是正や我が国の防災性と災害対応力の強化、全国土の活性化、行政改革・地方分権の推進など、多面的に深く関わっている首都機能移転の論議が、国会を含め長年続けられて来たまま、事実上棚上げされているが、改めて今、その方向、基本的な考え方、移転先等をより具体的に議論し答えを出し、実行に向け第一歩を踏み出すべき時期に来ていると思われる。

5　地方公共団体、消防の増大する役割

（1）安全・安心な社会の実現と地方公共団体

　地方公共団体は、基礎的な公共団体として、住民の生活に関わる広範な行政を行っており、また、今後、地方分権型社会への移行が着実に進んでいくことを考えれば、安全・安心な地域社会を実現していく上で、地方公共団体の役割が益々重要になってくる。

　このことは、非常災害時は勿論、有事、緊急事態に際しても、これらへの対応は、国の本来的な役割であることは当然であるが、第一線、現場での第1次的対応と、直接住民との関わりという点では、地方公共団体、消防が実施し、果たす役割が極めて大きいことからも明らかである。

　とりわけ、消防は、社会経済の進展とともに、その任務、役割は、予防、救急、救助等を含む広範なものとなり、更に、自治体消防の原則の下、市民サービス行政の一環として安全安心なまちづくり、24時間態勢を活かしての非常緊急時の対応等というように拡大してきており、また、そのことが各種世論調査等からも明らかなように、国民からの高い信頼、評価に表れている。

　従って、今後とも、消防に対する大きな期待に適切に応えていくこ

とが出来るよう、消防財源の確保、充実を図り、また、近年急速に進展を見せているIT技術を活用した通信システムや情報処理システムの導入、高度化を進め、常備消防、消防団のいずれについても、その一層の充実、消防力の強化を図っていく必要がある(註1)。

また、地域の連帯感が薄れ、コミュニティの力が弱くなってきている中で、安全・安心な社会の実現のためには、公的な施策と相まって、自らの地域は自ら守るという自助、共助の考え方を基本に、地域住民の意識の高揚と主体的な参加が必要である。そのため、第2章第4節1防災意識の高揚と自主防災活動（209頁）で述べたように、自主防災組織の結成を更に進め、その充実強化を図り、また、特に、企業の社会貢献が、更には、防災ボランティア活動が一層活発に行われる環境の整備を進め、そして、誰もが、自らを守ると同時に、互いに助け合えることが出来るようにして行くことが重要である(註2)。

このことは、阪神・淡路大震災をはじめ、新潟県中越地震、更には今回の東日本大震災などにおいて実証されている。

（註1） 国においては、消防に対する国民ニーズの増大や大規模自然災害、テロ災害への適切な対応が強く求められ、必要な人員及び施設の適切な配置が必要なことから、平成17年6月、「消防力の基準」の改正を行っている。

改正の主な内容は、基準の名称を、市町村が消防力の整備を進める上での整備目標としての性格を明確にした「消防力整備指針」に改めるとともに、新たに、消防力整備の基本理念として、①総合性の発揮、②複雑化、多様化、高度化する災害への対応、③地域の防災力を高めるための常備消防と消防団等との連携、④大規模災害時等における広域的な対応、の4点を挙げている。

（註2） 非常災害や有事等において、自らを守り、また、互いに助け合えるようにして行くためには、今後特に、青少年に対し、ボランティアの精神や防災の知識とともに、初期消火、避難誘導、応急手当、蘇生法やロープ操法等の基

礎的なレスキュー法、更にはサバイバル術など、実践的なノウハウが身に着けられるようにすることが大事である。

　このことは、昨今憂慮されている青少年の社会性、自立意識を涵養する上でも有意義であり、このため、種々難しい問題、課題もあろうが、将来的な視点に立って、学校等と連携し、例えば講習会の受講等により一定の知識、ノウハウを身に着けた者には、防災訓練等への参加やボランティア活動（防災に限らず、環境、福祉、介護等の分野も対象）の実績とともに併せて、教育制度上、一定の単位としてカウントすることとし、また、この役割を地方公共団体、特に訓練を積み、住民に身近な存在である消防が担っていくことが出来ないものかと考える。

（2）常備消防の充実強化

　これまで経済社会の変化や大規模な火災等の災害、事故、そしてこれらを受けての制度改正に適切に対応しながら、常備消防の充実が図られてきている。

　しかし、その一方、今後、益々、火災等の災害は多様化、複雑化、大規模化し、また、NBC災害等への対応も必要となり、消防職員はより高度で専門的な知識・技能をもって対処することが求められる。

　また、大都市や中核都市等の消防を別とすれば、全体的に小規模な消防本部が多く、脆弱な体制にあることは否めないなど、種々問題、課題もある。

　このため、引き続き消防体制、消防力の全体的な整備、充実を進めていく中で、大都市のみならず中核都市等の消防においても、東京消防庁のハイパーレスキュー隊（新潟県中越地震で崩壊した土石の中から幼児を無事救出。また、東電福島原発事故に際し、高い放射線量と爆発の可能性もある危険な、また、緊迫した過酷な状況の中、3号機の冷却のため放水実施等）に準じ、高度、特殊な救助資機材を装備し、専門的かつ高度な訓練を積

んだレスキュー隊を配置し、各種災害等の対応力の向上が図られることが期待される（第1章第6節2（1）救助活動と救助隊、隊員（91頁）を参照）。

また、大規模、特殊災害に対処するため、全国的な観点から出動、活躍する緊急消防援助隊の一層の充実強化とともに、混成部隊であっても機動的な展開、活動が十分可能としていく必要がある。

小規模な消防本部については、広域再編を通じ、その体制や人的、財政的基盤の強化を図るとともに、大都市や中核都市等の消防を中心とした一層の支援、連携、協力の関係を強化していく必要がある。

また、限りある予算、人員の中で、増大し、また、新たに生じる消防に対するニーズに的確に応えていくためには、業務執行体制の不断の見直しとともに、常備消防と消防団との一層の連携、協力が必要になるものと思われる(註)。

（註） 常備消防と消防団との連携、協力の一環として、色々と難しい問題もあるが、地域の状況によっては、例えば、警防関係業務については、火災等の少ない都市周辺部や農山漁村地域の出張所等の運営、管理を、夜間等を中心に消防団員の待機、当直等の協力、支援を得ることで対応すること等も考えられてよいのではないかと思われる。なお、この場合の消防団員の処遇や取扱いについては、いわば即応自衛官（応召と訓練に参加する義務がある一方、然るべき手当、報償金、雇用企業給付金がある。）に準じ、名目的な報酬、手当でなく、実質的に所得補てんとなる報酬、実費弁償としての出動手当の支給等が考えられてよい。

（3）消防団等地域防災力の充実強化
① 消防団の充実強化

消防団は地域の防災の要であり、地域と住民の安全を守るため、団員は生業に従事する傍ら、いわばボランティア精神で一般的な火災や水害から大規模災害、国民保護のための措置が必要な緊急事態

に至るまで、直ちに出動、対処したり、また、日常的な防火防災意識の高揚、自主防災組織の指導等を行うだけでなく、地域の要請に応え、例えば、行方不明者の捜索、緊急を要する除雪や屋根の雪下ろし、地域の伝統行事等の継承、大規模なイベントの支援など、実に広範多岐にわたる活動を行っている。一方、社会経済状況の変化等により、団員数の減少、被雇用者団員の増加、高齢化等（第1章第2節4（2）消防団員（27頁）を参照）、様々な課題を抱えている。

消防団は、まさに自治の原点、「自治消防団」ともいうべき存在で、コミュニティの維持、強化のためにも、その役割は、今後益々重要になる。従って、引き続き、消防団の施設、装備の充実、近代化を図り、団員の教育訓練、処遇や表彰等の充実を図っていくことが重要である[註1]。なお、また、東日本大震災において、津波の危険が迫る中、住民の避難誘導や防潮堤の水門閉鎖等の活動を行っていた消防団員が多数亡くなるという極めて痛ましい事態が発生しており、この尊い犠牲を無にすることなく、災害活動時における団員の十分な安全確保を図っていく必要がある。

さらに、消防団員の労苦に報いる方途として、上述の事柄はもとよりであるが、同時に、団員にとっては、住民や地元企業等が消防団活動を具体的に知り、それをきちんと評価してくれることが重要な意味を持つと考えられる。このため、消防団活動の実態や役割等を広く社会へアピールし、また、地域の特性に応じた様々な活性化対策を講じ、これらを通じ、併せて、若年層、女性の積極的な加入を進め、現在の団員の減少傾向に歯止めをかけていかなければならない[註2、註3]。

② 消防団等充実強化法

災害が頻発し地域防災力の重要性が増大している一方、地域における防災活動の担い手の確保が困難となって来ていること等に鑑

み、平成25年12月議員立法により「消防団を中核とした地域防災力の充実強化に関する法律（消防団等充実強化法）が制定された。同法では、（ア）地域防災力の充実強化に関する計画の策定、（イ）将来にわたり地域防災力の中核として欠くことの出来ない代替性のない存在である消防団の強化、（ウ）国及び地方公共団体による消防団への加入促進、（エ）公務員の兼職の特例、（オ）事業者・大学等の協力、（カ）消防団員の処遇・装備・教育訓練の改善等の消防団活動の充実強化、（キ）地域における防災体制の強化について規定している。

消防団等充実強化法及び消防審議会の「消防団を中核とした地域防災力の充実強化の在り方に関する答申（平成27年12月）」を受け、国、地方公共団体をはじめ関係者が連携、協力し、地域防災力の充実強化のための各種の取り組みを、今後さらに国民運動として展開していくことが求められている。

（註1） 本文②で述べる消防団等充実強化法を受け、消防庁においては、消防団員の年額報酬及び出動手当が、活動に応じた適切な支給となるよう地方公共団体に働き掛けるとともに、平成26年2月「消防団の装備の基準」を改正し、トランシーバー等の双方向通信機器やライフジャケット等の安全装備品等を基準に盛り込むとともに、地方交付税措置を大幅に拡充し、また、同4月消防団員に支給される退職報償金を全階級一律5万円（最低支給額20万円）に引き上げ、更に、同3月消防団の現場リーダーの教育訓練の充実を図るため、「消防学校の教育訓練の基準」を改正した（第1章第2節6（2）消防学校（36頁）参照）。

（註2） 消防庁においては、平成15年12月の消防審議会の答申を踏まえ、消防団員の確保、消防団の活性化のため、全国で消防団員100万人（うち、女性消防団員10万人）確保を目標に、消防団活動のPRをはじめ、公務員の兼職

による加入促進、女性や郵便局職員、農協職員等の入団推奨、事業所の消防団活動への理解促進など、様々な取組みを行っている。なお、事業者の協力を得る観点から、消防団活動に協力（消防団員を雇用又は従業員の入団推進、特別の休暇制度による勤務時間中の消防団活動に対し便宜供与等）している事業所を、消防庁、市町村等が表示証を交付し顕彰する「消防団協力事業所表示制度」の普及や、事業所に対し、法人事業税の減税、入札参加資格の加点、表彰・感謝状の贈呈等の支援策を講じる自治体の拡大が求められる。

更に、地域住民、被雇用者、女性等が参加しやすい消防団活動の環境づくりとして、基本的に消防団員はすべての災害活動に参加するという原則の下で、地域の実態に応じ、①長期出張、育児等のため、団員の身分を保持したまま一定期間、活動休止を認める休団制度を設けるとともに、大規模災害等以外は、②特定の活動のみに参加する機能別団員（消防職団員OBなど）や、③特定の活動、役割のみ実施する機能別分団・部（女性分団、バイク隊など）を補完的な制度として、選択的に導入し、消防団組織、制度の多様化を図っていくことが、また、その際、団員の士気、活動意欲の保持、チームワークの維持には、十分配慮する必要がある（平成17年1月26日付け消防消第18号「消防団員の活動環境の整備について」等）。

（註3） 消防団活動をアピールし、また、消防団の活性化を図るため、各種の広報誌（紙）やホームページ等の活用、消防フェアの開催、学校と連携しての子供達への防災教育、消防団を支援する組織の結成など、各地域で様々な取り組みがなされているところである。

これを更に進め、前記（2）の註に述べたような常備消防との連携、協力のほか、同じく奇抜な思いつきめいたことではあるが、例えば、消防職員の大量退職時期を迎えるに当たり、その補充として一定枠内で、優秀な消防団員を消防職員に登用出来る方途（消防団長等の推薦による選考採用等）を設けるとか、当初予算議会（本会議、委員会）や当初予算編成の首長査定には、消防団長自らが出席し、消防長等に任せることなく、消防団の運営、活動方

針の説明を行うなど、まさに自治体消防であるから、地域、消防団の実情により、消防団の活性化等のため有効と考えられる様々な取り組みがなされて良いのではないかと思われる。

■巻末資料

資料1　気象庁震度階級

気象庁震度階級関連解説表（抜粋）

震度階級	人の体感・行動	屋内の状況	屋外の状況	木造建物（住宅）		鉄筋コンクリート造建物	
				耐震性が高い	耐震性が低い	耐震性が高い	耐震性が低い
0	人は揺れを感じないが、地震計には記録される。	－	－	－	－	－	－
1	屋内で静かにしている人の中には、揺れをわずかに感じる人がいる。	－	－	－	－	－	－
2	屋内で静かにしている人の大半が、揺れを感じる。眠っている人の中には、目を覚ます人もいる。	電灯などのつり下げ物が、わずかに揺れる。	－	－	－	－	－
3	屋内にいる人のほとんどが、揺れを感じる。歩いている人の中には、揺れを感じる人もいる。眠っている人の大半が、目を覚ます。	棚にある食器類が音を立てることがある。	電線が少し揺れる。	－	－	－	－
4	ほとんどの人が驚く。歩いている人のほとんどが、揺れを感じる。眠っている人のほとんどが、目を覚ます。	電灯などのつり下げ物は大きく揺れ、棚にある食器類は音を立てる。座りの悪い置物が、倒れることがある。	電線が大きく揺れる。自動車を運転していて、揺れに気付く人がいる。	－	－	－	－
5弱	大半の人が、恐怖を覚え、物につかまりたいと感じる。	電灯などのつり下げ物は激しく揺れ、棚にある食器類、書棚の本が落ちることがある。座りの悪い置物の大半が倒れる。固定していない家具が移動することがあり、不安定なものは倒れることがある。	まれに窓ガラスが割れて落ちることがある。電柱が揺れるのがわかる。道路に被害が生じることがある。	－	壁などに軽微なひび割れ・亀裂がみられることがある。	－	－
5強	大半の人が、物につかまらないと歩くことが難しいなど、行動に支障を感じる。	棚にある食器類や書棚の本で、落ちるものが多くなる。テレビが台から落ちることがある。固定していない家具が倒れることがある。	窓ガラスが割れて落ちることがある。補強されていないブロック塀が崩れることがある。据付けが不十分な自動販売機が倒れることがある。自動車の運転が困難となり、停止する車もある。	－	壁などにひび割れ・亀裂がみられることがある。	－	壁、梁（はり）、柱などの部材に、ひび割れ・亀裂が入ることがある。
6弱	立っていることが困難になる。	固定していない家具の大半が移動し、倒れるものもある。ドアが開かなくなることがある。	壁のタイルや窓ガラスが破損、落下することがある。	壁などに軽微なひび割れ・亀裂がみられることがある。	壁などのひび割れ・亀裂が、大きなひび割れ・亀裂になることがある。瓦が落下したり、建物が傾いたりすることがある。倒れるものもある。	壁、梁（はり）、柱などの部材に、ひび割れ・亀裂が入ることがある。	壁、梁（はり）、柱などの部材に、ひび割れ・亀裂が多くなる。
6強	立っていることができず、はわないと動くことができない。揺れにほんろうされ、動くこともできず、飛ばされることもある。	固定していない家具のほとんどが移動し、倒れるものが多くなる。	壁のタイルや窓ガラスが破損、落下する建物が多くなる。補強されていないブロック塀のほとんどが崩れる。	壁などのひび割れ・亀裂がみられることがある。	壁、梁（はり）、柱などの部材に、ひび割れ・亀裂が入るものが多くなる。傾くものや、倒れるものが多くなる。	壁、梁（はり）、柱などの部材に、ひび割れ・亀裂が多くなる。	壁、梁（はり）、柱などの部材に、斜めやX状のひび割れ・亀裂がみられることがある。1階あるいは中間階の柱が崩れ、倒れるものもある。
7		固定していない家具のほとんどが移動したり倒れたりし、飛ぶこともある。	壁のタイルや窓ガラスが破損、落下する建物がさらに多くなる。補強されているブロック塀も破損するものがある。	壁などのひび割れ・亀裂が多くなる。まれに傾くことがある。	壁などのひび割れ・亀裂が多くなる。傾くものや、倒れるものがさらに多くなる。	傾くものや、倒れるものが多くなる。	壁、梁（はり）、柱などの部材に、ひび割れ・亀裂がさらに多くなる。1階あるいは中間階が変形し、まれに傾くものがある。	壁、梁（はり）、柱などの部材に、斜めやX状のひび割れ・亀裂が多くなる。1階あるいは中間階の柱が崩れ、倒れるものが多くなる。

資料2　我が国の主な被害地震

(明治以降)

災害名(マグニチュード)	発生年月日	死者・行方不明者(人)
濃尾地震(M8.0)	1891年(明治24年)10月28日	7,273
明治三陸地震津波(M8　1/4)	1896年(明治29年)6月15日	約22,000
関東大地震(M7.9)	1923年(大正12年)9月1日	約105,000
北丹後地震(M7.3)	1927年(昭和2年)3月7日	2,925
昭和三陸地震津波(M8.1)	1933年(昭和8年)3月3日	3,064
鳥取地震(M7.2)	1943年(昭和18年)9月10日	1,083
東南海地震(M7.9)	1944年(昭和19年)12月7日	1,251
三河地震(M6.8)	1945年(昭和20年)1月13日	2,306
南海地震(M8.0)	1946年(昭和21年)12月21日	1,443
福井地震(M7.1)	1948年(昭和23年)6月28日	3,769
十勝沖地震(M8.2)	1952年(昭和27年)3月4日	33
チリ地震津波(M9.5)	1960年(昭和35年)5月23日	142
新潟地震(M7.5)	1964年(昭和39年)6月16日	26
1968年十勝沖地震(M7.9)	1968年(昭和43年)5月16日	52
1974年伊豆半島沖地震(M6.9)	1974年(昭和49年)5月9日	30
1978年伊豆大島近海地震(M7.0)	1978年(昭和53年)1月14日	25
1978年宮城県沖地震(M7.4)	1978年(昭和53年)6月12日	28
昭和58年日本海中部地震(M7.7)	1983年(昭和58年)5月26日	104
昭和59年長野県西部地震(M6.8)	1984年(昭和59年)9月14日	29
平成5年北海道南西沖地震(M7.8)	1993年(平成5年)7月12日	230
平成7年兵庫県南部地震(M7.3)	1995年(平成7年)1月17日	6,437
平成16年新潟県中越地震(M6.8)	2004年(平成16年)10月23日	68
平成20年岩手・宮城内陸地震(M7.2)	2008年(平成20年)6月14日	23
平成23年東北地方太平洋沖地震(M9.0)	2011年(平成23年)3月11日	22,010

1．戦前については死者・行方不明者が1,000人を超える被害地震、戦後については死者・行方不明者が20人を超える被害地震を掲載した。
2．死者・行方不明者は、消防庁資料及び理科年表による（平成23年東北地方太平洋沖地震は、平成28年3月1日現在の数値）。

資料3　主要活断層の評価結果

地震調査研究推進本部
（2016年1月13日現在）

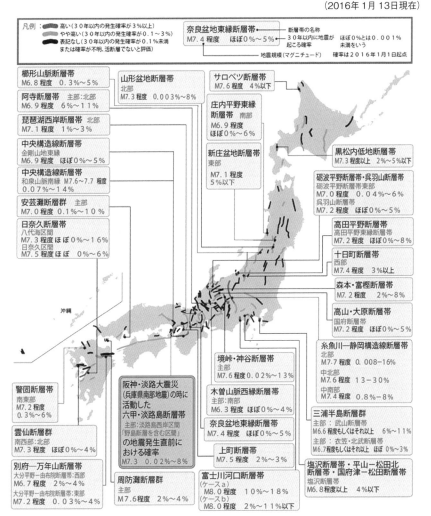

資料4　主な海溝型地震の評価結果

地震調査研究推進本部
（2016年1月13日現在）

資料5　地震　その時10のポイント

（出典　東京消防庁ホームページ）

地震時の行動

1 地震だ！まず身の安全

- 揺れを感じたり、緊急地震速報を受けた時は、身の安全を最優先に行動する。
- 丈夫なテーブルの下や、物が「落ちてこない」「倒れてこない」「移動してこない」空間に身を寄せ、揺れがおさまるまで様子を見る。

【高層階（概ね10階以上）での注意点】
- 高層階では、揺れが数分続くことがある。
- 大きくゆっくりとした揺れにより、家具類が転倒・落下する危険に加え、大きく移動する危険がある。

地震直後の行動

2 落ちついて　火の元確認　初期消火

- 火を使っている時は、揺れがおさまってから、あわてずに火の始末をする。
- 出火した時は、落ちついて消火する。

3 あわてた行動　けがのもと

- 屋内で転倒・落下した家具類やガラスの破片などに注意する。
- 瓦、窓ガラス、看板などが落ちてくるので外に飛び出さない。

4 窓や戸を開け　出口を確保

揺れがおさまった時に、避難ができるよう出口を確保する。

地震直後の行動

5 門や塀には近寄らない

屋外で揺れを感じたら、ブロック塀などには近寄らない。

地震後の行動

6 火災や津波　確かな避難

- 地域に大規模な火災の危険がせまり、身の危険を感じたら、一時集合場所や避難場所に避難する。
- 沿岸部では、大きな揺れを感じたり、津波警報が出されたら、高台などの安全な場所に素早く避難する。

- ●避難場所：地震などによる火災が発生し、地域全体が危険になったときに避難する場所
- ●一時（いっとき）集合場所：近隣の人が一時的に集合する場所

地震後の行動

7 正しい情報　確かな行動

ラジオやテレビ、消防署、行政などから正しい情報を得る。

8 確かめ合おう　わが家の安全　隣の安否

わが家の安全を確認後、近隣の安否を確認する。

9 協力し合って救出・救護

倒壊家屋や転倒家具などの下敷きになった人を近隣で協力し、救出・救護する。

10 避難の前に安全確認　電気・ガス

避難が必要な時には、ブレーカーを切り、ガスの元栓を締めて避難する。

「地震 その時 10 のポイント」について　〜東日本大震災を踏まえて〜

●「身の安全を図る」ことの必要性

　都民のみなさまへのアンケート調査などの結果から、地震発生時に最も重要となる身の安全を図ることより、火の元を確認するなど揺れが収まってからとるべき行動が優先されていることがわかりました。
　また、緊急地震速報の普及により、揺れを感じる前に身を守る行動をとる必要があることからも、まずは「身の安全を図る」ことをみなさんが広く理解し地震の際に適切に行動していただけるよう見直しました。
　東日本大震災後に行った都内の住宅や事業所における家具などの転倒に関する調査によると、特に高層階では、転倒・落下に加え、「移動」が多く発生しました。今後予想される首都圏での地震においては、新たに長周期地震動による高層階での被害が予想されることからその注意点を追加しました。

● 確実な避難行動の必要性

　東日本大震災では、津波により多くの貴重な命が失われる一方、適切な避難行動によって津波の難から逃れた人もいました。地震に伴い発生する大規模火災・津波などからの安全な避難について新たに追加しました。

資料6　地震に対する10の備え

（出典　東京消防庁ホームページ）

❶家具類の転倒・落下防止をしておこう
- 家具やテレビ、パソコンなどを固定し、転倒や落下防止措置をしておく。
- けがの防止や避難に支障のないように家具を配置しておく。

❷けがの防止対策をしておこう
- 避難に備えてスリッパやスニーカーなどを準備しておく。
- 停電に備えて懐中電灯をすぐに使える場所に置いておく。
- 食器棚や窓ガラスなどには、ガラス飛散防止措置をしておく。

❸家屋や塀の強度を確認しておこう
- 家屋の耐震診断を受け、必要な補強をしておく。
- ブロックやコンクリートなどの塀は、倒れないように補強しておく。

❹消火の備えをしておこう
- 小さな揺れの時には、火の始末をする習慣をつけておく。
- 火災の発生に備えて消火器の準備や風呂の水のくみ置きをしておく。

❺火災発生の防止対策をしておこう
- 普段使用しない電気器具は、差込プラグをコンセントから抜いておく。
- 電気やガスに起因する火災発生防止のため感震ブレーカー、感震コンセントなどの防災機器を設置しておく。

❻非常用品を備えておこう
- 非常用品は、置く場所を決めて準備しておく。
- 車載ジャッキやカーラジオなど、身の周りにあるものの活用を考えておく。

❼家族で話し合っておこう
・ 地震が発生した時の出火防止や初期消火など、家族の役割分担を決めておく。
・ 家族が離れ離れになった場合の安否確認の方法や集合場所などを決めておく。
・ 家族で避難場所や避難経路を確認しておく。
・ 普段の付き合いを大切にするなど、隣近所との協力体制を話し合っておく。

❽防災環境を把握しておこう
・ 地域の防災マップに加えて、わが家の防災マップを作っておく。
・ 自分の住む地域の地域危険度を確認しておく。

❾過去の地震の教訓を学んでおこう
・ 消防署などが実施する講演会や座談会に参加し、過去の地震の教訓を学んでおく。
・ 新聞、テレビ、ラジオやインターネットなどから防災の知識を身につけておく。

❿知識・技術を身につけておこう
・ 日頃から防災訓練に参加して、身体防護、出火防止、初期消火、救出、応急救護、通報連絡、避難要領などを身につけておく。

家具類の転倒・落下防止方法

【転倒・落下防止のポイント】

○ 転倒防止金具などで固定し、倒れにくくしておく。

○ サイドボード、食器戸棚、窓などのガラスが飛散しないようにしておく。

○ 本棚や茶ダンスなどは、重い物を下の方に収納し、重心を低くする。

○ 棚やタンスなどの高いところに危険な物を載せて置かない。
○ 食器棚などに収納されているガラス製品（ビン類など）が転倒したり、すべり出さないようにしておく。

【具体的な固定方法】
○ 二段重ねの家具類は、上下を平型金具などで固定する。
○ 柱、壁体に固定する場合は、L型金具とモクネジで家具の上部を固定する。
○ ガラスには、ガラス飛散防止フィルムを張る。
○ 吊り戸棚などの開き扉は、掛金などにより扉が開かないようにする。
○ 食器棚のガラス製品（ビン類など）が、転倒したりすべり出さないよう防止枠を設ける。

非常用品として備えておくもの

【非常持出品】
両手が使えるリュックサックなどに、避難の時必要なものをまとめて、目のつきやすい所に置いておく。

飲料水・携帯ラジオ・衣類・履物・食料品・マッチやライター・貴重品・懐中電灯・救急セット・筆記用具・雨具（防寒）・チリ紙など生活に欠かせない用品です。

【非常備蓄品】
　地震後の生活を支えるもの、一人３日分程度（食料品等）

> 【停電に備えて】
> 懐中電灯・ローソク（倒れにくいもの）
> 【ガス停止に備えて】
> 簡易ガスこんろ・固形燃料
> 【断水に備えて】
> 　飲料水（ポリ容器などに）
> 　※１人１日３ℓ目安

【防災準備品】
　地震直後の火災や家屋倒壊に備えるもの

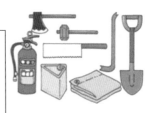

> 【火災に備えて】
> 消火器・三角消火バケツ・風呂の水の汲み置きなど。
> 【避難・救出に備えて】
> おの・ハンマー・スコップ・大バール・防水シート・のこぎりなど。

参 考 文 献

（題名）	（編著者）	（発行所）
・消防白書	総務省消防庁	
・防災白書	内閣府	
・防衛白書	防衛省	
・逐条解説消防組織法	消防基本法制研究会	東京法令出版
・逐条解説消防法	消防基本法制研究会	東京法令出版
・国民保護法の解説	国民保護法制研究会	ぎょうせい
・防災・危機管理e―カレッジ	総務省消防庁	http：//www.e-college.fdma.go.jp
・新日本の災害対策	災害制度研究会	ぎょうせい
・図解日本の防災行政	災害制度研究会	ぎょうせい
・危機管理マニュアル	東京商工会議所	サンマーク出版
・マスコミ対応緊急マニュアル	石川慶子	ダイヤモンド社
・季刊消防科学と情報 2002 春号（特集危機管理）		㈶消防科学総合センター（平成28年度4月1日より(一財)消防防災科学センター)
・新消防雑学事典	東京消防庁監修　㈶東京連合防火協会	東京法令出版
・危機管理のノウハウ	佐々淳行	PHP研究所
・自治体職員のための危機管理読本	自治体管理研究会	都政新聞社
・地震防災の事典	岡田恒男、土岐憲三	朝倉書房
・リスク学辞典	日本リスク研究学会	TBSブリタニカ

・憲法と有事法制	全国憲法研究会	日本評論社
・災害エスノグラフィー	林春男　外	NHK出版
・巨大地震へのカウントダウン	大大特成果普及事業チーム33	東京法令出版
・被災地からおくる防災・減災・復旧ノウハウ	水害サミット実行委員会事務局	ぎょうせい
・自治体の危機管理マニュアル	上村章文	学陽書房
・災害危機管理論入門	吉井博明、田中淳	弘文堂
・月刊　近代消防		近代消防社

あ と が き（第3次改訂版）

　本書執筆中、東日本大震災の発生から早や満5年を迎えたが、今もTVに映し出されたあの大津波の襲来・万物破壊と、東電福島第一原子力発電所水素爆発の映像は、被害の深刻さ、危機的な状況とともに、脳裏から消え去ることがない。

　思いもよらず犠牲となられた方々に改めて追悼の誠を捧げるとともに、被災された方と被災地の大変さ、御苦労は並大抵なことではなく、外から窺い知る以上のものがあろうし、一日も早い安定した生活を取り戻すことが出来るよう祈るばかりである。

　また、同時に被災自治体の関係者は、自らも被災者でありながら、極めて厳しい環境の下で発災当初から、日夜最前線に立って膨大な待ったなしの応急対応、復旧・復興業務にひたすら使命感で懸命に当たって来ておられることに対し、深く敬意を表する次第である。

　被災地の復旧・復興も、国及び地方自治体を中心とする思い切った特別の復旧・復興事業により、全体的には相当進み、中には明るい展望が見えてきたものもあると思われるが、今なお、仮設住宅等に一時避難を続けている方も多数おられるし、被災者の置かれた立場や地域により、また、生活、産業等の分野により状況は必ずしも一様ではなく、従って、今後引き続き立ち遅れた分野、事業へのキメ細かな対応が必要である。

　特に、深刻な原発事故災害に見舞われ、様々な難しい課題を抱える福島県の更なる復興の加速と、人口減少、少子高齢化が急速に進行する三陸沿岸地域の活性化、関係自治体に対する支援が強く望まれる。

　ところで、安全・安心な社会は、何時の時代においても誰しも願うことであるが、その実現は決して容易なことではない。

近年、地球温暖化・異常気象の影響も指摘される風水害、土砂災害が頻発する一方、南海トラフ、首都直下等の大規模地震の切迫性が指摘され、また、国際的な地域紛争や過激なテロ攻撃の拡大、更には我が国周辺における安全保障上の脅威等が懸念されるとともに、サイバー攻撃やグローバル化に伴う感染症の拡大等の新たな危機が身近な問題として発生しており、国民に何かと大きな不安をもたらしている。

　このような様々な脅威、リスク等に対する国及び地方公共団体の取組みや、制度、仕組み等について、本文で述べて来ているものの、必ずしもそのすべてが本書の対象とする消防・防災と危機管理に包含される訳ではないし、関わる程度の差も当然ある。

　それでも最小限言えることは、今後益々、国、地方自治体、民間、住民の適切な役割分担と相互の連携・協力、防災・危機意識の高揚が重要であることと、防災、危機管理の鉄則とされる、貴重な教訓・反省を基に想定外の事態を招くことのないよう事前の備えを確実にし、正常化の偏見を排し、プロアクティブの考え方に立って行動し、先ず減災、事前防災、そして地域防災力の強化を進め、特に、天災を人災に至らしめる判断と対応の誤りがないよう、取り組んでいくことであり、関係者とりわけ行政の掌に在る方々に一層のご尽力を頂きたいと念願する次第である。

あ と が き（改訂新版）

　先日、筆者が現在奉職している明治大学の危機管理教育GPの東日本大震災被災地フィールド調査に参加し、三陸沿岸地域を中心に岩手県及び宮城県の太平洋沿岸部及び仙台平野を4日間、現地調査を行ってきました。

　被災地の現地調査は、昨年5月及び6月以来の3度目であり、当時と比較し、大震災から1年過ぎたこともあり、確かに市街地内の瓦礫は片付けられ、道路、護岸等の仮復旧工事が進み、仮設の店舗、事務所等も散見されましたが、一方、依然として、一般市民の姿はあまり見えず、廃墟と化して残った建物と、建物の礎石だけが疎らに点在し、見渡す限りの更地が続く風景は、改めて津波の爪痕と被害の甚大さ、本格的な復旧・復興への道が遠く険しいことを実感させるものでした。

　また、至る所で津波により破壊された湾内の堤防や護岸を見るにつけ、今回の津波の想像を絶する破壊力とともに、281名にのぼる多数の消防職団員が殉職したことが脳裏に浮かびました。

　特に、他に生業を有しながら、一旦火災等災害が発生すれば、私的なことは後回しにして、直ちに郷土愛護からの犠牲奉仕の精神で活動する消防団員254名が、津波警報が発令され危険が迫る中、住民の避難誘導や水門の閉鎖等の公の職務に従事し亡くなっており、崇高な消防精神に基づくこの尊い犠牲に胸が締め付けられる思いでした。

　三陸沿岸の地域は、以前から過疎化、高齢化が進行し、地域の活性化が課題でしたが、そうした中での大震災であり、復旧・復興が思うように進まないで徒に時が経過すればする程、若者を中心に一時避難している人達が元に戻ることも、水産業等の基幹となる地場産業の再生も難しく、地域の衰退が進むのではないかと懸念されるところです。従って、そのような状況にならないよう、政府、自治体が住民、民間企業等と連携、協力し、迅速な復旧・復興が進むよう願わざるを得ません。

また、原発の安全神話に裏切られ、的確な情報も伝えられないまま、慌しく避難を余儀なくされた東電福島原発事故による被災地は、未だ復旧・復興の目途さえ立たない状況にあり、住民の方々のこれまでと今後の待ち受ける数々の苦難を思うとき、表すべき言葉も見つかりません。

　東北では、至る所で「頑張ろう東北、頑張ろう日本」のスローガン、標語を記した懸垂幕、ポスターを目にしました。今回の大震災において、あの厳しい状況、環境の下で東北の人達が示した忍耐力、冷静さ、他者への思い遣りと助け合い等は、失われつつあった本来の日本人が有する精神、絆の大切さを呼び起こしてくれたのです。皆がこれに応え、何かと厳しい現状を切り開き、夢と希望の持てる明るい未来につなげて行く必要があります。

　21世紀に入ってから、安全安心な社会の実現の願いとは逆に、大災害、大事故が相次いでおり、切迫性が高まっている東海、東南海、南海、首都直下の大規模地震が、それも悪くすると単独ではなく連動し複合災害をもたらす虞があります。

　多数の尊い犠牲者の霊に報いるためにも、今回の大震災、原発事故はもとより、過去の貴重な教訓を活かし、また、災害、事故を風化させることなく将来に語り継ぎ、事前の対策、備えとともに、危機管理対応を強化して行かなければなりません。

あ と が き（初版）

　災害、事故、事件は、往々にして、思いも寄らぬ時、場所、態様で起きるものです。

　本書執筆中にも、国内では、全国各地を襲った台風、集中豪雨、新潟県中越地震、福岡県西方沖地震、JR福知山線列車脱線事故が、また、海外では、想像を絶する被害となったインドネシア・スマトラ島沖巨大地震・津波、更には、スペイン・マドリードでの列車同時爆破テロに続き、そして、つい最近の英国ロンドンでの同時爆破テロ事件と、大きな災害、事故、事件が相次いで発生しています。JR福知山線の列車脱線事故は、107名の方が亡くなる大変痛ましい大惨事になってしまいました。

　自然災害と事故、事件とでは、勿論、その原因や責任問題等が全く異なるものでありますが、救出、救助など消防防災活動の面において違いはありません。不幸にして、亡くなられ、被災された方々は本当にお気の毒であり、同じようなことが二度と起きないよう、祈らざるを得ません。

　これらの災害、事故等を見ますと、改めて我が国は、自然災害の発生が避けられず、また、大災害、大事故等も何時かは起きてしまうことを思い知らされます。しかし、これら災害、事故等による被害、影響を最小限にくい止めることは可能な筈です。

　そのための基本は、事前の予防対策をしっかり行うこと、人為的なミス等に対しては、危機管理、フェイルセーフの考え方に立って防止策を講じること、そして、対応の拙さにより災害等を人災にしたり、拡大させてはならないことを深く認識した上で、災害に強い地域づくり、安全安心な社会を築いて行かなければなりません。

　ところで、前述の災害、事故等においても、消防は、地元はもとより、近隣、更には広域的に応援協力の体制がとられ、現場に直ちに駆け付け、一人でも多く、一刻も早く人を助け、また、被害を最小限に止めるため、不眠不休で警戒、救急、救助など広範な消防活動が続けられました。

消防防災の分野は、過去の大災害、大惨事等を貴重な教訓にして、制度の整備、体制の充実強化が図られて来ていますが、言うまでもなく住民の生命、財産を守る実際の活動は、常時即応体制の下にあって、危険を伴う困難な仕事に旺盛な士気と使命感をもって当たっている15万消防職員と、92万義勇の消防団員が担っています。

　このことを忘れることなく、消防関係者の献身的な、頼もしい活動に対し、深く敬意と感謝の意を表したいと思います。

　そして最後に、消防関係の方はよくご存知とは思いますが、消防人の心意気を見事に表現した、松口月城作、消防大精神をこの機会に引用させて頂き、本書の筆を置きたいと思います。

―――――＜消防大精神＞―――――
天裂地崩不足駭（てんさけ、ちくずるとも、おどろくにたらず）
猛火洪水何逡巡（もうか、こうずい、なんぞ、しゅんじゅんせん）
吾等使命在此際（われら、しめい、このときにあり）
任侠一片当挺身（にんきょう、いっぺん、まさに、みをていすべし）
勇敢沈着亦機敏（ゆうかん、ちんちゃく、また、きびん）
発揮消防大精神（はっきせん、しょうぼう、だいせいしん）

(注)　作者の松口月城（本名、松口栄太）は吟詠漢詩家。
　　　明治20年福岡県那珂川町に生まれ、昭和56年満94歳で逝去。
　　　開業医として地域医療に貢献する傍ら、漢詩、書道、南画など多彩な才能を発揮した。詩吟の世界では、人々に深い感銘を与える沢山の漢詩を作った人として、つとに有名。
　　　平成6年那珂川町に、松口月城記念館が建設された。

索　引

(※) 索引に掲載している用語は、本書を通読、参照する上で有益と思われるものについて、あくまで便宜上記載したものである。
　従って、「消防」、「火災」、「防災」、「災害」、「危機」、「危機管理」など、本書の全般にわたる基本的な用語は、除外している。また、掲載している用語及び該当ページについても、必ずしも網羅的ではなく、適宜、省略してあるものもある。

英文

AED　90, 91
BCP　223, 257
CSR　236, 257
DMAT　130, 131
EAL　204, 205
EPZ　201
FEMA　249, 271
ICS　249, 250
JCO　94, 195, 197, 228
Ｊアラート　295, 300
NBCテロ　11, 12, 93, 94, 228, 306
OIL　204, 205
PAZ　204, 208
PTSD　33, 34
UPZ　201, 204, 205, 208

あ

安全神話　206, 207, 227, 302, 304, 305
安否情報　11, 113, 121, 293, 294, 296, 301

い

イスラムの国（IS）　228, 273, 302
伊勢湾台風　12, 105, 108, 155
稲むらの火　211, 212
インターロック　193, 242

う

有珠山噴火災害　191
雲仙普賢岳火山災害　94, 136

え

エルニーニョ　103, 105

お

応急危険度判定　128, 131
応急消火義務者　32, 45
オフサイトセンター　195, 196, 198, 201, 208

か

カーラーの救命曲線 89, 90
海洋プレート 102, 156
火災原因調査 11, 12, 30, 49, 72, 73
火災予防条例 10, 49, 51
活火山 186, 187, 191, 192
活動火山対策特別措置法 190, 191
韓国哨戒艦沈没事案 229
関東大震災 116, 158, 210, 214, 222, 314

き

危険物取扱者 76, 77
危険物保安技術協会 78
義捐金 140, 141, 144
帰宅困難者対策 178, 179
機能別団員 321
救急救命士 35, 86, 87, 88, 90
救急相談ダイヤル 88
救命の連鎖 89, 90
業務継続計画 178, 181, 235, 248, 257, 258, 259, 260, 261
巨大地震 106, 141, 158, 161, 172, 186, 192, 314
緊急災害対策本部 108, 112, 114, 116, 166, 268, 271, 281
緊急地震速報 125, 126, 160, 184, 295
緊急事態の布告 110, 116, 266, 281
緊急消防援助隊 11, 14, 23, 37, 82, 83, 84, 95, 96, 97, 98, 99, 129, 253, 278, 307, 318
緊急水利使用権 45
緊急対処事態 11, 287, 290, 292
緊急通行権 44

く

クライシスコミュニケーション 235, 237, 256, 261, 262, 263
クライシスマネジメント 233, 234, 243, 256, 304
グレシャムの法則 240

け

警戒区域 44, 45, 46, 113, 126, 133, 134, 136, 150, 152, 153, 154, 185, 198, 199, 245, 294, 295
警戒宣言 129, 169, 170, 171, 172, 266, 271
激甚災害 116, 143, 145, 146
激甚法 116, 145
減災 24, 108, 109, 110, 124, 151, 159, 162, 163, 165, 168, 170, 174, 176, 177, 178, 218, 219, 220, 221, 222, 223, 224, 225, 226, 312
原子力規制委員会 202, 204, 205

原子力緊急事態宣言 129, 166, 195, 197, 204, 208, 266, 271
原子力災害対策指針 204, 205, 206, 207, 208
原子力災害対策特別措置法 16, 94, 129, 166, 195, 266, 271
原子力施設 92, 117, 118, 192, 193, 194, 199, 200, 204, 205, 207, 304
検定と自主表示 49, 70

こ

広域緊急援助隊 129
広域再編 18, 318
公益通報者保護法 236
高規格救急車 31
航空消防隊 13, 14
交代制勤務 26
口蹄疫 228, 232, 271, 272, 278, 302
コーポレートガバナンス 236, 237
小型動力ポンプ付積載車 30, 31
国際原子力事象評価尺度 196, 197
国際消防救助隊 11, 99, 100, 101
国土強靱化法 124
国民保護計画 291, 292, 296, 311
国民保護法 7, 11, 193, 245, 279, 283, 290, 291, 292, 296, 297, 309
国家安全保障会議 269, 270, 309

さ

サーベンス・オクスレー法 236
災害関連事業 145
災害救助法 110, 138, 139, 143, 144
災害時交通規制 128
災害伝言ダイヤル 128
災害復興 146
災害ボランティア 140, 214
サイバーテロ 228, 232, 302
惨事ストレス 33, 34

し

自衛消防組織 16, 54, 58, 79, 213
自衛防災組織 16, 81, 82, 213
自主防災組織 40, 108, 109, 212, 213, 214, 215, 316, 319
地震予知 160, 161, 170, 172
自然災害リスク指数 312, 313
指定可燃物 50, 78, 79, 80
住宅防火対策 39, 41, 49
周辺事態法 281, 282, 283, 309
首都直下地震 176, 177, 181, 302
常時観測火山 187, 189
少年消防クラブ 213
消防協力義務者 32, 45
消防組 2, 3, 4, 5, 7, 9, 11, 14, 16, 18, 23, 24, 26, 33, 54, 58, 79, 93, 95, 96, 212, 213
消防組規則 3

消防警戒区域 44, 45
消防作業従事者 32, 44, 45
消防試験研究センター 68, 77
消防車両 30, 31, 46
消防職員委員会 26, 27
消防水利 46
消防設備士 60, 63, 64, 68
消防設備点検資格者 63, 64, 68
消防総監 16, 25, 26
消防隊の編成 46, 47
消防団 1, 3, 4, 6, 8, 10, 15, 16, 18, 19, 20, 21, 22, 23, 25, 27, 28, 29, 31, 32, 33, 35, 36, 37, 40, 94, 213, 316, 318, 319, 320, 321, 322
消防団員 6, 8, 10, 19, 20, 21, 22, 23, 25, 27, 28, 29, 32, 33, 35, 36, 37, 94, 318, 319, 320, 321
消防団員の階級 10, 29
消防団等充実強化法 319, 320
消防同意 48, 49, 54, 55, 64
消防の広域化 12, 18, 19
消防防災ヘリコプター 13, 14, 31, 86
消防用設備等 48, 49, 50, 52, 56, 59, 62, 63, 64, 65, 66, 67, 68, 80
消防吏員 10, 14, 25, 26, 27, 32, 131
消防吏員の階級 26

消防力の基準 47, 316
少量危険物 50, 79
昭和38年豪雪 155
女性消防団員 27, 320
女性（婦人）防火クラブ 40, 213, 214
新型インフルエンザ 228, 271, 272, 273, 278
新規制基準 202, 204
新宿歌舞伎町雑居ビル火災 53, 60

す

水防団 7, 8
水防団員 8
図上演習 242
ステークホルダー 237, 261
スロッシング現象 314

せ

生活再建 103, 140, 141, 143, 144, 145, 146, 147, 272
正常化の偏見 150, 221, 256
性能規定 63, 67, 68
世界津波の日 184, 211
石油コンビナート 5, 16, 31, 73, 76, 81, 82, 83, 84, 99, 166, 213, 287, 312
尖閣沖中国漁船衝突事件 303
全国瞬時警報システム 126, 295
全国消防救助技術大会 19, 35

全国消防操法大会 22, 35
全国消防長会 19, 27

そ

措置命令 49, 51, 52, 53, 64
存立危機事態 283, 284, 286, 288, 290

た

大火 1, 2, 5, 38, 39, 159
大規模地震対策特別措置法 129, 161, 169, 171, 245, 266, 271
大規模地震防災・減災対策大綱 162, 163, 165, 170, 176
対口（タイコー）支援 169
耐震基準 159, 219, 220, 222
タイムライン 222, 223
大容量泡放射システム 83
大陸プレート 102, 156
立入検査 49, 52, 53, 54, 64
団結権 26, 27

ち

地域防災計画 109, 113, 116, 117, 120, 121, 122, 123, 133, 151, 152, 167, 184, 189, 190, 191, 195, 201, 207, 242, 278, 280, 307

地下鉄サリン事件 94, 228, 306
地球温暖化 104, 232, 304
地区防災計画 111, 123
中央防災会議 112, 113, 117, 118, 145, 152, 162, 163, 167, 170, 174, 177, 224, 258
長周期地震動 83
貯蔵所 52, 76, 77, 78
チリ地震津波 182, 183

つ

津波警報 119, 125, 126, 183, 185, 186, 267, 295
津波てんでんこ 210
津波防災の日 184, 211

て

適マーク 60, 61, 62

と

東海地震 160, 161, 169, 170, 171, 172, 266, 271
統括防火管理者 49, 56
統括防災管理者 49, 58
東京消防庁 2, 14, 16, 18, 26, 36, 92, 96, 317
東電福島 106, 166, 195, 197, 202, 206, 207, 227, 228, 230, 271, 302, 304, 305, 310,

311, 317
東南海・南海地震 172, 173
東北地方太平洋沖地震 107, 118, 147, 163, 167
十勝沖地震 83, 183, 312
特殊公務災害補償 32
特定屋外タンク貯蔵所 78
特定秘密法 271, 275, 276, 277, 309
特別警報 125, 126, 137, 254, 295
特別防災区域 31, 81, 82, 83, 84
土砂災害防止法 152, 153, 154
トリアージ 87, 128, 131, 132

な

内陸型地震 104, 158
雪崩対策 156
南海トラフ地震 172, 302

に

新潟地震 12, 159
24時間連続監視体制 187
日本海溝・千島海溝周辺海溝型地震 176
日本海中部地震 159, 181, 183, 212
日本消防協会 22, 35
日本消防検定協会 67, 71
日本消防設備安全センター 62, 67, 68, 71
日本版 NSC 269
日本防炎協会 70
日本防火・防災協会 59

は

ハイパーレスキュー隊 317
ハインリッヒの法則 245
破壊消防 2, 3, 43
ハザードマップ 119, 122, 123, 126, 151, 152, 154, 170, 174, 189, 191, 192, 221, 226, 262, 314
バックドラフト 41
阪神・淡路大震災 12, 33, 78, 95, 106, 107, 108, 116, 117, 121, 126, 128, 139, 146, 147, 159, 212, 213, 219, 222, 227, 267, 268, 306, 316

ひ

被害想定 121, 122, 152, 162, 163, 170, 172, 173, 174, 176, 177, 186, 192, 241, 242, 262, 312, 314
東日本大震災 12, 32, 83, 97, 106, 107, 108, 116, 118, 121, 127, 128, 134, 139, 147, 163, 166, 172, 183, 184, 185, 186, 210, 212, 220,

227, 230, 267, 280, 302, 307, 311, 314, 316, 319
東日本大震災復興特別区域法 167, 185
被災者生活再建支援 140, 143, 144
非常災害対策本部 114, 268, 271
避難勧告、指示 125, 133, 134, 136, 151, 155, 219, 221, 256, 290
避難行動要支援者 134
避難所 23, 109, 110, 113, 119, 135, 136, 137, 139, 140, 142, 166, 179, 191, 214, 215, 216, 220, 245, 258
避難場所 110, 119, 122, 133, 140, 152, 154, 181, 184, 208, 209, 220
ヒヤリハット 246

ふ

フェイルセーフ 193, 241
付加条例 51
不正のトライアングル 238
フラッシュオーバー 40, 41
武力攻撃災害 7, 11, 290, 291, 292, 294, 295, 296
武力攻撃事態対処法 283, 284, 286, 288, 290, 292, 309
武力行使新3要件 283, 284, 286, 290

プレスリップ 171
プレホスピタル・ケア 88
プロアクティブ 256
噴火警戒レベル 126, 138, 187, 189, 190, 191

米国9.11同時多発テロ 283
平和安全法制整備法 282, 283, 288, 290, 309

ほ

防炎製品 70
防炎物品 49, 69, 70
放火 38, 39, 41, 54, 73
放火防止対策 38
防火管理講習 56, 59
防火管理者 48, 49, 52, 55, 56, 58, 59, 60, 69
防火基準点検済証 59, 61
防火対象物点検資格者 59, 62
防火対象物の定期点検・報告 60
防火優良認定証 60, 61
防災管理者 48, 49, 55, 58, 59, 81
防災基本計画 112, 113, 116, 117, 118, 120, 121, 127, 142, 167, 185, 195, 201, 206, 207, 307
防災業務計画 113, 116, 117, 129

防災指針 201, 205
防災集団移転 146
防災の日 184, 210, 211
ポジションペーパー 264
北海道南西沖地震 106, 144, 159, 181, 183

ま

マグニチュード 102, 157, 158, 183, 257
震度 105, 106, 158, 160, 163, 166, 170, 174, 177, 184, 222, 257, 267

み

宮城県沖地震 159, 176
三宅島火山噴火 139
民間防衛 291, 292

め

明暦の大火 2
メディカルコントロール体制 88, 90

ゆ

有事法制 280, 281, 286, 309
優先通行権 44

よ

延坪島砲撃事案 229, 302, 303
幼年消防クラブ 213

ら

ラニーニャ 105

り

罹災証明 110, 113, 141, 142, 145
リスクコミュニケーション 138, 262, 314
リスクマネジメント 232, 233, 234, 304
臨界事故 94, 195, 197, 228
林野火災 14, 21, 31, 39, 41, 42, 117, 121

れ

レイアウト 81, 82

ろ

路地尊 211

著者紹介
瀧澤忠德（たきざわ　ただのり）

昭和22年10月長野県に生まれる。
昭和45年3月東京大学（法）卒業、同年4月自治省入省。
これまで、宮城県、鹿児島県（離島振興課長、企画課長）、熊本県（財政課長）、福岡市（財政局長等）、徳島県（副知事）、国土庁（防災局防災業務課長、地方振興局総務課長）、自治省（行政局振興課長）、消防庁（次長）、市町村アカデミー（副学長）、（財）日本消防協会（常務理事）、（財）道路管理センター（常務理事）、危険物保安技術協会（理事長）等に勤務。
現在、明治大学大学院政治経済学研究科特任教授（危機管理、地方財政運営、国家・自治体賠償等）。

編集・著作権及び
出版発行権あり
無断複製転載を禁ず

第3次改訂版

消防・防災と危機管理
～全国自治体職員のための入門・概説書～

定価はカバーに
表示しております。

著　者　瀧　澤　忠　德　©2016 Tadanori Takizawa
発　行　平成17年10月1日（初　　　版）
　　　　平成24年5月1日（改訂新版）
　　　　平成28年6月30日（第3次改訂版）

発行者　　近　代　消　防　社
　　　　　三　井　栄　志

発行所

近　代　消　防　社

〒105-0001　東京都港区虎ノ門2丁目9番16号
（日本消防会館内）
TEL　東　京（03）3593－1401（代）
FAX　東　京（03）3593－1420
URL＝http://www.ff-inc.co.jp
E-mail：kinshou@ff-inc.co.jp
〈振替　00180－6－461　　00180－5－1185〉

印刷所

創文堂印刷株式会社

〒918-8231　福井県福井市問屋町1－7
TEL（0776）22－1313（代）
FAX（0776）25－1030
URL＝http://www.soubundo.jp
E-mail：mail@soubundo.jp

ISBN978－4－421－00884－5 C3030　　〈乱丁・落丁の場合はお取り替えいたします。〉